베트남 경제개혁의 정치경제

서강학술총서
028

베트남 경제개혁의 정치경제

이한우 지음

서강대학교출판부

서강학술총서 028

베트남 경제개혁의 정치경제

초판발행 | 2011년 6월 30일
지 은 이 | 이한우
발 행 인 | 이종욱
편 집 인 | 우찬제
발 행 처 | 서강대학교 출판부
등록번호 | 1978년 9월 28일 제313-2002-170호

주 소 | 서울특별시 마포구 신수동 1번지
전 화 | (02) 705-8212
팩 스 | (02) 705-8612

ISBN 978-89-7273-183-2 94300
ISBN 978-89-7273-139-9(세트)

값 16,000원

* '서강학술총서'는 SK SUPEX 기금의 후원으로 제작됩니다.

이 책은 베트남에서 통일 이후 전개된 경제개혁과정을 정치경제적 관점에서 검토한 연구다. 베트남에서 개혁이 경제부문에만 한정된 것은 아니나, 이 책에서 경제개혁을 주로 다루려고 하는 것은 경제부문이 전체 개혁 과정에서 주된 부문이며 정치를 비롯한 여타 부문의 개혁은 지체되고 있기 때문이다. 또한 경제 이외 부문의 개혁에 대하여는 별도의 연구에서 다루려고 하기 때문이기도 하다.

이 연구는 경제개혁 정책을 채택할 당시의 사회경제적 배경과 개혁정책을 채택하게 된 요인들을 탐색하고, 정책집행 과정에서 정치적 · 경제적 상호작용을 분석하며, 개혁정책 시행 이후 사회경제적 변화상을 살펴봄으로써, 베트남에서 진행되고 있는 체제 변화의 내용과 특징을 밝혀보려는 것이다. 이 연구는 먼저 베트남 경제개혁 과정을 개관하고, 경제체제의 핵심적인 두 부문인 농업과 국영기업의 개혁 과정을 좀 더 심도 있게 분석하여, 개혁의 원인과 전개 과정에 대하여 깊이 이해하려고 한다. 이를 통하여 베트남에서 향후 전개될 사회주의체제 변화의 방향을 가늠해보고자 한다. 이 책의 장별 구성은 다음과 같다.

제1장에서는 이 책 전체의 길잡이로서 베트남 개혁 과정의 전반적 흐

름을 소개하고, 현단계의 특징과 향후 전개 방향에 대해 간략한 논의를 덧붙이고자 한다. 제2장에서는 베트남에서 개혁이 촉발된 1970년대 말의 사회경제적 상황과 1980년대 초반 부분적 경제개혁으로 인한 변화상을 살펴보며, 1986년 12월 제6차 공산당대회에서 '도이머이'(Doi Moi)를 선포하고 이의 근간을 이루는 정책들을 입안하여 개혁정책을 형성하는 1980년대 말까지의 과정을 탐색하여, 베트남이 개혁정책을 채택하게 된 사회경제적 배경과 원인, 과정 등을 분석하고자 한다.

제3장에서는 베트남 북부에서 '합작사'라고 하는 집단농장을 중심으로 사회주의 농업체제가 전개된 양상과 통일 이후 남부에서 추진된 농업집체화 과정을 설명하고자 한다. 더불어 농업집체화의 사회경제적 효과와 이것이 어떻게 집체농업을 침식시키고 탈사회주의화의 원인으로 작용하는지를 분석하고자 한다. 제4장에서는 농업개혁정책이 집행되는 과정의 북부와 남부 지역별 특성을 논하고, 개혁정책이 농촌사회에 끼친 정치경제적 효과를 논하고자 한다. 이에, 북부 농촌의 한 지역에 대한 사례 연구를 덧붙여 농업개혁정책이 농촌에서 실제로 어떻게 집행되었고 그 효과는 무엇이었는가를 보고자 한다.

제5장에서는 국영기업 개혁의 배경과 정책집행 과정 및 현상을 살펴보고자 한다. 이를 위하여 먼저 사회주의 기업의 운영 방식과 문제점을 검토하고, 경제활성화를 위하여 국영기업 개혁을 추진하려는 공산당과 정부 정책의 시기별 내용과 집행 과정을 파악하여 개혁의 진전과 정체의 상황 및 그 원인을 분석하고자 한다. 제6장에서는 베트남이 공식적으로 사회주의체제 완성을 목표로 표방하고 있는바, 사회주의체제 이행의 공적 논리와 소유구조의 변화를 대비하여 봄으로써 현 상황을 분석하고자 한다. 더불어 경제개혁정책의 집행에 따른 경제구조의 변화상을 살펴보고자 한다.

이 연구는 베트남의 사회주의체제를 유지하려는 내재적 논리와 개혁정책을 채택하게 된 배경, 개혁정책을 채택하는 과정에서 공산당 지도자, 정부 관료, 농민, 국영기업 관리자, 노동자 등의 이해관계가 어떻게 충돌하고 조정되는가를 살펴보고자 한다. 특히, 사회주의체제의 전환이 "아래로부터의 저항"에서 비롯되었으며, 이에 호응하는 일부 지도자들과의 타협 속에서 개혁정책이 채택되었음을 보이고자 한다.

이 연구를 통하여 공산당 및 국가의 사회주의 건설 논리와 현실적 변화를 대비함으로써, 우리는 베트남 사회주의체제의 현재를 평가하고 전개방향을 예측해볼 수 있을 것이다. 이 연구는 현재 베트남이 추구하는 개혁이 사회주의의 내포를 줄이고 외연을 확대함으로써 사회주의 체제의 정당성을 확보해왔다는 것을 보여줄 것이다. 이는 향후 개혁의 전개 방향도 탈사회주의의 심화와 함께 사회주의 개념 자체의 외연을 확대해가는 방향으로 전개될 것임을 시사해준다. 이 과정에서 만들어지는 베트남 체제의 본질은 유동적이며, 계속된 탐구의 대상이 될 것이다.

이 책은 본 저자가 발표한 논문들 가운데 관련 주제의 논문을 골라 이를 전체적으로 수정 · 보완하고 많은 부분을 새로 쓴 것이다. 다음 논문들이 장별로 많이 활용되었다.

제3, 4장, 「'도이머이' 정책 하 베트남 북부 농촌에서 생산조직과 통치구조의 변화: 박닌(Bac Ninh)성 꿰보(Que Vo)현의 사례를 중심으로」, 『동남아시아연구』 제11권 2호(2001. 8); 「통일 이후 베트남의 토지제도 전환과정에서 남부 농민의 영향력: 메콩 델타 농민들의 저항행위를 중심으로」, 『동남아시아연구』 제12권 2호(2002. 8).

제5장, 「베트남 국영기업 개혁의 정치경제」, 윤진표 편, 『동남아의 구조조정과 개혁의 정치경제』(폴리테이아, 2005).

제6장, 「사회주의권 쇠퇴 이후 베트남 사회주의 체제의 지속과 변화」, 윤진표 편, 『동남아의 경제성장과 발전전략: 회고적 재평가』(오름, 2004).

그간 이끌어주신 선생님들께 깊이 감사드린다.

2011년 1월 1일

이한우

차례

제1장

베트남 개혁의 흐름

1. '도이머이' 정책의 형성

일반적으로 베트남에서 개혁은 1986년 12월 제6차 공산당전국대표대회(이하, 당대회)에서 채택한 '도이머이'(Doi Moi: 쇄신)[1] 정책으로부터 비롯

1 '도이'는 바꾼다, '머이'는 새롭다는 의미로, '도이머이'의 번역어로 '刷新' 또는 '革新'이 적절하다. 통일 이전 남부 베트남에서 재무부장관, 부수상 겸 중앙은행 총재 등을 지냈고 통일 이후에도 베트남에 남아 남부 개혁파 인사들에게 자문한 응우옌쑤언오아인(Nguyen Xuan Oanh)은 이 용어를 1982년에 자신이 만든 것이라고 하였다. 그는 당시 이 용어를 'cach tan'(革新)이나, 'duy tan'(維新)이라 하지 않고 'doi moi'라고 순 베트남어를 조합한 것은 농민들도 그 의미를 쉽게 이해할 수 있도록 하기 위함이었다고 술회하였다(坪井善明, 1994, 146). 그러나, 쩐반토(Tran Van Tho)에 따르면, '도이머이'라는 용어는 1977년 공산당 중앙집행위원회 결의 중에서 "계획화를 '도이머이'하지 않으면 안 된다"라고 기술하여 처음 사용되었고, 당시 이 용어는 경제계획의 틀을 개혁하는 것을 의미하였다고 한다. 또한 1978년 11월 정부의 중앙경제관리연구원이 제4기 공산당 중앙집행위원회 5차 회의에 제출하기 위하여 작성한 "경제개혁의 강령"이라는 문서에서도 '도이머이'라는 용어는 빈번히 사용되었고, 1982년 제5차 당대회에서 유통 부문 이외에서 소유형태의 다양화를 인정하게 되어 '도이머이'의 내용이 확대된 이후, 1986년 제6차 당대회에서 광범위한 개혁을 의미하게 되었다고 한다(トラン・ヴァン・トゥ, 1996, 45~46). 이에 반해, 하당(Ha Dang, 2006)은, 호찌민이 이미 1946년 9월 "전술을 날로 '도이머이'하여야 한다"고 하였고, 1965년에도 "북부가 멈추지 않고 건설되고, 날로 '도이

되었다고 알려져 있다. 제6차 당대회에서 지도자들은 '도이머이'를 부르짖었고, 이후 베트남의 개혁정책을 '도이머이' 정책이라고 불렀다. 그러나 사실 베트남에서 개혁의 싹은 1970년대 말부터 움트기 시작하였다. 베트남인들은 1975년 통일의 기쁨을 잠시 즐길 수 있었으나, 곧 경제침체로 곤란을 겪게 되자 1970년대 말에 개혁의 요구를 분출하기 시작하였다.

1975년 통일 이후 처음 맞는 1976년 설(Tet)에 공산당(이하, 당) 제1비서(이후, 총비서) 레주언(Le Duan)은 베트남에서 10년 내 모든 세대가 라디오 · 냉장고 · TV를 갖게 될 것이라고 공언하였다(Marr & White, 1988, 1). 당시 지도자들은 강대국을 물리치고 독립과 통일을 달성하였다는 자신감을 바탕으로 전후 경제발전을 낙관하고 있었다. 이 때문에 통일 이후 1976~1980년간 수행된 제2차 5개년 계획의 목표치를 매우 높게 잡았다.

그러나 통일 당시 베트남은 1946~1954년간 프랑스와의 전쟁, 1954년 남북 분단 이후 1964~1975년 동안 남북 및 미국을 비롯한 동맹국과의 30년간 전쟁을 막 끝낸 상황이었다. 베트남은 그간의 전쟁으로 인한 피해, 통일 이후 남부의 급속한 사회주의화에 대한 저항, 북부 사회주의체제 자체의 취약성으로 인하여 경제적 침체를 겪게 되었다. 더불어 1978년 말 캄보디아 침공과 1979년 초 중국과의 전쟁, 자본주의권 국가들의 금수조치 및 국제금융기구들의 금융 통제 등은 베트남 경제를 더욱더 곤경에 처하게 하였다. 이에 따라 계급 간 불평등을 해소하고 공동번영의 사회를 목표로 하던 사회주의체제는 '결핍의 경제'를 만들어내고 말았다. 도시 거주민들은 줄 서서 배급품을 분배받거나 부족한 소비재를 확보하기 위

머이'되었다"고 언급하여 '도이머이' 용어를 일찍부터 사용하였고, 1970년대 말 1980년대 초부터는 주로 경제관리 부문에서 이 용어를 사용하였다고 하였다(14~15).

해 자구책을 강구하지 않으면 안 되었다.[2] 베트남인들은 사회주의(Xa Hoi Chu Nghia)의 머리글자 'XHCN'을 "Xep Hang Ca Ngay"(하루 내내 줄 서는) 체제라고 비꼬고 있었다(Dang Phong, 2009b, 166). 여기에 농민들이 정부수매를 회피하면서 정부에서 공급하는 식량의 양은 점차 감소하였다. 일부 공무원들은 식량 부족을 메우기 위해 자기 고향으로부터 쌀을 가져왔는데, 이를 '고향쌀'(gao que)이라고 하였다. 어떤 이들은 도시 아파트 욕실에서 돼지나 오리 등을 길렀는데, 아침에 집 밖으로 오리를 내보내 모이를 먹고 오후에 집으로 돌아오도록 훈련시키기도 하였다고 한다. 이를 가리켜 사람들은 "도시의 농촌화"라고 하였다(Nguyen Thi Hien, 2008, 270). 한 학자는 이런 상황 하의 체제를 "빈곤을 나누는 사회주의"로 개념화하였다(古田元夫, 1988, 19).

한편으로 1970년대 말 농촌에서는 농민들이 지방 간부들과 결탁하여 채택한 탈법적 생산물계약제가 확산되고 있었다. 이는 단기간 토지를 배분하고 의무 수매량을 계약하여 계약량 이상의 생산물에 대하여는 농민이 자유롭게 처분할 수 있도록 한 제도였다. 이와 더불어 농산물, 특히 식량 수매에 곤란을 겪은 지방정부들은 국영유통체계가 아닌 비공식 채널로 수매량을 확보하여야 했다. 국영기업에서도 부족한 원료를 기업 자체로 확보해야 하는 일이 증가하고 있었다.

따라서 종전의 사회주의적 관리체제로서는 경제적 침체를 극복하기 어려웠고, 체제 자체를 전환하여야 할 도전에 직면하게 되었다. 이에 따라 당과 정부 지도자들은 경제적 곤란을 극복하고자 개혁정책을 모색하지 않을 수 없었다. 1979년 9월 제4기 공산당 중앙집행위원회(이하, 당중앙위) 6차 회의에서 개혁에 대한 요구가 처음으로 공식적으로 분출되었고, 이

2 베트남에서 정부 배급 품목은 최다 26종이었다(古田元夫, 2009, 25~26).

는 1980년대 초반에 부분적 경제개혁 정책인 '신경제정책'으로 전개되었다. 당과 정부는 사회주의체제를 유지하면서 부분적 시장경제화를 통한 경제 성장을 도모하여 사회주의체제를 발전시킨다는 전략을 천명하였고, '신경제정책'은 비사회주의적 '시장'의 요소를 도입하여 경제를 활성화시키는 데 작용하도록 도모하였다. 초기 개혁 과정에서 대표적 정책이 1981년 1월 농업부문에서 '생산물계약제'(Output Contract System), 기업에서 '3계획제'(Three Plan System)다. 생산물계약제는 합작사(집단농장)가 농가와 농업생산물 의무 수매량에 대한 계약을 맺고 그 이상의 생산량은 농가가 자유롭게 처분할 수 있도록 한 것이었다. 기업에서 '3계획제'는 정부가 공정가격으로 제공한 원재료(inputs)를 가지고 생산한 산품을 정부에 공정가격으로 납품하도록 한 부분 이외에 기업이 자체적으로 조달한 원재료로 생산한 산품은 기업이 처분할 수 있으며, 정부의 분배체계에 속하지 않는 주변적 산품들은 기업이 자유롭게 생산할 수 있도록 허용하는 것이었다(Fforde & de Vylder, 1996, 138~140).

'신경제정책'으로 베트남 경제는 1980년대 전반에 호전되는 듯했으나, 지도부 내의 논쟁으로 1983~1984년간 보수회귀적 경향이 강화되어 개혁이 급속히 진행되지 못하였다. 보수적 인사들은, 부분적 경제성장에 따라 자본주의적 상업이 활성화되고 빈부격차가 발생하여 사회주의체제를 침식한다고 비판하였다. 그러나 1980년대 중반의 경제적 침체로 개혁에 대한 요구는 다시 분출하였다. 1985년에 다시 개혁을 진전시키려는 의도로 수행된 가격 · 임금 · 통화개혁은 연간 600%에 이르는 인플레이션을 낳고 말았다. 이로써 대부분의 도시 인구를 구성하는 당 및 정부 관료, 국영기업 종사자 등 정권의 지지기반 계층의 불만은 증대되고, 지도자들에 대한 신뢰는 약화되어갔다. 이에 따라 베트남 지도자들은 1986년 12월 제6차 당대회에서 '도이머이' 정책을 채택함으로써 전면적 개혁에 착수하게 되었다.

제6차 당대회에서 채택한 새로운 정책의 기본요소는 (1) 기존의 농업과 공업의 발전을 기반으로 한 공업화 중심의 경제운용으로부터 농산물, 소비재 및 수출품 생산에 진력하는 생산구조의 쇄신, (2) 사유제를 축소하고 공유제를 확대한다는 기존의 논리로부터 다부문 경제를 장기간 유지한다는 경제부문의 쇄신, (3) 중앙집중 명령경제로부터 국가관리하 시장메커니즘을 수립하는 경제운영의 쇄신을 포함한다. 이는 1979년 제4기 당중앙위 6차 회의에서 제기된 요구를 체계화한 것이었다(Dao Xuan Sam, 2008, 56~57). 그러나, '도이머이' 정책 선언 이후에도 베트남 지도부 내에는 사회주의 경제 메커니즘을 유지하려는 세력들이 포진하고 있었고, 선언적 '도이머이' 정책이 구체적 정책으로 나타나기에는 시간이 필요하였다. 이런 점에서 1986년 말 '도이머이' 정책의 채택은 위대한 출발이었으나 미완성인 것이었다고 평가된다(Viet Phuong, 2008, 18).

이후 1988년부터 새로운 외국인투자법 시행, 1988년 8월 당 정치국 제10호 결의에 의한 농가계약제 채택, 1989년 전후 국영기업에 대한 보조금의 폐지 또는 축소, 국가전략적 생산품을 제외한 모든 상품의 가격을 시장에서 결정되도록 하는 가격자유화 등과 같은 일련의 개혁 조치들이 실행되면서, 베트남 경제는 1989년을 전후하여 마침내 시장경제로 전환하였다. 1989년 3월 제6기 당중앙위 6차 회의는 상품의 단일가격화로 세계시장과 연계되는 전국적 시장경제로의 전환을 선언하였다(Dao Xuan Sam, 2008, 44~45). 1989년 중반 쌀배급제도가 하노이에서 마지막으로 폐지된 것은 시장경제로 전환한 상징적 사건이었다(Nguyen Thi Hien, 2008, 273).[3]

3 1991년 초 유류(휘발유 등)를 마지막으로 정부공급가격제도는 완전히 폐지되었다(Nguyen Thi Hien, 2008, 282).

이로써 제6차 당대회에서 전면적 개혁정책을 선포한 이후에도 존재하던 사회주의경제의 유산이 미시적 부문에서의 시장경제화와 거시적 부문에서의 정부규제 지속이라는 "규제된 시장 메커니즘"으로 전환된 것이다(竹內郁雄, 1994, 80). 이렇게 보면 전면적 개혁정책의 선포는 1986년 12월 제6차 당대회에서 이루어졌지만, 시장경제로 전환함으로써 사회주의체제의 전환을 본격적으로 수행할 차비는 1989년을 전후하여 갖추었다고 할 수 있다. '도이머이' 정책의 형성 과정을 시기별로 정리하면 [표 1-1]과 같다.

[표 1-1] '도이머이' 정책의 형성

시기	주요 사건	정책
1975년 4월 30일	베트남 통일	
1976년 4월 25일	전국 총선거	
1976년 6월 24일~7월 3일	제6기 국회, 사회주의공화국 선포	제2차 5개년 계획(1976~1980년)
1976년 12월	제4차 공산당대회	
1979년 9월	제4기 당중앙위 6차 회의	신경제정책
1981년 1월	공산당 비서국 제100호 지시	농업에서 생산물계약제 도입
1981년 1월	정부 결정 제25호	기업에서 3계획제 도입
1982년 3월	제5차 공산당대회	
1982년 12월	제5기 당중앙위 3차 회의	사영상업 규제–개혁 역전
1985년 6월	제5기 당중앙위 8차 회의, 제25호 결의	가격·임금·통화개혁에 대한 결의. 정부보조금(bao cap)제 폐지 목표
1985년 8~9월	공산당 정치국 제28호 결의, 정부 명령	가격 · 임금 · 통화개혁
1986년 12월	제6차 공산당대회	'도이머이' 정책 채택
1988년 1월		신외국인투자법 시행
1988년 8월	공산당 정치국 제10호 결의	농가계약제 채택
1989년 3월	제6기 당중앙위 6차 회의	시장가격으로 단일화

이렇게 시장경제로 전환되기까지를 '도이머이' 정책의 형성기로 보면,

1990년대를 '도이머이' 정책의 전개기라고 할 수 있다. 형성기의 목표가 시장경제화를 통한 시장사회주의로의 전환에 있었다고 한다면, 전개기의 목표는 소유제 구조의 전환에 있다. 농업부문은 1988년 제10호 결의로 대부분 사영농업화하였고, 기업부문에서 국영기업의 소유제 개혁 문제는 1991년 6월 제7차 당대회 전후에 공식적으로 논의되기 시작하였다.

이러한 개혁의 과정은 사회주의 체제를 유지하면서 자본주의적 장점을 받아들이겠다는 목표 하에서 이루어졌다. 베트남은 실제로는 탈사회주의화를 확대하고 있으면서, 공식적으로는 현재 사회주의 혁명 과정에 있다고 하면서 여전히 사회주의체제의 달성을 목표로 한다고 표명하고 있다. 이러한 공식적 이념과 현실 사이의 부조화 속에서 경제 성장을 달성하기 위한 개혁과 통제의 줄다리기는 계속되고 있다.

2. 경제부문별 개혁 과정 개관

1) 농업부문 개혁

1975년 통일 이전부터 북부 농민들은 '합작사'(Hop tac xa, 合作社)라는 집단농장에서 사원(社員)으로서 공동생산과 분배에 참여하고 있었으며, 통일 이후 남부 농민들은 사회주의 집체농업체제로 전환하도록 요구받고 있었다. 이런 과정에서 농업생산이 저조하자 일부 지방의 농민들은 지방간부들과 결탁하여 탈법적 생산물계약제를 채택하였고, 남부 농민들은 농업집체화에 표면적으로 호응하나 실제로는 사영농업을 유지하고자 하였다. 이에 당과 정부 지도자들은 새로운 생산방식을 탐색하지 않을 수 없었다.

농업부문에서의 개혁은 1981년 1월 당 비서국이 '제100호 지시'를 통하여 부분적 농가계약 형태인 '생산물계약제'(Output Contract System)(중국의 包産到戶에 상당)를 시행하기로 공식 결정하면서부터 본격화되었다.[4] 이 제도는 기존의 합작사의 틀을 그대로 유지하는 가운데 합작사 사원인 농민들이 생산물 중 일정량을 의무적으로 수매하기로 합작사와 계약을 맺고 단기간 토지를 배분받아 경작한 후 계약량을 납부하고 초과분을 자유롭게 처분할 수 있도록 한 것이었다. 이 형태의 계약제는 시행 직후 농업생산의 증대에 기여하였다. 그러나, 합작사 관리부문이 계속 존속하는 가운데 합작사가 비료, 씨앗 등 투입재(inputs)와 관개시설 등을 계속 공급 · 관리하였고 의무수매량을 증가시키고 각종 부담금을 늘림으로써, 이 과정에서 비생산적인 관리부문에 대한 지출이 계속되고 농민들의 생산물이 합작사에 의해 과도하게 추출되어 농민들의 부담이 증대하는 현상이 발생하였다. 이에 따라 농업생산이 다시 침체하여 생산물계약제는 그 한계를 나타내었다.

1987년 후반부터 생산물계약제의 대체방식이 본격적으로 논의되었고, 1988년 4월에 당 정치국은 제10호 결의를 통하여 '농가계약제'(중국의 包幹到戶에 상당)로의 전환을 결정하였다. 이 결의는 합작사가 농가에 토지를 배분하여, 약 15년간 계약을 맺어 경작케 하고, 계약량을 5년간 고정시키며, 농민이 생산량 중 40% 이상을 수입으로 획득할 수 있도록 보장하여야 한다고 규정하였다. 이러한 지침에 따라, 농민들은 배분받은 토지를 장기간 안정적으로 경작할 수 있게 되었다. 또한 일부 토지에 대하여는 입찰계약제를 채택하여, 경영 능력이 있는 농민들은 더 많은 토지를 배분받을 수 있었다. 농가계약제는 1988년 이래 전국에 급속히 확산되었

4 이는 영어로 Output Contract, End-product Contract, Product-based Contract System 등으로 표현된다.

고, 남부에서는 농가계약제의 집행이 그간 지속해온 농가 영농을 공인하는 결과를 낳았다. 또한 남부에서 부분적으로만 집체농업에 참여하고 사영농업을 계속해온 농민들은 이전에 자기 소유였으나 통일 이후 다른 농가에 배분된 토지의 반환을 요구하였고, 이 과정에서 토지분규가 광범위하게 발생하였다. 결국 국가는 새로운 토지법을 공포하여 토지사용권을 농민에게 장기간 부여함으로써 토지의 실질적 사유(私有)를 제도적으로 인정하기에 이르렀다. 1993년 새로운 토지법은 토지를 교환 · 이전 · 임대 · 상속 · 저당할 수 있는 권리를 농가에게 부여하고, 토지사용권 보유기간을 1년생 작물 경작지의 경우 20년, 다년생 작물 경작지의 경우 50년으로 하여, 토지의 실질적 사유를 보장하였다. 사회주의체제 하에서 토지는 공식적으로 국유이나, 1988년 농가계약제 채택 전후로 시작된 토지의 실질적 사유화는 이 토지법으로 완성되었다.

2) 기업부문 개혁

① 경영자주권 확대와 시장경제화

기존의 국영기업은 정부가 하달하는 지표에 따라 원재료(inputs)를 공급받아 생산한 후 생산품(outputs)을 정부기관에 공급해왔다. 이러한 생산과정은 정부기관과 기업 간의 지배–종속관계 하에서 수행되었고, 비효율적 기업경영의 근본적 원인이었다.[5] 1970년대 말 심각한 경제적 침체 하에서 베트남 지도자들은 이를 극복하기 위하여 '신경제정책'이라는 부분적 경제개혁정책을 채택하였고, 정부는 그 일환으로 1981년 1월 국영기업에게 부분적 경영자주권을 허용하는 조치(각료회의 결정 제25호)를 취하

5 국영기업 소속 행정기관을 '주관기관'(co quan chu quan)이라고 하며, 중앙정부 부처일 경우 '주관부'(bo chu quan)라고 한다. 주관기관은 산하 국영기업에 생산량 등의 지표를 하달해 통제 · 관리해왔다.

였다. 이른바 '3계획제'라고 명명된 이 제도는 각 국영기업이 기존의 생산 방식, 즉 정부가 제공한 투입재로 생산한 산품을 공정가격으로 수매하는 방식(Plan A) 이외에, 협의가격으로 기업 스스로 조달한 투입재로 생산한 산품(Plan B)과 기업의 생산 다변화에 따라 생산한 산품(Plan C)에 대하여는 기업이 협의가격의 생산비를 반영한 가격으로 자율적으로 처분할 수 있는 권한을 갖는 것이었다(Fforde & de Vylder, 1996, 138~139; 竹内郁雄, 1994, 78). 이러한 조치는 기업에게 생산효율성에 대한 인식을 불어넣어 주었지만, 기업은 여전히 사회주의 계획경제체제 하에서 운용되어야 했으므로 순전히 독자적으로 경영할 수는 없었다.

1986년 12월 제6차 당대회에서 '도이머이' 정책을 채택한 이래, 당은 1987년 8월 제6기 당중앙위 3차 회의에서 국영기업의 경영을 비용-수익 계산제로 전환하는 결의를 채택하였다(Vu Quoc Tuan, 2008, 153). 이어 정부는 1987년 11월에 그간 정부가 국영기업에 내리던 9개의 명령지표를 3개로 축소하여 국영기업에 회계 및 계획 자주권을 부여하는 조치를 취하여 기업의 상업화를 추구하도록 하였다.[6] 1989년 12월에는 국영기업에 국가재정부담금 지표만을 제외하고, 생산 목표, 가격 책정, 보너스 지급, 기업 내 이윤 유보 결정 등에서 경영자주권을 부여하는 조치를 취하였다.[7] 또한 이전의 노동자들에 대한 국가할당제도(Che do Bien che)를 노동계약제도(Che do Hop dong Lao dong)로 바꾸었다(竹内郁雄, 1994, 82). 1990년에는 정부가 국영기업에 제공하던 직접 보조를 축소하여 기업이 직접

6 이전의 아홉 가지 지표가 1979년부터 부분적 경제개혁 과정에서 다섯 가지로 축소되었다가, 1987년에 세 가지로 축소된 것이다(竹内郁雄, 1994, 81). 국영기업의 자율권 확대 조치로 인하여 정부는 국영기업에 세 가지 지표, 즉 (1) 국가가 지정한 산품의 수량과 질, (2) 총생산물 가치, (3) 국가재정부담금에 대한 지표만을 하달하였다(이강우, 2003, 112).

7 통제 품목에 대하여는 생산량 · 판매량 지표가 여전히 존재하였다(竹内郁雄, 1994, 81).

자금 조달을 하도록 하여, 연성예산제약의 경화(hardening)를 추구하였다. 이로써, 재화 및 서비스 시장과 생산요소시장이 형성되기 시작하였고, 기업경영에 수익성 원리가 본격적으로 도입되었다(竹内郁雄, 1994, 82).

이와 동시에 정부규제 하에 있던 생산품 가격을 시장가격으로 단일화하는 작업이 진행되었다. 농산물 매상가격을 그간의 정부관리가격으로부터 매매 당사자 간 협의가격으로 전환하였는데, 이는 1981년부터 일부 지방에서 집행해오던 것을 1987년 3/4분기부터 전국에 적용하기 시작하여 1989년 1/4분기에 완료한 것이었다. 1988년 5월 이래 공산품 소비재의 소매가격 결정권이 일부 지방으로 이전되었고, 협의가격화가 이루어졌다. 마지막으로 1989년 2/4분기에 쌀 가격을 자유화하여 정부 통제품목 이외에 대부분 품목의 시장가격화가 완료되었다(竹内郁雄, 1994, 85~86).

이와 더불어 1988년에 국가은행으로부터 국영상업은행의 기능 분리, 1989년 1/4분기에 변동환율제로의 전환을 통하여 국제적으로도 시장경제화를 표명하였고, 정유, 질소비료, 철강 등 구사회주의권으로부터 우대가격으로 공급받던 원재료 가격도 COMECON 국가들의 개혁과 함께 1990~1991년경 국제 가격을 적용하면서 국제시장의 직접적 영향을 받게 되었다(竹内郁雄, 1996, 20~21). 이로써 베트남은 1989년 전후로 시장경제로의 전환을 기본적으로 완료하였다.

② 국영기업의 전환

• 국영기업 재편

베트남 정부는 1991~1993년간 국영기업의 효율성을 증대하기 위하여 재편하는 절차를 취하였다. 1991년 베트남의 국영기업 수는 12,084개였는데, 이 가운데 중앙정부의 각 부처에 소속된 중앙기업은 1,695개, 지방

행정기관 소속의 지방기업은 10,389개였다. 국영부문은 1986~1990년간 GDP의 70%를 생산하고 국가재정수입의 60%를 제공하고 있었다. 그러나 1990년경 국영기업의 30%만이 수익을 내고 있었고, 30~40%는 손익분기점에 근접한 상태였으며, 30~40%는 적자를 내고 있었다. 적자를 내는 국영기업은 특히 지방에 많아, 성(tinh, 省)·시(市)급 기업의 50~60%, 현(huyen, 縣) 및 도시의 꿘(quan, 郡)급 기업의 80~90%가 이에 포함되었다(竹內郁雄, 1994, 91).

정부는 계속 적자를 내는 기업을 청산하고 국영기업의 경영을 개선하기 위하여 1991년 11월에 모든 국영기업을 재등록하도록 하였다. 1993년 9월까지 5,377개 기업이 등록하였고, 나머지 약 5,000개 기업 중 3,000개는 다른 기업에 합병되었으며, 2,000개는 해체되었다. 이들 해체된 기업은 주로 지방기업들이었다. 이로써 국영기업 수는 1990년 12,084개에서 1994년 4월 6,264개로 감소하였고, 이후 개혁의 진전에 따라 그 수는 계속 감소하고 있다.

• 총공사 및 경제집단화

베트남 정부는 국영기업으로 하여금 규모의 대형화를 통하여 국제적 경쟁에 대처할 수 있도록 하고자 1994년 3월 수상결정 제90, 91호로 몇 개의 국영기업을 한데 묶어 '총공사'(Tong Cong Ty, 總公司: General Corporation)화하는 작업에 착수하였다. 수상결정 제90호는 최소 5개 기업을 포함하여 자본규모 5천억 베트남 동(dong)(US$ 3,300만) 이상인 총공사의 설립을 규정하였고, 수상결정 제91호는 최소 7개 기업을 포함하여 자본규모 1조 베트남 동(US$ 6,600만) 이상인 총공사의 설립을 규정하였다. 이는 각각 '총공사90', '총공사91'로 통칭되며, 초기에 각각 72개, 18개가 설립되었다. 총공사 전체 소속기업 수는 약 1,500개로 국영기업 전체에서 기업수의 약 25%, 자본의 65%, 고용의 55%를 점하였다.

이후, 정부는 일본이나 한국의 재벌을 모델로 하여 2005년부터 대형 국영기업을 중심으로 모회사–자회사 체계로 전환하여 '경제집단'(Tap doan Kinh te: Business Group)을 설립하는 작업에 착수하였다. 경제집단에서는 모회사가 지주회사(holding company)로서 기능하도록 하여, 기존의 국영기업에서 정부가 수행하던 관리자로서의 역할을 자본소유자의 역할로 전환하도록 시도하고 있다(石田曉惠, 2009, 30; CIEM, 2006, 69~71). 2008년에 총공사90은 56개, 총공사91은 11개, 경제집단은 11개였으며(CIEM, 2009, 85), 2010년 현재 총공사91 12개, 경제집단 8개가 운영되고 있다.

• 주식회사화

다수 국영기업의 경영이 비효율적이고 영세하여 시장경쟁에서 살아남을 수 없으므로, 정부는 일부 기업을 매각 · 합병 · 해산 등의 방법으로 전환하고, 국가전략적 분야를 제외한 분야의 기업들을 주식회사화(Co phan hoa: equitization)하는 방안을 추진하였다.[8] 국영기업 주식회사화는 기업의 경영효율을 높이고, 다양한 자금을 동원하는 데 주요한 목표를 두고 있다. 주식회사화는 국영기업 주식의 일부를 정부가 보유하고, 일부를 기업 고용인, 일부를 민간에 판매하여 국영기업을 부분적으로 사유화하는 것이다.

8 베트남에서 '주식회사화'는 기존에 국가가 100% 보유하던 국영기업의 소유권을 국가가 일부 보유하고, 기업고용인인 경영자 및 노동자, 그리고 일반인에게 그 지분의 일부를 판매하는 것을 말한다. 이를 일반적으로는 '사유화' 또는 '민영화'라고 할 수 있으나, 국가가 여전히 일부 지분을 보유하며 국유경제의 전면적 사유화에 부정적인 사회주의 국가의 상황을 반영하여 '주식화'(Co phan hoa: equitization)라고 한다. 이 용어는 중국의 국유기업 주식회사화인 '股分化'에서 차용하였다고 판단된다. 여기에서는 '주식화'보다는 우리 어법에 맞게 '주식회사화'로 쓰기로 한다.

국영기업의 주식회사화는 1991년 6월 제7차 당대회를 전후하여 본격적으로 논의되었고, 1992년 6월에 수상의 "약간의 정부사업체의 시험적 주식회사화에 대한 결정"으로 시작되었다. 이 결정은, 이익을 내거나 장래 경영활동이 양호할 것으로 전망되는 중소형 규모의 기업을 중앙정부 부처 및 성/중앙직속시별로 한두 개씩 선택하여 시험적으로 주식회사화 하자는 것이었다. 이에 따라 정부는 시험적 주식회사화 대상으로 1992년에 7개 기업을 선정하였고, 이 가운데 3개 기업이 처음으로 주식회사화 작업에 착수하였다. 이들 기업에서 주식의 배분비중은 정부 20%, 기업고용인 최대 40%, 기업 내외 개인 및 경제조직 40%로 하였다(竹內郁雄, 1994, 123). 정부는 이후에도 국영기업의 주식회사화를 추진하였으나 1996년 초까지 주식회사화한 국영기업은 5개에 불과하였으므로, 1996년 5월에 주식회사화에 대한 정부의정(議定)[9]을 공포하고 그간 자원(自願)에 의하던 방식을 정부의 계획에 따르도록 하여 주식회사화에 박차를 가하였다.

베트남 정부는 1997년 말까지 150개의 국영기업을 주식회사화할 것을 목표로 세웠다. 그러나 주식회사화했을 경우 경영기회를 박탈당할 위험이 있다고 판단하는 국영기업 관리자들의 소극적 대응, 정부로부터 받던 혜택의 박탈에 대한 우려, 부채를 국가 또는 기업 중 어느 주체가 부담하는가의 문제, 노동자 실업 증가 등으로 인해 주식회사화는 지체되었다. 이에 정부는 1998년 중순부터 다시 국영기업의 주식회사화를 강화하는 조치를 취하였다. 정부는 국영기업을 세 부분으로 나누어, 국영기업으로 유지하거나, 부분적으로 이전하거나, 정리하는 기업으로 분류하였고, 기업고용인 보유 지분을 30%로 정하고 이에 대한 이전, 상속권을 인정함으로써 초보적인 실질적 소유권 행사를 가능케 하였다.

9 정부의정(議定, nghi dinh)은 시행령과 같은 성격의 법령이다.

수상은 2004년 3월에 그간의 중소기업 중심에서 벗어나 대형 국영기업에 대한 주식회사화를 추진하도록 지시하였고, 정부의 계획대로라면 2005년 말에 국영기업 수는 2,000개 정도로 감소할 예정이었다. 그 이후 새 전환계획에 따르면, 2005~2008년간 국영기업 1,460개를 전환하여, 이 전환이 계획대로 수행된다면 2008년 말에 잔존하는 국영기업 수는 약 1,500개로 될 것을 목표로 하였다(Xuan Son, 2005, 23). 베트남은 2007년 1월에 WTO 가입시 2010년까지 국영기업 개혁을 완료할 것을 약속하였으나 제대로 실현되고 있지 못하다(石田曉惠, 2009, 36).

③ 사영기업의 성장

베트남에서 사유재산에 대한 법적 보장도 마련되었고 개혁의 진전에 따라 사유경제부문은 급속히 확대되어왔다. 1988년 3월 정부의정 제27호는 사영기업의 경영을 보장하는 규정을 두었고, 1989년 3월 제6기 당 중앙위 6차 회의부터 '사유경제'(Kinh te Tu nhan: 私人經濟)라는 용어가 공식적으로 사용되었다. 1990년 12월에는 사영기업법이 공포되었고, 1992년 헌법에 합법적 사유재산 소유를 공인함으로써 사유재산제는 현 베트남 사회주의체제의 공식 부문의 하나로 확립되었다(Vu Quoc Tuan, 2008, 134~140).

그러나 1990년대 말에도 비국유 부문에 대하여는 두 가지 견해가 상존하고 있었다. 그 하나는 비국유부문의 발전을 도모하는 정책이 진보적이고 자연스런 경향이며 장기적 전략이라는 것이고, 다른 하나는 내부적으로 자본주의와 외부적으로 평화적 전복의 위험이 있다는 것이다. 1999년에도 일부 논자들은 자본주의체제로부터 사회주의체제로의 이행기에는 착취계급과 여타 계급이 동시에 존재하며 이들 간의 투쟁은 여전하다고 평가하고 있었다(Dao Xuan Sam, 2008, 66). 이러한 역작용에도 불구하고 정부는 다부문경제(multi-sector economy) 하에서 사영기업의 장점을 활용하기 위하여 2000년에 기업법을 공포하여 사영기업의 설립을 장려하였다. 당은 사유화 추세에 부응하여 당원에게도 사유경제부문에서 활동하는 것을 허용할 것인가에 대하여 2002년 제9기 당중앙위 5차 회의에서 공식적으로 논의하였고, 2006년 제10차 당대회에서 이를 공인하였다(Vu Quoc Tuan, 2008, 136).

당초 베트남에서 사영기업은 주로 개인이나 가계에 의해 운영되는 소규모 기업이 다수였다. 예컨대 1995년 1/4분기까지 등록된 사영기업은 20,102개이며, 그 중 72%가 개인소유기업, 27%가 유한책임회사, 2%가 주식회사 형태였다(Le Dang Doanh, 1995, 3). 2000년 기업법이 발효된 이후 2002년까지 3년간 55,793개의 사영기업이 신규 등록하였는데, 이는 1991~1999년간 등록한 45,000개에 대비된다(Vu Quoc Tuan, 2008, 137). 최근의 조사에 따르면, 2009년 베트남 내 500대 기업 중 사영기업은 29%로 2008년 24%에 비해 증가하였다. 그러나 사영기업의 80%가 50억 동(dong)(US$ 260,000) 미만의 자본(business capital)을 소유하고, 87%의 기업이 50명 미만의 노동자를 고용하고 있어서 소형 기업이 여전히 다수를 점하고 있는 상황이다(Anh Thu, 2010).

3) 개발비용 조달

1978년 말 베트남의 캄보디아 침공 이후 미국이 주도하는 전세계적 금수조치(embargo)가 내려져, 베트남은 국제금융기구의 차관 및 공적개발원조(ODA) 등 국제적 자본 조달의 길이 막혀 있는 상태였다. 베트남은 이를 타개하기 위하여 1987년 12월에 새로운 외국인투자법을 제정하여 1988년부터 시행하고 1989년 캄보디아로부터 베트남군을 철수시킴으로써 해외 자본을 유치하기 위한 노력을 경주하였다. 그러나 세계 각국으로부터의 자본 조달은 1993년에 가서야 가능하였다. 1993년 7월 국제금융기구들의 대(對)베트남 융자 재개에 대한 미국의 허용 조치, 1993년 11월 제1차 베트남 원조국 회의(Donors' Conference) 개최, 1994년 2월 미국의 경제제재 해제는 베트남으로 하여금 국제적 자본조달을 가능케 하는 매우 중요한 사건들이었다.

베트남은 1990년대 초에 2000년까지 연평균 경제성장률 목표를 8~9%, 1인당 GDP 목표를 두 배 증가한 400~450달러로 잡았고, 이를 실현하기 위하여 약 500억 달러의 개발자금이 필요하였다. 이 가운데 200억 달러는 국내에서 조달하고, 300억 달러를 해외에서 조달하는데 이 가운데 ODA를 통하여 100억 달러, 외국인직접투자(FDI)를 통하여 200억 달러를 조달하도록 계획을 세웠다. 1989~1998년간 베트남에 대한 국제금융기구(World Bank, IMF, ADB 등) 및 각국의 ODA 총계는 약 60억 달러, FDI 총계는 90억 달러에 이르러, 목표에는 미치지 못하였다. FDI 실적이 계획에 미치지 못한 것은 특히 1997년 동아시아 경제위기 때문이었다. 베트남에 대한 FDI는 1991년부터 증가하다가 1997~2000년간 감소하였고 2001년부터 다시 증가하고 있다. 1988년 이래 2009년 말까지의 FDI 누계는 승인액 약 1,944억 달러, 집행액 약 670억 달러에 이르렀고 투자집행률은 34%를 기록하였다(GSO, 2010, 115). 1993~2007년간 베트남에 대한 ODA는 약정액 370억 달러, 공식협정액 226억 달러였고, 1993~2006년간 집행률은 43%였다. 이는 베트남 전체 투자의 16%, 공공부문투자의 33%에 해당하였다(Le Quoc Hoi, circa 2008, 1~3; World Bank, 2008, 102).

3. 베트남 개혁의 방향

1980년대 말 이래 소련 및 동유럽 사회주의 국가들은 사회주의로부터 자유민주주의 및 자본주의 체제로 전환하였다. 이러한 전세계적 사회주의 쇠퇴의 흐름 속에서 동아시아의 사회주의 국가들만은 정치적으로 사회주의체제를 유지하면서 경제적으로 부분적인 자본주의화를 통하여 성장을 추구하고 있다. 사회주의 국가에서의 개혁 과정이 곧 자본주의화 과정이라고 동일시할 수는 없지만 자본주의화 방향은 분명한바, 그럼에도 불구하고 중국과 베트남에 나타나는 사회주의체제의 지속성은 어떻게 설명할 수 있는가? 1980년대까지 서구의 많은 학자들은 양국에서의 경제개혁이 정치체제의 변화로 나타날 것이라고 예견하고 있었고, 소련 및 동유럽 국가들의 체제전환 과정에서도 정치개혁은 경제개혁에 동반 또는 수반되었으므로 이러한 예견을 강화하고 있었다. 그러나 전세계적 사회주의의 쇠퇴가 아시아의 두 국가에서는 즉각적으로 나타나지 않았다.

그렇다면 베트남은 사회주의체제를 계속 유지할 것인가? 1970년대 말 이래 수행되어온 베트남의 경제개혁의 방향에 관하여 당과 정부의 공식 입장은 현재의 경제개혁이 사회주의로 이행하기 위한 과도기의 한 전략이라는 것이다. 그러나 과도기에 대한 견해는 시대의 흐름과 상황에 따라 다음과 같이 그 내용이 변해왔다. 베트남 공산당은 1976년 12월에 열린 제4차 당대회에서 "사회주의로의 과도기 전체의 중심적 임무는 사회주의 공업화의 달성"이라는 경제노선을 채택하면서, 당시 현 단계가 '사회주의로의 과도기'임을 천명하였다. 1982년 5월 제5차 당대회에서는 '사회주의로의 과도기'를 과도기의 초기단계와 제2단계로 구분하였다. 과도기 초기단계의 임무는 농업과 경공업의 발전을 우선시하고 식량과 생활필수품의 증산에 의한 민생의 안정과 수출진흥을 최우선 목표로 한다고 규정하였고, 과도기의 제2단계의 목표는 중공업의 육성을 중시하여 사회주의 공업화를 달성하는 것이라고 하였다. 당은 1986년 제6차 당대회에서 사회주의 공업화를 달성하는 데는 금후 반세기 이상이 필요할 것이라고 하여 과도기를 장기간으로 규정하였다(三尾忠志, 1988, 36~37).

이에 비해 유사한 개혁 과정에 있는 중국은 현 단계를 사회주의 사회내 초급단계로 규정하였다. 중국은 1987년 10월 제13차 당대회에서 '사회주의초급단계론'을 공식화하였고, 이후 중국 사회의 성격을 사회주의 초급단계로 규정하였다. 베트남은 1986년 제6차 당대회에서 베트남의 현 단계 사회성격을 사회주의로의 과도기이며, 그 중 초기단계에 처해 있다고 설정하였고, 이후 이를 공식화하여 "사회주의 지향 시장경제체제"로 정식화하였다. 이처럼 사회성격의 개념화에 있어서 중국은 사회주의 사회 속의 초급단계라고 규정하는 반면, 베트남은 사회주의로 향하는 과도기 중 초기단계로 규정한다는 점에서 차이가 있으나, 양국의 사회 형태, 개혁의 진행 과정 등은 유사한 점이 많다(Le Huu Tang & Liu Han Yue, 2007, 281~283).

그러나 사회주의를 지향한다는 공식적 견해와는 달리 자본주의적 요소를 이용하려는 제한적 개혁으로부터 1980년대 말을 전후하여 전반적 시장경제화가 진행됨으로써 사회주의체제의 기본틀이 변형되고 있다. 따라서 1980년대 말에 베트남은 '개혁사회주의경제'로부터 '혼합경제'로 이동하였다고 평가된다(Beresford, 1995, vii). 베트남 이론계는 이러한 혼합경제체제를 개념화하려는 작업을 계속하여왔다. 베트남의 체제 성격을 1986년 제6차 당대회에서는 '다성분경제'(多成分經濟), 1991년 제7차 당대회에서는 '사회주의 지향의 다성분 상품경제' 또는 '국가관리로 시장기제에 따라 작동하는 다성분 상품경제', 즉 '다부문 상품경제'로 공식화하였다. 1996년 제8차 당대회에 이르러서는 '사회주의 지향의 국가관리로 시장기제에 따라 작동하는 다성분 상품경제'로 정식화하고, 약칭 '사회주의 지향 시장경제'(Socialist-Oriented Market Economy)로 명명하였다. 이러한 혼합경제체제를 이론화하는 작업은 이념적 사회주의의 고수와 현실적 탈사회주의화를 조화시켜보려는 노력의 산물이다.

이제까지의 개혁정책 집행과 사회경제적 변화 과정으로 미루어 보아 베트남에서 자본주의로의 길은 돌이킬 수 없는 듯하다. 베트남의 공식적 견해는 시장경제와 자본주의를 동일시할 수 없다는 것이지만, 시장경제화가 진행될수록 '시장의 힘'이 사회주의체제의 근본적 틀을 수정하도록 압력을 가하게 될 것이다. 그러나 베트남은 여전히 사회주의를 견지하고 있고, 다양한 소유제의 도입에도 불구하고 경제의 중추는 국가 소유로 되어 있다. 여기에서 사회주의 견지의 관건이 되는 것은 재산권의 사유화를 제한하고 국영부문의 중심적 역할을 고수하는 것이다. 이러한 사회주의 틀 속에서의 한정적 시장 메커니즘의 도입은 '베트남식' 사회주의체제의 성격을 구성해나갈 것이다. 그러나 베트남의 사회주의체제가 중국과 마찬가지로 민족주의와의 결합 속에서 태어났음을 상기할 때, 그만큼 사회주의 개념의 해석에 있어 유연성이 클 것이며, 사회주의 이념 자체의 변화 가능성도 크다고 할 수 있다. 개혁 과정에서 사회주의 이행에 대한 공식적 견해의 변화는 경제개혁의 진전에 따른 사회상황의 변화로 인해 불가피한 것이었다고 할 수 있다. 따라서 사회경제 상황의 변화에 따라서는 사회주의로의 과도기 기간이 반영구화할 가능성도 있으며, 향후에는 표방하는 체제가 사회주의인가 아닌가 하는 논의는 무의미한 것이 될 수도 있다. 그간 베트남의 개혁과정에서 사회주의 개념 자체에 대한 재검토가 이루어져 그 내포는 줄고 외연이 확대되는 방향으로 변화해왔으며, 이는 더욱 진전될 것으로 보인다. 사회주의에 대한 베트남의 공식적 개념규정에서 보는 바와 같이, 앞으로는 이념보다 국민의 복지와 국가능력의 문제가 더욱 중요한 관심사가 될 것이다.

제2장

개혁의 배경과 '도이머이'로의 길

1. 개혁 개시기 국내외 상황

1) 국내 사회경제상황

① 경제구조

베트남은 1970년대 말 개혁정책을 개시하기 이전 전형적인 저발전 농업사회의 경제구조를 지닌 국가였다. 비록 베트남이 중공업 중심의 사회주의 경제발전 전략을 채택하였지만, 전체 산업에서 농업이 여전히 많은 비중을 차지하고 있었다. '도이머이' 정책을 채택할 당시 1986년 국내총생산에서 차지하는 산업부문별 비중은 농림수산업 38%, 공업 및 건설 29%, 서비스 33%였고, 1985년 기준 고용인구는 각각 73%, 14%, 13%로 경제인구 대다수가 농업부문에 종사하고 있었다(GSO, 2004, 79, 1105). 유사한 경제개혁을 수행해온 중국의 1978년 기준 농업의 비중이 국내총생산 중 28%, 고용인구의 71%, 1985년 기준으로는 각각 30%, 62%였던 것과 비교하여도, 베트남의 경제구조가 농업 중심의 구조를 가지고 있었다는 것을 알 수 있다(조명철 외, 2000a, 154). 동유럽 국가와 비교하면 그 특징은 더 두드러진다. [표 2-1]에서 보듯이 동유럽 국가의 공업 및 서비스부문의 비중은 1980년대 후반의 변화를 감안하더라도 베트남이나 중국의 비중보다 훨씬 높았다.

[표 2-1] 개혁 개시기 산업부문별 비중(%)

국가	베트남				중국				폴란드	헝가리
항목	국내총생산		고용인구		국내총생산		고용인구		국내총생산	국내총생산
연도	1979	1986	1979	1985	1978	1985	1978	1985	1990	1990
농림수산업	38	38	69	73	28	30	71	62	7	8
공업/건설	45	29	16	14	49	45	15	17	34	27
서비스/기타	17	33	15	13	23	25	14	21	59	65

주: 1979년 베트남의 국내총생산은 경상가격 기준 사회총생산(Gross Social Product)이다.
출처: GSO, 2004, 78~79, 94, 1105; 조명철 외, 2000a, 177~178.

농업 중심의 경제구조 하에서 개혁정책을 집행할 경우 자연히 농업부문의 개혁에 중점을 두면서도, 농업부문의 개혁은 경제구조 전체의 틀을 전면적으로 수정하지 않으면서 수행될 수 있는 것이어서, 베트남은 상대적으로 점진적 개혁정책을 수행할 수 있는 상황이었다.

② 남부의 사회주의적 개조

북부의 지도자들은 통일 이후 남부의 개인 소유에 기반한 자본주의 경제체제를 사회주의 체제로 전환하고자 하였다. 상공업부문에서는 주요 기업을 국유화함으로써 사유재산제를 철폐하고, 농업부문에서는 지주들의 토지를 몰수하여 토지 무소유 농민에게 배분함으로써 지주-소작관계를 일소하고 집체농업으로 전환하고자 하였다. 상공업부문에 대한 사회주의적 개조는 X-1 캠페인과 X-2 캠페인을 통하여 수행되었다(Ngo Vinh

Hai, 1991, 65~78). 1975년 8월부터 X-1 캠페인을 통하여 대지주 · 매판자본가 · 대자본가의 재산을 압수하여 국가소유로 함으로써, 국가가 주요 산업부문을 장악하게 되었다. 매판자본가 가운데 70%가 화교들이었는바, 그들은 남부 경제의 주요 부문을 장악하고 있었고, 특히 쌀 도매, 도정사업, 운송부문의 대부분을 장악하고 있는 상태였다. 이어 1977년 초부터 자본가들로 하여금 재산을 국가에 자진 헌납케 하는 조치가 취해졌고, 1978년 3월에는 X-2 캠페인을 통하여 1,500개의 기업을 국유화하여 650개의 국유기업으로 만들었다.

기업의 국유화 조치와 더불어 기존의 경제적 지배계급을 압박하려는 목적으로 2차에 걸쳐 화폐개혁을 시행하였으며, 전국 단일 통화로의 화폐개혁은 1978년 5월에 이루어졌다. 사유재산 몰수와 화폐개혁 조치는 부분적인 성공만을 거두었는데, 그것은 부자들이 재산을 화폐가 아닌 귀금속 형태로 보유하는 경우가 많았기 때문이다. 또한 일부 주민은 화폐개혁 때 80~90%를 지방 간부에게 헌납하는 조건으로 교환한도 이상을 교환하는 경우도 있었다고 한다(Pham, 2000, 168). 이러한 국유화와 화폐개혁을 통하여 제한적이기는 하지만 남부의 상공업부문은 사회주의 경제체제로 전환하였다.

③ 농업집체화와 농민의 저항

남부 농촌에 대한 사회주의적 개조는 대지주들의 토지를 몰수하여 빈농 또는 토지 무소유 농민들에게 배분하는 '토지조정'과 함께 시작되었다. 남부에서 '토지조정'은 1978~1979년간 및 1983~1984년간 두 차례에 걸쳐 수행되었는데, '토지조정'으로 지주와 부농의 비율이 감소하였으나, 농촌에서 계급구조는 크게 변하지 않았다. 통일 이전 남부 농촌은 중농이 70% 이상을 차지하는 중농 중심의 계급구조였다. 그것은 농촌의 많은 지역이 공산세력의 영향권 하에 있었고 그 지역에서는 이미 토지개혁이 이루어져 대부분 토지가 분배된 상황이었기 때문이다. 남부에서 토지사유 관념을 가진 중농 중심의 계급구조는 1978년 이래 추진된 농업집체화에 부정적으로 작용하였다.

남부에서 농업집체화는 생산집단(초급합작사 상당), 합작사(고급합작사 상당)의 설립으로 진행되었다. 그러나 합작사 가입률은 농업집체화를 중지하기 직전인 1986년에도 30% 정도에 불과하였다. 특히 메콩델타 지역에서는 그 비율이 6%에 지나지 않았으며, 단지 초보적 집체농업조직인 생산집단 가입률이 82%였다. 이 가운데 형식적으로만 가입하고 실질적으로는 사영농업을 유지하는 농가들이 많았다(이한우, 1999, 62~63). 메콩 델타의 농민들은 집체화 과정에서도 다양한 일상적 저항을 통하여 집체화에 저항하였다. 농민들은 경작지를 축소하거나 집체화 이전에 자기가 소유하고 있던 가축을 팔거나 도살함으로써 자기 자산이 집체소유로 되는 것에 저항하였다(Chanda, 1981d, 40). 한 보고는 집체화 이후 농기계가 많이 파손되어 50% 정도만 사용가능하였고, 일부 지방에서는 그 비율이 20~30%에 불과하였다고 한다.[1] 또한 농기계를 사용해야 하는 농경작업을 수행하기 위하여 조직된 '기계집단'(機械集團: 합작사 산하 專門隊의 일종)이 해체되고, 농기계는 원 소유주에게 반환되는 곳도 많았다고 한다(Le Minh Ngoc, 1992, 36). 농민들의 저항은 집단행동으로 전개되기도 하였다. 예컨대 롱안 성(tinh Long An)에서는 농민들이 간부들을 비난하는 유인물을 돌리기도 하고, 물리적 폭력을 사용하거나 공공건물의 벽에 합작사에

1 예를 들어, 허우쟝 성(tinh Hau Giang) 톳놋 현(huyen Thot Not)에서는 집체화 이전에 216개의 농기계가 있었는데 집체화 이후인 1987년에 60개만을 사용할 수 있었고, 쭝녓 싸(xa Trung Nhat)에서는 1976년 20개였던 농기계가 1987년에는 2개밖에 남아 있지 않았다고 한다(Do Thai Dong, 1990, 202).

반대하는 구호를 써놓는 경우도 있었다. 또한 일부 농민들은 상급 정부에 합작사 탈퇴를 인정해줄 것을 요구하는 청원을 제출하였으나 그 청원이 받아들여지지 않자 도로에 누워 시위하며 자기의 주장을 관철시키고자 한 사례도 있었다(Luong, 1994, 90).

④ 경제적 침체

1976년 7월 1일 베트남사회주의공화국 성립 이후, 국가의 목표는 중앙집권적 계획관리체제 하에 국가의 모든 자원을 사회주의 건설에 동원하는 것이었다. 베트남은 이에 따라 1976년 12월 제4차 당대회에서 당면한 사회주의적 통합과 경제건설이라는 과제를 제시하고, 제2차 5개년 계획(1976~1980)을 수립하여 시행하게 되었다. 그러나 국내적으로 사회주의 경제체제의 결함과 남부에 대한 급격한 사회주의화로 인하여, 그 목표는 달성되지 못했고 통일 직후 5년간 경제적 침체를 겪게 되었다. [표 2-2]에서 보는 것처럼, 정부는 GDP 성장률을 연평균 13~14%로 계획하였으나, 실제 성장률은 1980년까지 5년간 연평균 0.4% 증가에 머물러 실질적으로 마이너스 성장을 기록하였다. 연평균 농업생산량은 계획 6~7% 대비 2% 실적을 나타내었고, 연평균 공업생산량도 계획 15~18% 대비 0.6%의 증가에 그쳐, 실질적으로 마이너스 성장을 나타내었다. 수산물 획득량은 비교적 많이 증가하였으나, 벼를 포함한 식량생산량은 오히려 감소하여 1970년대 말에 식량 부족 현상을 초래하였다.

[표 2-2] 제2차 5개년 계획과 실적

구분	사회총생산 연평균 증가율(%)	농업생산량 연평균 증가율(%)	공업생산량 연평균 증가율(%)	벼 생산량 (천 톤)	정부 식량수매량 (천 톤)	수산물 획득량 (천 톤)	수산물 수출액 (천 US$)
1976년 실적				11,827	2,000	600	1,300
1976~1980년 계획	13~14	6~7	15~18	21,000		1,000	40,000
1976~1980년 실적	0.4	2	0.6	11,647 (1980년)	1,450(1979년) 1,980(1980년)	785(1980년) 1,350(양식 포함)	11,200 (1980년)

출처: Dang Phong, 2009a, 38~41.

국영기업들은 경영상 곤란을 겪고 있었다. 1979~1980년 국가의 기업에 대한 원재료 공급량은 기업에서 필요로 하는 수요의 절반밖에 만족시키지 못하는 정도였고 전력 부족으로 기업의 1/3이 조업을 정지하는 실정이었다. 에너지 · 원료 · 부품의 부족으로 기계설비 가동률은 30~50%로 떨어졌고, 노동력은 1/3이 과잉이었다. 이로 인해 1980년의 공업생산액은 1978년의 87% 수준에 머물렀다(三尾忠志, 1988, 41). 이러한 상황에서 경제는 1970년대 말 매우 낮은 실적을 나타내고 있었다. 이후 경제성장률은 1982~1984년간 잠시 증가하였다가 1985~1986년간 다시 대폭 하락하였다([표 2-3] 참조). 이러한 변동은 1970년대 말과 1980년대 초반의 경제적 침체 상황을 잘 나타내준다.

[표 2-3] 전년 대비 국민소득 성장률(%), 1977~1986

연도	1977	1978	1979	1980	1981	1982	1983	1984	1985	1986
성장률	5.3	1.1	-1.8	-3.6	2.3	8.8	7.2	8.3	5.7	2.8

출처: GSO, 2000, 27.

2) 국제적 상황

① 외국 원조 감소

통일 이전 베트남전쟁 기간 동안 중국은 북부 베트남에 매년 약 50만 톤의 쌀과 의류, 비누 등 생활필수품을 제공해왔다. 통일 이후 양국간 관계 악화로 1978년 중반 이래 70개의 산업 프로젝트를 포함한 중국으로부터의 원조는 중단되었다. 또한 프로젝트의 중단에 따라 북부에서만 25만 명의 중국인들이 베트남으로부터 떠났는데, 이들 중 다수가 광부 · 어부 · 부두노동자들이어서 이 분야에 큰 타격을 입혔다. 1978년 석탄생산량은 1977년의 생산량에도 미치지 못하였고, 어획량 역시 감소하였으며, 숙련 노동자의 부족으로 북부의 주요 항구인 하이퐁(Hai Phong)에서의 부두 하역작업이 지체되었다. 석탄 생산의 감소는 수출 감소로 이어졌으며, 비공산권 국가 중 주요 수출국이었던 일본으로의 1978년도 수출은 1977년에 비하여 42%나 감소하였고 1979년에는 이보다 더 감소하였다. 베트남 전력생산의 60%는 화력이었는데, 석탄생산의 감소가 전력생산에 차질을 가져와 공장 및 농촌의 합작사에 대한 전력공급이 제대로 이루어지지 않아 공장가동률 저하와 농촌의 관개시설에 대한 전력공급 중단사태가 발생하였다(Chanda, 1979, 44~46).

소련은 베트남에 1976~1980년간 매년 5억 루블(미화 7억 5천만 달러)에 상당하는 원조를 제공하였다. 다른 한 보고는 1980년에 소련의 베트남에 대한 원조가 20억 달러에 이르렀다고 하였다(Pike, 1981, 89~90; Pike, 1982, 72). 그러나 소련 지도자들은 1981년 초에 원조자금이 베트남에서 낭비되고 있다고 지적하였고, 1981년에 소련으로부터의 원조액은 제2차 5개년 계획기간에 제공된 금액보다 40% 적게 제공될 것이라고 알려졌다(Chanda, 1981b, 33). 소련의 원조는 이후에도 계속되었으나 1992년에는 마침내 중단되었다.

② 서방권의 경제 제재

열악한 경제사정 속에서도 1978년 12월 캄보디아 침공, 1979년 2월 중국과의 전쟁으로 경제적 손실은 가중되었다. 미국을 비롯한 서구 국가들의 경제제재조치로 IMF, World Bank, ADB 등 국제금융기구로부터의 차관과 서구 국가들로부터의 ODA 도입은 규제되었다. 베트남에 대한 미국의 금수조치는 1964년 북베트남에 대하여 단행되었고, 1975년 통일 이후에는 베트남 전국으로 확대되었으며, 1979년 이후에는 캄보디아 침공에 대한 응징으로 서구 대부분 국가들과 세계은행 및 IMF 등 국제금융기구들의 협력 아래 세계적인 경제봉쇄조치가 행해졌다(이은호, 1994, 214). 이후 1989년 베트남군이 캄보디아로부터 철수함으로써 서방 국가와의 관계가 개선되면서, 1993년에야 국제금융기구로부터의 자금조달이 가능하게 되었다.[2]

③ 주변국의 영향

사회주의 국가들의 경제적 침체와 주변국의 경제성장은 베트남으로 하여금 경제개혁정책을 채택하도록 하는 압력으로 작용하였다. 먼저, 중국, 소련 및 동유럽 사회주의권 국가들의 경제침체와 개혁정책의 채택은 베트남의 개혁정책 채택에 영향을 주었다(Viet Phuong, 2008, 16). 특히 중국은 1978년 당 제11기 3중전회에서 개혁을 선언하고 1980년대 초반까지 농업부문에서 농가가 생산의 주체가 되는 농가계약제로 전환하였고, 1980년대 중반부터 기업부문의 개혁으로 개혁의 범위를 확대해가고 있었다. 게다가, 소련이 1985년에 고르바초프의 등장 이후 본격적 개혁에

2 1993년 11월에는 베트남의 경제개발을 지원하기 위한 베트남지원국회의(Donors' Conference)가 개최되었고, 1994년 2월에는 미국이 대(對)베트남 경제제재조치를 해제함으로써, 전면적인 대외경제협력이 이루어질 수 있는 환경이 조성되었다.

착수한 것도 베트남의 개혁을 가속화시키는 요인으로 작용하였다. 더불어 주변 자본주의 국가들 가운데 일본 및 특히 동아시아 네 마리 용들의 경제성장 사례는 후발국의 경제성장 모델을 제시해주었다는 점에서 베트남이 개혁정책을 채택하는 데 큰 영향을 끼쳤다(Viet Phuong, 2008, 15~16; Duong Phu Hiep, 2008, 445). 예컨대 제6차 당대회를 앞두고 1986년 4월에 열린 당 정치국 회의에서 국가평의회 주석 쯔엉찐(Truong Chinh)은 한국을 예로 들며, 베트남과 비교하여 한국은 외부로부터 유입된 자금이 그다지 많지 않았는데도 발전된 공업국이 되었다며, 이를 보면 베트남은 그간 결점과 오류가 적지 않았다고 평가하기도 하였다고 한다(古田元夫, 2009, 195~196).

2. 초기 개혁 논쟁과 부분적 경제개혁

1) 지방에서의 개혁 시도

① 농업에서 탈법적 계약제

베트남에서는 생산물계약제의 공식적 도입 이전에 북부 농촌의 일부 지역에서 탈법적으로 계약제가 시행되고 있었다. 집체농업 하에서 시행되던 '3계약제'는 합작사(집단농장)와 생산대 간에 노동 점수, 생산비, 생산량에 대하여 계약을 체결하는 집체농업 방식이었다(제3장 참조). 사회주의 집체농업체제에 대한 일탈 형태인 계약제는 합작사와 농민 간에 의무수매량을 계약하고, 농민이 그 이상의 생산물을 자유롭게 처분할 수 있는 것이었다. 탈법적 계약제는 일찍이 1960년대 말부터 시도되었다. 1966년에 북부의 빈푹 성(tinh Vinh Phuc)에서는 농민들이 지방 간부의 묵인 하에 불법적으로 계약제를 채택하기 시작하였고, 이를 "은밀한 계약제"(khoan chui)라고 하였다(Ngo Vinh Long, 1993, 174; Kerkvliet, 1995, 407; Thai Duy, 2008, 296). 그러나 당시에는 농가계약제가 집체농업체제를 파괴한다고 하여 즉시 금지되었고 집체농업으로 환원되었다.

통일 이후에도 일부 북부 농촌에서는 탈법적 계약제가 시행되고 있었다. 계약제는 당초 쌀 경작 시기가 아닌 겨울 작물 경작 때 채소 및 보조작물에 대하여 합작사가 농가와 계약을 체결한 것으로부터 시작되었다. 이러한 보조작물에 대한 부분적 농가계약제는 1978~1979년간 쌀 경작으로 확대되었고, 여러 지역으로 파급되었다. 1960년대에 계약제를 도입하였다가 규제를 받은 빈푹 성에서는 1978년 보조작물에 대한 계약제가 재도입되었고(Luong, 1992, 204), 북부의 하썬빈 성(tinh Ha Son Binh)[3] 일부 지역의 합작사에서도 1978년에 계약제가 시행되었다(Thai Duy, 2008, 302). 중북부 응에띤 성(tinh Nghe Tinh)[4]에서는 1978~1979년간 겨울작물 경작 때 감자 또는 잡곡류에 대하여 계약제가 실시되기 시작하였고, 1979년 10월 벼부터 벼농사에, 1979~1980년간 겨울에는 공업작물에까지 적용범위가 확대되었다. 북부 하떠이 성(tinh Ha Tay)의 일부 지역에서도 1978년 10월 벼부터 일부 농지에 대하여 계약제가 실시되었고, 북부 해안도시 하이퐁(Hai Phong)에서도 계약제가 1977년에 일부 지방에서 시작되어 1979~1980년간 겨울작물 경작에 폭넓게 도입되었다(村野勉, 1987, 63~65).

이 가운데 계약제를 가장 적극적으로 도입하여 실시함으로써 당 및 정부의 정책결정자들에게 영향을 끼친 곳은 하이퐁이었다. 하이퐁에서는 시 당위원회의 묵인 하에 1979~1980년간 겨울에 4개의 합작사에서 합작

3 하썬빈 성은 하노이 서부에 위치하였고, 1979년 하떠이 성(tinh Ha Tay)과 호아빈 성(tinh Hoa Binh)으로 분성되었다.

4 응에띤 성은 1991년 응에안 성(tinh Nghe An)과 하띤 성(tinh Ha Tinh)으로 분성되었다.

사 사원들에게 계약을 맺고 야채를 재배하도록 하였으며, 또 다른 4개의 합작사에서는 양돈(養豚)에 계약제를 적용하였다. 이외에도 상부의 허가 없이 임의로 벼농사에 계약제를 적용한 곳도 있었다. 1980년 6월 하이퐁 시 당위원회 상무위원회는 집체농업 방식의 '3계약제'와 병행하여 생산물 계약제의 시행을 정식으로 결정하였다. 이로써 1980년 10월 벼 재배부터 각 합작사는 실질적으로 두 가지 방식을 적용하게 되었으며, 이 가운데 기존의 '3계약제'를 시행한 곳은 하이퐁 시내 160개 합작사 중 33개에 불과하였고, 나머지 127개 합작사는 부분적 또는 전면적으로 생산물계약제를 채택하였다(村野勉, 1987, 66). 한편, 인근의 타이빈 성(tinh Thai Binh)과 하이흥 성(tinh Hai Hung)은 그 지방 간부들이 당시 탈법적 계약제를 막기 위해 장벽을 세워야 한다며 공식적으로 생산물계약제에 반대하던 지역이었으나, 1980년경 산하 합작사들 가운데 20% 정도의 합작사에서 이미 탈법적 계약제가 시행되고 있었다(Thai Duy, 2008, 313). 이밖에도 여러 지방에서 탈법적 계약제가 성행하고 있었다.

탈법적이고 임의적이거나 지방 간부들의 묵인 하에 북부에서 도입된 계약제의 적용 범위는 확대되어갔고, 생산 증대효과를 나타내고 있었다. 한 예로 하이퐁 근처의 한 합작사는 이전까지 열악한 합작사로 알려져 있었는데, 1978년 새로운 관리 방법을 도입하여, 농토 준비, 종자 공급, 비료 배분, 관개 시설, 작물 보호 등의 작업은 생산대가 그대로 수행하면서, 농가에 토지를 배분해주고 배분받은 토지 내에서 파종 · 관리 · 수확은 농민이 담당케 하는 계약을 체결하여 계약량을 생산대에 납부하도록 하는 제도를 시행함으로써 생산 증대효과를 거두었다. 이를 통해 쌀 수확량은 1977년 749톤에서 1980년 1,500톤으로 증가하였다. 이에 따라 합작사 사원에 대한 쌀 분배량도 월별 6.4kg에서 13kg으로 증가하였다. 1981년 전반에 이 합작사에서는 50%의 농경지를 계약에 의해 경작하고 있었다

(Long, 1981a, 56~57).

탈법적 계약제가 시행되어 생산증대를 나타내고 있던 한편, 1977~1978년간의 자연재해에 이어 북부에서는 1980년에도 자연재해로 인해 농민들이 피해를 입고 있었다. 1980년의 자연재해에도 불구하고 정부의 의무수매는 그대로 진행되었으며, 자연재해로 곤란에 처한 북부 홍강 델타 지역의 농민들은 국가의 식량원조 없이 스스로 이 문제를 해결하여야 한다고 불만을 나타내고 있었다(*FBIS-APA-80-196*, 7 Oct. 1980, K10). 이러한 가운데, 하노이 시민들은 식량부족에 대한 불만을 공개적으로 토로하기에 이르렀고, 1980년 가을에는 하이퐁 시와 응에띤 성에서 식량폭동이 발생하였다. 폭동의 주원인은 심각한 식량부족과 간부들의 부패 및 권위주의적 행태에 있었다. 그간 북부에서 공공연한 저항이 발생하지 않았는데, 식량폭동은 농민들의 인내가 한계에 달하였음을 나타내주는 징표였다(Chanda, 1981a, 28; 木村哲三郎, 1996, 122). 1980년 중반부터 언론은 농촌에서의 계약제에 대해 보도하기 시작하였다. 하이퐁의 지방 신문과 라디오는 기존 '3계약제'의 결함에 대해 보도하였고, 이어 하썬빈(Ha Son Binh), 빈푹, 응에안(Nghe An) 등 지방 언론에 이어 마침내 『년전』(*Nhan Dan*: 人民) 등 중앙 언론에서도 이를 다루었다(Thai Duy, 2008, 337~338).

② 유통부문의 다원화

1970년대 후반 국가가 중앙에서 통제하는 가격체계는 특히 남부지방의 일탈로 침식되어갔다. 그간 정부는 낮은 가격으로 농업 투입재(inputs)를 농민들에게 공급하고, 역시 낮은 지도가격(公定價格)으로 농산물을 수매해왔다. 그러나 지도가격으로 농산물 수매에 곤란을 겪자, 정부는 시장가격을 고려한 합의가격으로 농산물 수매를 허용하는 조치를 취할 수밖에 없었다.

남부에서 농업집체화에 대한 저항으로 식량생산이 감소하고 농민들이 정부수매를 회피하자, 지방정부는 이를 타개하기 위하여 남부 일부 지역에서 정부 공정가격이 아닌 시장가격에 근접하는 가격으로 식량을 수매하는 방법을 채택하기도 하였다. 1970년대 말부터 남부의 몇 개 지역에서는 정부의 식량수매 방식에 따르지 않고 자유시장으로부터 수매하는 방식을 채택하는 곳이 있었다. 예컨대, 1978년 호찌민시에서는 쌀 부족 상황에 처하자, 시의 국영식품회사 대표였던 바티(Ba Thi)가 쌀구매단을 메콩델타로 파견하여 시장가격으로 쌀을 구매한다는 방안을 제안하였다. 당시 호찌민시 당위원회 비서였던 보반끼엣(Vo Van Kiet)이 이를 허락하여 바티는 쌀구매단을 조직하여 은행 간부, 시 재정국 간부 등과 함께 메콩델타로 가서 당시 지도가격(公定價格)인 1kg당 0.52동(dong)보다 4배 이상인 2.5동의 합의가격으로 쌀을 매입하였다. 이 시도는 국가의 가격체계에 위배되는 것이었으나, 중앙정부에 보고하지 않고 지방정부가 독자적 판단으로 수행했던 개혁의 사례였다. 이후 1979년 8월 제4기 당중앙위 6차 회의가 열리는 시기에는 이 합의가격이 전국에 보편화되었다(古田元夫, 2009, 31~33). 남부 호찌민시 인근의 롱안 성(tinh Long An)에서 당국자는 1977년 지도가격으로는 설탕과 땅콩을 수매하기 곤란하자 시장가격으로 매입하여 전년에 비해 2~3배의 양을 확보할 수 있었다. 그러나 이 일이 중앙정부에 보고되어, 당시 남부의 사회주의적 개조작업을 책임지고 있던 팜훙(Pham Hung)이 지도가격이 아닌 가격으로 매입하는 것을 금지하면서 이 실험은 좌절되고 말았다(古田元夫, 2009, 34).

당시 지도가격에 기반한 가격체계는 이미 당 내에서 논쟁적 문제였다. 1977년 4월 응우옌아이꾸옥(Nguyen Ai Quoc)[5] 당교(黨校)에서 열린 포럼에

---

5 응우옌아이꾸옥은 호찌민이 사용하던 성명이다.

서, 국가물가위원회 간부가 사회주의체제에서는 낮은 지도가격으로 안정시켜야 한다고 말한 것에 대해, 당시 사회과학위원회 경제학연구소장이던 쩐프엉(Tran Phuong)은 농산물수매 메커니즘이 "강탈하듯이 사고, 그냥 주듯이 판다"(mua nhu cuop, ban nhu cho)며 비판하였다. 그는 물가위원회의 가격계산 방식은 시장의 조건을 계산하지 못하고 농민의 증가하는 요구에 부응하지 못한다고 격론을 벌였다(Dang Phong, 2009b, 205).

정부는 수매량을 확보하기 위해 지도가격 이외에, 상업경영가격, 활력(변동)가격, 자유판매가격 등 다양한 방식을 동원하였다(Nguyen Thi Hien, 2008, 269). 동시에 정부 공무원들은 배급량 부족으로 자기 고향으로부터 '고향쌀'(gao que: country rice)을 가져와 부족분을 보충하였다. 베트남에서 1986년 12월에 '도이머이' 정책이 채택되어 전면적 개혁이 시작되었으나 1989년 전후 시장가격으로 상품가격이 단일화되기 이전에 쌀과 같은 주요 상품의 정부 공급가격과 시장가격의 차이는 10배나 되었다. 1988년 2월 하노이에서 쌀의 kg당 정부 공급가격은 50~55동(dong)이었으나, 국영상업회사의 시장판매가격은 450동, '고향쌀'은 500~600동이었다(Nguyen Thi Hien, 2008, 269).

2) 개혁파의 대두

계속되는 경제침체로 지도부 내에 기존의 사회주의 경제의 운용방식과 남부의 급속한 사회주의화를 비판하는 인사들의 목소리가 나오기 시작하였다. 1979년 9월 제4기 당중앙위 6차 회의에서 일부 지도자들은 1970년대 후반의 경제불황을 타개하기 위해 기존의 경제운용방식의 결함에 대해 지적하고 생산을 촉진하여 인민의 생활을 안정시키는 것을 제1의 임무로 하는 제 정책을 도입하도록 요구하였다. 그 내용은 비사회주의 경제부문의 활용, 경제관리의 지방분권화, 시장관계의 일정한 도입, 가격 및 임금의 조정, 국내 자원, 특히 지방 자원의 잠재력을 개발하고, 생산자에게 물질적 자극을 주어 민생의 안정에 필요한 소비재를 증산한다는 것이다. 6차 당중앙위 회의에서 채택한 결의는 사회주의 경제발전 모델에서 터부시하던 두 가지 문제, 즉 공유제와 중앙계획경제를 수정하고 사영경제와 자유시장을 고려하였다는 점에서 새로운 돌파였다. 기존의 중앙계획경제로부터 다부문경제를 수용하는 방향으로 전환하였다는 점에서 6차 당중앙위 회의는 근본적 개혁의 출발점이었다고 평가된다(Dao Xuan Sam, 2008, 32~33).

제4기 당중앙위 6차 회의에서 개혁이 제기된 후, 개혁지향적 성향을 나타내고 있다고 알려져 있는 인물들이 드러나기 시작하였다(Chanda, 1981d, 40). 최고위 지도자 중 총비서 레주언(Le Duan)과 국가평의회 주석 쯔엉찐(Truong Chinh)은 사회주의체제의 정통성을 고수하고자 하였으나, 수상 팜반동(Pham Van Dong)은 개혁에 호의적이었다. 이밖에 정치국 위원 중에서 부수상 팜흥(Pham Hung), 당중앙위 산하 조직위원회 위원장 레득토(Le Duc Tho), 당중앙위 산하 과학 · 교육 · 선전 · 훈련위원회 위원장 또흐우(To Huu) 등이 보수적 시각을 갖고 있었다. 반면, 부수상 겸 남부농업개조중앙위원회 위원장 보찌꽁(Vo Chi Cong), 부수상 겸 국가계획위원회 위원장 레타인응이(Le Thanh Nghi), 호찌민시 당위원회 비서 응우옌반린(Nguyen Van Linh), 호찌민시 인민위원회 위원장 보반끼엣(Vo Van Kiet) 등이 개혁적 성향을 갖고 있었다([표 2-4] 참조). 또한 정치국 위원은 아니었지만 당중앙위 위원이며 보반끼엣 이후 호찌민시 인민위원회 위원장이었던 마이찌토(Mai Chi Tho) 또한 개혁적 성향을 나타낸 인물이었다.

[표 2-4] 제4기 정치국 위원의 구성

개혁 지향	보수 지향	불명확
팜반동(Pham Van Dong)	레주언(Le Duan)	보응우옌잡(Vo Nguyen Giap)
보찌꽁(Vo Chi Cong)	쯔엉찐(Truong Chinh)	응우옌주이찐(Nguyen Duy Trinh)
레타인응이(Le Thanh Nghi)	팜훙(Pham Hung)	쩐꾸옥호안(Tran Quoc Hoan)
응우옌반린(Nguyen Van Linh)	레득토(Le Duc Tho)	반띠엔중(Van Tien Dung)
	또흐우(To Huu)	레반르엉(Le Van Luong)
보반끼엣(Vo Van Kiet)	도므어이(Do Muoi)	쭈후이먼(Chu Huy Man)

출처: Le Mau Han, 1998, 123; 기존 연구 및 언론 보도 종합.

3) 신경제정책의 시행과 한계

1979년 9월에 열린 제4기 당중앙위 6차 회의 이후 '신경제정책'이라 불리는 부분적 개혁정책이 당 정치국 및 각료회의에서 결정되었다. 이 중 중요한 것은, 농업부문에서 (1) 정부 의무수매량을 5년(1981~1985) 동안 고정하고, (2) 농산물 매상가격을 대폭 인상하며, (3) 농업합작사에서 생산물계약제를 도입하는 것이었다. 공업부문에서는 (1) 국영기업에 부분적 생산·경영주도권과 재정 자주권을 인정하고, (2) 임금제도에 있어 청부임금제, 생산량에 따른 임금제, 보너스 지급 등의 제도를 도입하는 것이었다(三尾忠志, 1988, 43~44).

이러한 신경제정책은 특히 농업부문에서 높은 성과를 나타내었다. 1981~1985년간 신경제정책의 물질적 자극에 의한 농민들의 생산의욕은 농업생산을 증가시켰다. 1981~1985년간 농업생산량의 연평균 성장률은 4.9%로써 1976~1980년간의 1.9%보다 높은 수준이었다. 1985년 1인당 식량생산량은 306kg으로 1976년의 274kg을 훨씬 상회하였다(三尾忠志, 1988, 47). 공업부문에서는 경공업과 지방 공업부문에서의 신장률이 현저히 높았다. 그 이유로는 이 부문들이 생산재의 수입의존도가 낮기 때문이었다. 베트남 공업부문의 문제점이 에너지 · 원료 · 교환부품의 부족에 있었고 이로 인해 생산설비 · 기계의 가동률이 1979~1980년간 35~50%에 그쳤지만, 지방 공업의 성장에 힘입어 공업부문에 있어 비교적 높은 성장률을 나타내었다.

신경제정책으로 인한 식량생산과 경공업생산의 증가에 반해 국가재정적자의 증가와 물가상승 현상이 나타났다. 노동의욕을 자극하기 위하여 국가가 기업으로부터의 매입가격을 인상함에 따라 국가재정적자는 급속히 증가하였다. 배급가격을 보완하기 위해 국가가 지급하는 보조금이 증가함으로써 국가의 재정위기는 가속화되었다. 배급가격을 보완하기 위해 국가가 지급하는 보조금은 경상수지의 1/4, 국가재정적자의 67%를 점하였다(古田元夫, 1988, 11).

4) 개혁의 지체

① 보수와 개혁의 논쟁

이러한 가운데, 1981년 7월 3일에 주요 이데올로그인 쯔엉찐이 국가평의회 주석으로 선출되었다. 그는 당시 급속한 개혁의 추진에 반대하는 보수파 수장으로서의 역할을 하고 있었다. 당은 1981년 10월 9일부터 11월 3일까지 제4기 당중앙위 10차 회의를 장기간 개최하여, 개혁의 방향을 둘러싼 당내 논쟁이 치열함을 나타내었다. 당은 10차 당중앙위 회의 이후 제5차 당대회 이전까지 당중앙위 회의를 두 차례나 더 소집하였고, 당초 1981년 말에 개최하려던 제5차 당대회를 4개월이나 지난 1982년 3월에 개최하였다. 제5차 당대회를 앞둔 1981년 9월부터 언론에는 남부에서 농업의 사회주의화를 어떻게 달성할 것인가와 농민들에게 새로운 물질적 인센티브를 부여하는 것에 관하여 심각한 의견의 차이가 당내에 존재하고 있다는 기사들이 보도되고 있었다. 또한 당대회에 앞서 개최되는 지방 당대회에서도 격렬한 논쟁이 있었다고 보도되었다(Chanda, 1982b, 10).

제5차 당대회는 1982년 3월에 개최되어 15명을 정치국 위원(후보위원 2명 포함)으로 선임하였다([표 2-5]). 기존의 정치국 위원 중에서는 6명이 퇴임하고 4명이 새롭게 선임되었다. 전임 국가계획위원회 위원장 레타인응이는 경제적 침체에 책임을 지고 해임되었다. 응우옌반린이 정치국 위원으로부터 해임된 것이나 국가계획위원회 위원장 응우옌럼(Nguyen Lam)이 정치국 위원으로 선출되지 않은 것은 보수파들의 견제 때문이었다고 평가된다. 새로 정치국 위원으로 선임된 인사는 정위원으로 레득아인(Le Duc Anh), 응우옌득떰(Nguyen Duc Tam), 후보위원으로 외교부장관 응우옌꺼타익(Nguyen Co Thach), 주택 · 건설부장관 동씨응우옌(Dong Si Nguyen)이었다. 제4차 당대회와 비교해볼 때, 제5차 당대회에서 보수적 인사들은 건재한 반면 개혁지향적 인사 중 2명이 퇴임하였다는 것은 1980년대 전반의 보수회귀적 경향을 나타내준다.

[표 2-5] 제5기 정치국 위원의 구성

개혁 지향	보수 지향	불명확
팜반동(Pham Van Dong)	레주언(Le Duan)	반띠엔중(Van Tien Dung)
보찌꽁(Vo Chi Cong)	쯔엉찐(Truong Chinh)	쭈후이먼(Chu Huy Man)
보반끼엣(Vo Van Kiet)	팜훙(Pham Hung)	응우옌득떰(Nguyen Duc Tam)
응우옌꺼타익(Nguyen Co Thach)	레득토(Le Duc Tho)	동씨응우옌(Dong Si Nguyen)
	또흐우(To Huu)	
	도므어이(Do Muoi)	
	레득아인(Le Duc Anh)	

출처: Le Mau Han, 1998, 135; 기존 연구 및 언론 보도 종합

그러나 이후 1982년 4월 내각 개편에서 개혁파로 알려진 호찌민시 당위원회 비서 보반끼엣(Vo Van Kiet)과 쩐프엉(Tran Phuong)이 부수상으로

임명되었고, 또 다른 두 명의 부수상으로는 동씨응우옌과 부딘리에우(Vu Dinh Lieu) 당중앙위 위원이 임명되었다(Long, 1982, 31~33). 이상에서 나타난 것은 정치국 수준의 당 최고위 인사들 가운데에서는 보수세력이 건재하나, 내각을 중심으로 개혁지향적 인물들이 대두하고 있었음을 보여준다.

② 1983~1984년간 논쟁과 개혁의 지체

1981~1982년간의 경제적 호조에도 불구하고, 최고위 정책결정자들은 특히 유통부문에서 사영경제가 확대되는 것에 대하여 우려하고 있었다. 사영 유통부문의 확대는 물가상승을 초래하였을 뿐만 아니라 국가의 분배체계에도 영향을 미쳐, 주로 급여생활자인 도시민을 압박하고 있었다. 이에 따라 1982년 12월 제5기 당중앙위 3차 회의에서 사영상업의 확대에 대한 규제의 필요성이 논의되었고, 1983년 6월 4차 회의에서도 보수파들의 비판은 격렬하였다. 보수파들은 사회주의와 자본주의와의 투쟁이 여전히 팽팽하고, 복잡하고, 격렬하게 진행되고 있지만, 지난 3년간 도외시되어왔다고 전제하고, 경제에 대한 중앙의 통제를 강화하여야 한다고 주장하였다. 보수파들은 1979년 제4기 당중앙위 6차 회의 이후 경제개혁에 대해 비판하면서, 사회주의와 자본주의 간의 투쟁에서 우경화했으며, 1979년 이래 지방에 주도권을 줌으로써 무정부주의적 경제관리와 지방 및 개인의 이익을 좇는 행태를 낳았다고 비판하였다. 보수파들은 이러한 이념적 · 조직적 실책이 생산물 유통에 대한 정부의 통제를 거의 벗어나게 하였으며, 이에 따라 생필품 가격은 급격히 변화하였고 경제적 · 사회적 곤란의 원인이 되었다고 진단하였다. 이러한 보수파의 주장은 생산물 계약제의 혜택을 받지 못하는 당 및 정부 관료들의 이해를 대변하고 있었다(Quinn-Judge, 1983, 23).

당시 가장 큰 문제로 제기된 것은 분배와 유통문제였다. 유통을 국가가 장악하지 못함으로써 물가가 계속 상승하여 급여생활자들의 생활을 압박했기 때문이다. 1983년 당시 도매의 50%, 소매의 60%를 사영 상인들이 담당하고 있다고 추계되었다(Chanda, 1983b, 48). 또한 1983년의 당의 한 보고서는 식품 · 농산물 · 어류 · 임산물 분야에서 사영상인이 거래하는 몫은 전체 시장의 50%이며, 국영기업에서 생산하는 소비재의 15~35%는 사영상인에 의해 거래된다고 하였다(Quinn-Judge, 1984a, 82). 당중앙위 산하 조직위원회 부위원장인 레득빈(Le Duc Binh)은 이러한 당 및 국가에 고용된 급여생활자들의 동요를 막기 위해 '고귀한 혁명적 자질'의 발휘를 요구하고 있었으나(Chanda, 1983b, 50), 이들에 의한 부패와 횡령 등이 확산되어가고 있었다. 정치국 위원 또흐우(To Huu)는 『땁찌꽁싼』(*Tap chi Cong san*: 공산 잡지)에 게재한 논문에서 생산의 발전을 자극하고 생산으로부터 경제적 이득을 증대시키기 위하여 무질서를 극복할 정책이 필요하다고 역설하면서, 정부가 직면한 무질서의 가장 심각한 측면은 상품유통을 통제하고 있지 못하는 것이라고 하였다. 그는 물가상승으로 인해 고정급여를 받는 당 간부와 정부관료 등 급여생활자들이 생활에 곤란을 겪자 사회주의로부터 이반하여 부패에 가담하게 되었다고 진단하였다(Chanda, 1983b, 48). 1982년에 사영상인과 국가부문 고용인 간의 소득 격차는 7.5배에 이른 것으로 추계되었다(Quinn-Judge, 1984a, 82). 1983년 6월 제5기 당중앙위 4차 회의에서 총비서 레주언은 '자유주의의 질환'에 대하여 언급하면서, 간부들이 시장력에 의존하고 계획에서 벗어나 사업을 무차별적으로 확대하여 경쟁적으로 매매에 관여하여 상품의 가격을 상승시켜 국가의 독점적 지위를 교란시켰다고 비판하였다. 이에 대처하여 정부는 국영상업부문의 확대운동을 전개하였다(Chanda, 1983b, 48).

1984년에도 보수파와 개혁파 간의 갈등은 계속되었다. 보수파들은 경제개혁정책이 근본적으로 비사회주의적이라고 비판하였고, 개혁정책이 자본주의와 사회주의의 두 가지 노선 간의 투쟁에 영향을 미치게 될 것이며, 자본주의자들이 유리한 위치를 차지하게 할 것이라고 우려하고 있었다(Quinn-Judge, 1984a, 82). 이에 대하여 개혁파인 쩐프엉은 새로운 경제정책은 평상적인 정책일 뿐이며, 사회주의에 해를 끼치지 않는다고 주장하였다. 베트남에는 자본가들이 존재하지 않으며 소규모 상인들이 있을 뿐이라고 하였다.

이후 1985년 6월 제5기 당중앙위 8차 회의에서는 전국적인 배급제도의 폐지와 가격체계의 개혁을 중심으로 하는 가격 · 임금 · 통화의 포괄적 개혁을 단행하기로 의결하였고, 이는 8월 정치국 결의 제28호에 의한 가격과 임금 개혁, 9월 통화개혁으로 실현되었다. 개혁파 인사들은 가격 · 임금개혁만을 추진하려 했으나, 보수파 인사들이 통화개혁을 동시에 추진함으로써 경제적 곤란을 초래하였다. 가격 · 임금 · 통화 개혁의 주요 내용은 첫째, 생활필수품 주요 9품목에 대한 배급제와 가격보조를 폐지하고 생산비를 가격에 반영하며 둘째, 임금지급 방식을 현물 · 현금이라는 이중적 방식에서 현금지급 방식으로 일원화하며 셋째, 통화를 개혁하여 구(舊) 10동을 신(新) 1동으로 평가절하한다는 것이다(山崎勝, 1991, 129~130).

1985년 10월 1일 새로운 가격이 공포되면서, 이 개혁정책으로 급여가 10배 인상되는 효과를 가져왔고, 급여생활자들은 1985년 말과 1986년 초 사이의 수개월 동안 새 제도에 만족스러워했다.

그러나 이 정책은 1986년 연간 물가상승률이 600%에 이르는 수치에서 나타나는 바와 같이 실패한 정책이었다. 1986년 3월 평균실질임금은 1985년 10월에 비하여 50% 감소하였다(Nguyen Thi Hien, 2008, 285). 높은 물가상승은 국가의 기반을 이루는 당 및 정부관료, 국영기업 노동자 등

봉급생활자들의 생활고를 심화시켰다. 이에 따라 정부는 농산물 매입가격을 인하하려고 하였으나 인하된 가격으로는 정부수매를 거부하려는 생산자들의 저항에 부딪혔다. 동시에 정부는 1986년 10월에 생활필수품 6개 품목(쌀 · 돼지고기 · 느억맘 · 설탕 · 연료 · 세탁비누)에 대한 배급제를 부활하고 정부 공무원 급여를 40% 인상하는 조치를 취하였다(Nguyen Thi Hien, 2008, 286). 그러나 계속되는 경제침체로 인해 베트남은 전면적 개혁정책의 채택을 고려하지 않을 수 없었다.

3. '도이머이'로의 길

1) 개혁파의 재부상

1986년 말로 예정된 제6차 당대회를 준비하는 작업은 1984년부터 시작되었으나, 당 지도부 내에서 개혁지향적 분위기가 확산된 것은 1985년부터였다. 개혁파의 재부상을 알려주는 신호는 1985년 6월 제5기 당중앙위 8차 회의에서 응우옌반린이 정치국 위원으로 복귀한 것이었다. 이어서 7월에 보수파인 제1부수상 또흐우를 보찌꽁으로 교체하는 등 경제관련 장관 8명에 대한 인사조치가 단행되었다. 이 가운데 국내 상업부장관인 꾸앙남-다낭 성(tinh Quang Nam-Da Nang) 당위원회 비서인 호앙민탕(Hoang Minh Thang)은 경제자유화의 선봉장으로 알려져 있었고, 대외무역부장관인 도안주이타인(Doan Duy Thanh)은 생산물계약제를 국가정책 결정 이전에 도입했던 하이퐁(Hai Phong) 시 당위원회 비서 출신이었다(Chanda, 1986c, 10~11).

이러한 상황에서 1986년 7월 10일 레주언의 사망은 베트남의 개혁 과정에 새로운 전기를 마련하였다. 레주언은 1986년 5월 10차 당중앙위 회의에도 개막식에만 참석하였고, 이후에는 쯔엉찐, 팜반동, 레득토에 의해 당이 주도되고 있었다(Chanda, 1986a, 28). 레주언의 후임으로 쯔엉찐이 당 총비서 직위를 승계하였고, 이 시기부터 쯔엉찐은 새로운 사고로 개혁정책을 채택하는 데 중요한 역할을 수행하였다(Dao Xuan Sam, 2008, 36~37). 1986년 10월에 쯔엉찐은 소련의 베트남에 대한 원조가 비효율적으로 낭비되고 있다는 비난에 대응하여, 베트남이 과거 비사회주의 경제성분을 급속히 폐지하여 사회주의로의 전환을 시도했던 것이 조급한 정책이었음을 자인하고, 생산력을 발전시키기 위하여 적절한 형태와 속도가 필요하다고 강조함으로써, 그간의 보수파적 견해로부터 전환하였음을 나타내었다(Chanda, 1986b, 108~109). 1986년 8월 정치국 확대회의는 장기 발전전략으로 다부문상품경제를 받아들인다고 결론지었고, 이 정치국 회의에서 채택된 "경제적 관점에 속하는 몇 가지 문제에 대한 정치국 회의의 결론"(Ket luan cua Hoi nghi Bo chinh tri ve Mot so Van de thuoc Quan diem Kinh te)이 12월에 열린 제6차 당대회 문건의 기초가 되었다(Dao Xuan Sam, 2008, 36, 55~56). 당은 이 내용을 제6차 당대회를 한 달 앞둔 11월 5일~20일간 『년전』(*Nhan Dan*)에 게재하여 국민적 공감대를 형성하려고 하였다. 1985년 가격 · 임금 · 통화개혁으로 인한 경제적 위기, 레주언의 사망과 쯔엉찐의 당 총비서직 승계와 시각의 전환, 응우옌반린을 비롯한 개혁파들의 부상으로 이어지는 정세 속에서 베트남 공산당은 1986년 12월 제6차 당대회를 맞았다.

2) '도이머이' 정책의 채택

1986년 12월에 제6차 당대회는 '도이머이'를 부르짖으며 개혁정책을 공고화하고, 사회주의에 대한 발상의 전환을 시도한 대회였다. 이전, 특히 전시(戰時)의 "빈곤을 공유하는 사회주의"에서 "생활을 풍부하게 하는 사회주의"로의 발상의 전환은 획기적인 것이었고, 이후 베트남 개혁정책의 방향을 결정짓는 시금석이 되었다(古田元夫, 1988, 18~22).

제6차 당대회는 인사 변동에 있어서도 획기적인 대회였다. [표 2-6]에서 보듯이, 제5기에 비하여 제6기 정치국 위원 가운데 개혁지향적 인사들이 차지하는 비중이 훨씬 증가하였다. 이는 그간의 개혁을 둘러싼 논쟁을 마감하고, 전면적 개혁에 착수할 것임을 예고하는 것이었다. 레주언 사망 이후 최고지도자 역할을 수행하던 쯔엉찐이 개혁을 수용하는 입장으로 전환하였다. 지도자들 중 다수는 제6차 당대회에서 총비서 쯔엉찐, 국가주석 팜반동, 수상 보응우옌잡(Vo Nguyen Giap)으로 결정되기를 희망하였다. 그러나 보수파의 대표격인 레득토가 쯔엉찐과 팜반동에게 서한을 보내 3인의 동시 퇴진을 제안함으로써 당 원로들이 퇴장하고 새로운 인사들이 선임되었다(Bui Tin, 1995, 137~140).

[표 2-6] 제6기 정치국 위원의 구성

개혁 지향	보수 지향	불명확
응우옌반린(Nguyen Van Linh) 보찌꽁(Vo Chi Cong) 보반끼엣(Vo Van Kiet) 응우옌꺼타익(Nguyen Co Thach) 쩐수언바익(Tran Xuan Bach) 마이찌토(Mai Chi Tho)	팜훙(Pham Hung) 도므어이(Do Muoi) 레득아인(Le Duc Anh) 응우옌타인빈(Nguyen Thanh Binh) 도안쿠에(Doan Khue) 다오주이뚱(Dao Duy Tung)	응우옌득떰(Nguyen Duc Tam) 동씨응우옌(Dong Si Nguyen)

출처: Le Mau Han, 1998, 149; 기존 연구 및 언론보도 종합.

제6차 당대회에서 베트남 지도자들은 사회주의로의 이행사업을 전면적으로 재검토하였다. 여기에서 지도자들은 이전까지 사회주의로의 이행사업에서 과도기의 필수적 단계를 거치지 않고 통과하려는 조급함을 보였다고 평가하였고, 이전에는 과도한 목표를 설정하였고 비사회주의적 요소를 급격히 제거하려 하였으며, 중공업 및 대규모 투자사업에 중점을 둠으로써 자원의 배치를 경제현실에 부적합하게 했다고 인정하였다(CPV, 1987, 18~21). 또한, 베트남의 현 사회발전단계를 "사회주의로 이행하기 위한 과도기의 초기단계(initial stage)"라고 규정하고, 이 단계의 주요 임무를 대규모 사회주의 공업화에 필요한 사회적 · 경제적 · 정치적 기초를 확립하는 데 있다고 하였다(CPV, 1987, 44).

제6차 당대회의 특징은 첫째, 사회주의에 이르는 과도기를 비교적 장기적 역사 과정이라고 인식한 것이다. 둘째, 현재 처해 있는 과도기의 초기단계의 우선 임무를 인민의 생활과 직결되는 농업 및 경공업 발전에 있다고 한 것이다. 제5차 당대회에서도 농업 우선정책이 강조되었지만, 이후 이 정책이 실제로 관철되지 못한 상황이었다. 셋째, 비사회주의적 부문의 잠재력을 적극적으로 활용한다고 인정하였다는 점이다. 1986년 3월 이래 소규모공업과 가내공업에서 사영기업의 설립을 허가하고 있었다. 넷째, 국제분업과 국제경제협력에 적극적으로 참여한다고 한 것이다(古田元夫, 1988, 19~21).

그러나 1985년에 가격 · 임금 · 통화개혁의 실패로 정부의 정책결정자들은 개혁정책 수행에 더욱 조심스러워졌고, 기존의 경제관리 메커니즘이 잔존한 상태였기 때문에 1986년 말 제6차 당대회에서 전면적 개혁정책을 선포한 효과는 즉시 나타나지 않았다. 베트남의 지도부가 제6차 당대회에서 경제개혁정책을 공식화하였다면, 시장경제로의 개혁은 실질적으로 이후 일련의 정책들을 채택함으로써 본격화되었다.

그 주요 내용은 다음과 같다. 첫째, 1988년 4월에 당 정치국은 제10호 결의를 채택하여, 농가에 토지사용권을 장기간 부여하고 농가를 독립적 생산단위로서 인정하였다. 이후 1993년 토지법으로 토지사용권의 교환 · 이전 · 임대 · 상속 · 저당의 권리를 인정함으로써 농업에 있어서 실질적 사영화를 도모하게 되었다. 둘째, 기업과 관련해서는 1990년에 사영기업법 · 회사법 등을 제정하여 사영기업의 활동기반을 마련하였고, 1992년 헌법에 합법적 사유재산에 대해서는 국유화하지 않을 것이라는 보호조항(제23조)을 명기함으로써 혼합경제로의 방향을 공고히 하였다. 셋째, 정부는 직접적 보조금제도를 폐지하고, 1988년 중반 이래 전기 · 휘발유 · 석유 · 석탄 · 철강 · 시멘트 · 목재 · 종이 등 일부 품목을 제외한 대부분의 상품에 대한 정부의 가격통제를 폐지하였으며, 시장가격체계를 전면적으로 도입하였다. 넷째, 정부는 환율을 평가절하하고 변동환율화하여 일원화하였고, 1990년 5월에 은행제도를 이원화하여 국가 중앙은행과 상업은행의 역할을 구분하였다. 다섯째, 상업의 자유화를 도모하였고, 무역에 대한 국가독점을 폐기하고 개별기업도 직접 무역에 참여할 수 있도록 하는 등 경제자유화를 수행하였다. 이러한 개혁의 기조는 1991년 6월의 제7차 당대회에서도 재확인되었고, "2000년까지의 경제사회 안정화와 발전 전략"으로 집약되어 나타났다. 이후 개최된 일련의 당대회에서도 이러한 경제성장을 추구하기 위한 시장경제화의 정책기조는 계속 유지되었다.

제3장

집체농업의 전개와 한계

1. 북부의 집체농업

1) 집체농업의 형성과 구조

일반적으로 집체농업은 경제적 측면에서 농업생산의 대규모화로 규모의 경제를 달성할 수 있고 농업기계화 및 새로운 기술을 받아들이는 데 유리하며, 농업잉여를 공업부문으로 이전하여 공업화의 자원으로 이용함으로써 사회주의 공업화에 기여한다고 알려져왔다(Pryor, 1992, 46~48). 또한, 사회적 측면에서는 착취를 철폐하고 불평등을 해소한다고 평가되었다. 베트남에서도 농업집체화는 소유의 불평등을 해소하는 공유제 사회건설의 일환으로 추진되었다. 북부 베트남에서 농업부문으로부터 추출된 자원이 공업부문에 얼마나 투자되었는가는 불분명하지만, 집체농업은 식량공급 및 인력동원이라는 중요한 기능을 수행해왔다. 특히 장기간 전쟁을 치른 베트남에서 평균주의적 집체농업은 사회안전망 역할을 수행하기도 하였다.

북부 베트남의 농업집체화는 중국처럼 세 단계를 거쳐 수행되었다.

1953년부터 시작된 토지개혁을 통하여 지주계급을 제거한 후, 1956년 3월 당 지도자들은 노동교환조(To doi cong: 互助組)를 농업생산 증대를 위한 주요 동력으로 공식적으로 평가하고, 이의 결성을 장려하였다. 1958년 말까지 66%의 농가가 노동교환조에 가입하여 집체화의 예비단계가 마무리되었다(Vo Nhan Tri, 1990, 11). 다음 단계의 집체화 형태인 초급합작사(Hop tac xa bac thap)[1]로의 전환은 1958년 시작되었고, 초급합작사로부터 고급합작사(Hop tac xa bac cao)로의 전환은 1959년 이래 수행되어 1966년에 기본적으로 완료되었다. 초급합작사에 가입한 농가는 토지 및 농기계 등의 자산에 대한 소유권을 가지면서 이를 합작사의 공동관리 하에 두고 공동으로 사용하며, 각 농민은 합작사의 생산계획에 따라 일하고, 수확 후 공동토지에 투여한 노동의 양과 합작사에 제공한 자산의 양에 따라 생산물을 분배받았다. 농가는 고급합작사 가입 후 토지를 비롯한 농업생산에 쓰이는 모든 자산을 합작사의 공동소유로 제공하고 단지 노동한 양에 따라 분배받았다. 이에 따라 북부 농촌은 1960년 말까지 촌(thon, 村) 수준에서 합작사의 설치를 기본적으로 완료하였고, 이로써 초급합작사에 속한 농가의 비율은 73.4%, 고급합작사에 속한 비율은 12.4%로 합계 약 86%의 농가가 합작사에 소속되었다(Vo Nhan Tri, 1990, 12). 초급합작사로부터 고급합작사로의 전환은 계속되어 1966년에는 전체 농가 중 초급합작사에 소속된 농가 10%, 고급합작사에 소속된 농가 85%로, 합계 95%의 농가가 합작사에 소속되었다(Gordon, 1981, 21).

당은 1961년에 소규모 합작사를 일차적으로 촌 규모인 촌합작사(Hop tac xa thon: 村合作社)로 만들고 이어 싸(xa, 社) 규모인 전사합작사(Hop tac

1 여기에서 합작사는 농업생산합작사를 지칭하고, 농업생산합작사가 아닌 합작사는 구체적 명칭을 명기하고자 한다.

xa toan xa: 全社合作社)로 확대할 것을 결의하였고, 이로써 합작사당 평균 농가 수는 1960년 60호에서 1968년 136호로 증가하였다(Vo Nhan Tri, 1990, 14~15). 이후 1974년에는 당 비서국이 싸보다 상위의 행정조직인 현(huyen, 縣)을 경제적 단위로 더욱 중시한다는 방침을 공표하고, 합작사의 규모를 현급으로 확장하여야 한다고 강조하였다.[2] 그러나, 당시 전쟁 중이었으므로 합작사의 대규모화는 전반적으로 실현되지 않았고, 일부 지역에서만 몇 개의 싸를 포괄하는 규모의 연사합작사(Hop tac xa lien xa: 聯社合作社)의 결성이 시도되었다(Chu Van Lam et. al., 1992, 39). 북부 농촌에서의 집체화는 대체로 유사한 시기와 과정을 거쳐 수행되었다. 합작사의 규모는 1960년에 촌 규모 합작사의 설립이 완료된 후 1965년 전후를 기점으로 촌의 경계에서 벗어나 대규모화하였고, 합작사가 전통적 자연촌인 '랑'(lang)의 경계를 넘어 싸 규모로 확대됨으로써 몇 개의 '랑'이 하나의 합작사 내로 소속되었다. 싸 규모의 합작사는 1980년대에 다시 촌 규모의 합작사로 환원되는 과정을 거쳤는데, 이러한 대규모 합작사로의 통합과 분산은 탈집체화 과정에서 토지배분을 둘러싸고 촌간에 발생한 토지분규의 원인이 되기도 하였다(Kerkvliet, 1997, 74).

집체농업 하 생산방식은 '3계약제'(ba khoan)에 의해 수행되었다. 이 방식은 경작 시기 개시 이전에 합작사와 산하 단위인 생산대와의 사이에 세 가지 항목, 즉 노동점수(cong diem, 실제로는 노동일수), 생산비(chi phi san xuat, 비료, 농약 등 투입재 비용), 생산량(san luong)에 대하여 계약을 체결하고, 생산대는 생산대장의 지휘 하에 농경작업을 수행하여 수확 후 계약량

---

2 베트남의 지방행정체계에서 농촌의 최하급 행정단위는 '싸'(xa, 社)이며, 그 산하에 '촌'(thon, 村)이 있다. '싸'의 상위 행정조직은 '현'(huyen, 縣)이며, 그 위에 '성'(tinh, 省)이 있다. 당시 이러한 정책은 "모든 현(縣)은 한 개의 싸(社)를 위하여, 모든 싸는 현 전체를 위하여"(Ca huyen vi mot xa, moi xa vi ca huyen)라는 표어로 나타났다(Tran Thi Que, 1998, 21).

을 합작사에 납부하는 것이었다. 이때, 생산대가 생산목표를 초과 달성하면 초과분의 80~100%를 보유하고, 생산목표에 미달하면 결손분의 50~70%를 배상하도록 되어 있었다. 즉, 생산대가 최종 생산량에 대하여 책임을 지는 단위였다(村野勉, 1987, 64; Ngo Vinh Long, 1993, 167~68). 합작사 및 생산대 내 분배방식은 노동점수제였다. 합작사 사원(xa vien, 社員)인 농민들은 정해진 시간 동안 작업을 수행하고 당일 작업을 완료하면 작업의 종류에 따라 미리 정해진 노동점수를 부여받게 된다(Vo Nhan Tri, 1990, 16). 사원들은 정해진 양 이상의 성과를 얻으면 추가로 노동점수를 부여받고, 규정량을 달성하지 못하면 일정한 노동점수를 깎이게 된다. 생산대는 농산물 수확 후 합작사에 계약량을 납부하고, 합작사 축적기금, 복지기금 등 공동으로 쓰일 자금에 해당하는 몫을 공제한 후, 나머지 생산량을 사원들에게 각자가 획득한 노동점수에 따라 분배하였다. 1976~1980년간 일반적인 총생산량 대비 각 항목별 비용 또는 분배비율은, 생산비 45%를 제외한 나머지 가운데 농업세 13~14%, 합작사 축적기금 13~15%, 사원분배분 70~75%였다(Nguyen Sinh Cuc, 1991, 25).

2) 집체농업의 한계

북부에서는 1960년대 전반에 농업생산이 계속 증가하였으나, 후반에 들어 정체를 나타내었다. 이러한 정체의 원인은 한편으로는 전쟁으로 인한 피해에 있었지만, 다른 한편으로는 대규모화하는 집체화 농업 자체의 결함에도 있었다. 1960년대 중반 이후 합작사 규모는 자연촌의 경계를 넘어 확대되었고, 농민들의 생활기반인 촌의 경계를 넘어 진행된 대규모 집체화는 전통적 농촌생활과의 부조화를 초래하였다. 농민들은 노동에 따른 보수를 제대로 평가받지 못하고 단지 노동점수에 따라 평균적으로 분배받게 되어 작업이 형식적이었다. 또한, 합작사 관리조직이 비대해지고 간부들의 부패가 심화되었으며, 공동자산 관리를 소홀히 하는 등 집체농업은 구조적 한계를 지니고 있었다(Nguyen Sinh Cuc, 1991, 18). 집체농업에서는 생산대 및 합작사가 생산 및 회계의 단위였으므로, 농업생산이 증대하면 이에 따라 농민의 수입이 증대하기보다는 주로 합작사의 자산이 증대하였기 때문에 농민들에게 생산증대 유인을 가져다주지 못하였다. 이렇게 북부 집체농업의 구조적 결함이 통일 이후 베트남의 경제적 침체에 주요한 한 요인으로 작용하였는바, 그 가운데 주요한 결함은 다음과 같다.

① 노동점수 산정의 문제

합작사에서 노동점수 부여방식은 각종 농경작업의 난이도를 정하여, 그것을 가지고 표준적으로 1 노동일(勞動日)에 사원(xa vien), 즉 농민이 할 수 있는 양을 결정한 후, 각 사원이 행한 노동의 결과를 평가하여 부여해주는 것이었다.[3] 그러나 생산에 기여한 노동의 양과 질을 평가하는 작업의 기술적 어려움, 공동노동에 참여하는 이웃 간을 차별하는 것의 곤란함, 각 농민에게 차별적으로 노동점수를 부여하였을 때 예상되는 낮은 점수를 부여받은 농민의 반발 등으로 인하여, 분배방식이 실제로는 노동의 질에 따르기보다는 노동시간당 점수를 평균적으로 부여하는 방향으로 정착하게 되었다(Pingali & Vo Tong Xuan, 1992, 702).

농민들에 대한 분배는 집적한 노동점수에 의해 평가되므로, 집체농업하에서 농민들은 노동점수의 확보에만 진력할 뿐이었다(Nguyen Sinh Cuc,

3 1 노동일의 표준점수는 10점이었고, 예를 들어 여덟 시간 동안 1/3ha를 쟁기질하였을 경우 12점(1.2 노동일), 30kg의 풀을 베어 모았을 경우 10점을 부여받았다(Ngo Vinh Long, 1993, 166, 168). 이 밖의 노동점수 산정에 대한 예시는, 岩井美佐紀(1996, 98); Chaliand(1969, 124~25).

1991, 44).[4] 합작사 사원인 농민들은 월별 개인당 "최소 13kg, 최다 18kg"(toi thieu 13 toi da 18 kg)의 벼를 분배받는 것이 일반적이었다(Nguyen Sinh Cuc, 1991, 25). 그러나 노동점수의 가치는 수확 후 결정되었으므로 농민들은 자기의 노동으로 얼마나 소득을 얻게 될지를 미리 알지 못하였다. 그것은 생산대별로 생산실적이 달랐기 때문에, 동일한 노동을 하였어도 생산대의 성과에 따라 사원 개인에게 주어지는 보수가 달랐기 때문이었다(Ngo Vinh Long, 1993, 168~169). 농민들은 생산물에 대하여 최종적으로는 책임도 권리도 지지 않았으므로 일이 형식적이었고, 노동의 질은 저하하였다.[5]

② 관리조직의 비대와 부패

합작사의 대규모화로 작업에 대한 감시와 점검 업무에 많은 노력이 요구되어 직접 생산에 종사하지 않는 인원이 많아졌다. 1988년 농가계약제 채택 이후 30~50%에 달하는 합작사 관리인원을 축소하게 되었음에 비추어(Pham Xuan Nam, 1991, 111) 집체화 시기 관리조직의 비대한 정도를 추측할 수 있다.

집체농업 하에서 합작사가 생산 및 분배에 있어 전권(專權)을 행사하였으므로 합작사 간부들의 전횡이 만연하였다. 합작사 주임은 합작사의 실질적 주인이었으며, 마을은 지방 간부와 그 친족으로 구성되는 새로운 '카스트'에 의해 장악되었다(Woodside, 1997, 74). 이에 대응하여 농민들의

4 이러한 현상은 "미국은 달러를, 우리는 노동점수를"(My do la, ta cong diem)이라든지 "임노동으로 점수를 먹는다"(Lam thue an diem)라는 표현에 잘 나타나 있다.

5 농민들은 "대 막대기를 땅 속에 찌른다 [간부가 일을 감시하러 나오면 일하는 시늉만 한다]"(Choc gay xuong ruong), "여덟 시에 종이 울리고 사이렌이 울리면 기어가 아홉 시에 들로 나간다"(Tam gio trong danh keng la chin gio dung dinh moi ra den dong) 등의 표현으로 집체농업의 비효율성을 잘 드러내고 있었다.

간부들에 대한 일상적 저항은 다양한 형태로 표출되었다. 농민들은 합작사 간부들을 '가방'(sach tui)이라 부르며 간부가 일은 하지 않고 서류가방만 가지고 왔다 갔다 한다고 비난했으며, 간부들을 "용이 먹이를 말아서 먹는 것처럼 먹고, 용이 날아오르듯이 과장하여 말하고, 고양이가 토하듯이 더럽게 일하는"(An nhu rong cuon, noi nhu rong leo, lam nhu meo mua) 사람들로 묘사하고 있었다. 농민들이 합작사 주임을 위해 노동하는 것에 대해서는, "[합작사] 사원은 주임이 라디오와 자전거를 살 수 있도록 두 명이 하는 것만큼 일하고, 사원은 주임이 집을 짓고 정원을 만들 수 있도록 세 명이 하는 것만큼 일한다"(Xa vien lam viec bang hai, de cho chu nhiem mua dai sam xe, xa vien lam viec bang ba, de cho chu nhiem xay nha xay san)고 비난하고 있었다. 이러한 지방 간부들의 전횡은 국가의 정책이 기층에까지 미치지 못하게 하는 원인이 되었다.[6]

합작사 간부들은 때로는 농민들과 결탁하여, 때로는 농민들을 속여 상부에 잘못된 생산량 수치를 보고하고, 나머지 수량을 착복하는 사례도 있었다. 합작사는 국가의 강제수매에 대응하여 두 가지 계획, 즉 상부보고용 허위계획(phuong an gia)과 실제계획(phuong an that)을 가지고 있었다(Nguyen Sinh Cuc, 1991, 24). 또한, 다수의 합작사는 세 가지 회계장부를 가지고 생산량을 속이고 있었는데, 그것은 각각 정부, 합작사 사원인 농민들, 합작사 관리위원회를 위하여 만들어진 것이었으며, 합작사 간부들은 이를 통하여 정부에는 양곡을 적게 수매하고 농민들에게는 적게 분배하

6 이는 합작사 간부들만의 문제가 아니라, 지방 당 및 지방정부 관료들의 문제이기도 하였다. 농민들은 "왕의 법은 마을의 관습에 굴복한다"(Phep vua thua le lang)는 전통적 속담을 빌려서 "왕의 법은 마을의 관습에 굴복하고, 왕[공산당 중앙]의 법은 [지방 당의] 의결에 굴복한다"(Phep vua thua le lang, phep vua thua nghi quyet)거나 "당 중앙의 명령은 싸 당 지부의 관례에 굴복한다"(Lenh trung uong Dang thua le chi bo xa)고 하여(Fforde, 1984), 지방 간부들이 자의적으로 중앙정부의 정책을 왜곡하여 시행하고 있음을 지적하였다.

였다(Vo Nhan Tri, 1990, 52). 또한 합작사 간부들은 토지 1단위당 수매량이 정해진 상황에서 정부수매에 대응하여 경작지 면적을 축소 보고함으로써, 전체 수매량을 축소하기도 하였다(村野勉, 1984, 82).

이러한 사례들은 합작사를 중심으로 하는 집체농업의 생산 및 분배체계를 내부에서 약화시키고 있었다. 1970년대 말, 1980년대 초에는 '3계약제'의 결함과 함께, 낮은 수매가격, 높은 수매요구량, 자연재해 등이 겹쳐 농민의 생산의욕은 급격하게 저하하였다. 1980년 12월의 당중앙위 합작사관리위원회와 농업부의 보고서에서도 30%의 합작사만이 양호하게 운영되고 있고 70%의 합작사가 취약한 상태라, 기존의 '3계약제'로는 이 상황을 개선할 수 없다고 평가하였다(Long, 1981a, 56; Thai Duy, 2008, 340).

③ 정부수매제도의 문제

통일 이전 북베트남에서 정부는 농업세 및 지도가격(公定價格)을 적용한 의무수매를 통하여 대체로 총식량생산량의 15~20%를 수매해왔다. 정부수매가 순조로울 때는 그 비율이 20% 전후였으나, 수매가 곤란한 상황에서는 15% 정도로 하락하였다. 1968년에는 정부수매비율이 11%로 하락한 적도 있었다(TCTK, 1981, 144). 정부의 식량수매비율이 1960년대 전반 20% 정도에서 1960년대 후반 이래 15% 정도로 하락한 것은 생산량의 차이로 인한 것이기도 하지만 공정가격과 시장가격간의 격차가 커져 농민이 정부수매를 회피하였기 때문이기도 하다(Utting, 1992, 88~89).

1970년의 한 조사에 의하면, 정부수매가격이 심지어 생산비용보다 낮아, 25~30%의 합작사가 손실을 입고 운영상 곤란을 겪는다는 보고도 있었다(White, 1982, 21). 이렇다보니 농민들은 정부가 "강탈하듯이 수매해간다"고 인식하고 있었다(Nguyen Thi Hien, 2008, 270). 1970년대 말에는 정부가 낮은 가격에 식량을 수매해가면서도 공산품을 제대로 공급해주지 않자, 농민들이 정부수매요원들을 감금하는 사례도 있었다(Beresford, 2003, 79, 주 3).

국가는 농업세와 의무수매를 통하여 농민들로부터 획득한 농산물을 당과 정부 관료 및 국영기업 종사자 등이 다수를 차지하는 도시 거주민에게 낮은 가격으로 공급하였다. 베트남에서 식량수매는 도시민에 대한 안정적 식량공급을 위하여 필수불가결한 것이었다.

3) 집체농업에 대한 농민들의 대응

합작사체제 하에서 농민들의 저항과 합작사 간부들의 일탈행위는 집체농업을 내부적으로 침식하여 합작사를 명목화시키는 요인으로 작용하였다. 이러한 불법행위들은 농민들이 자류지(自留地)를 음성적으로 확장하고 가계경제로부터의 소득을 증대시킨다든지, 농민과 지방 간부가 결탁하여 탈법적 계약을 체결하고 일부 토지를 배분하여 경작하는 행위 등이었다. 이러한 행위로 인하여 발생하는 문제점은 통일 이후 더욱 현저히 나타났다.

① 공동자산 관리 소홀

농민들이 생산물 증대에 열의를 잃게 됨에 따라 공동자산인 토지 · 가축 · 농기계 등에 대한 관리에도 관심을 기울이지 않게 되었다. 공동경작하에 있던 합작사의 토지는 "[죽었을 때] 아무도 울지 않는 우리 모두의 아버지"(Cha chung khong ai khoc)로 되어 농민들의 관심 밖에 있었다(Nguyen Luc, 1990, 37; Liljeström et. al., 1998, 24). 1970년대 말 농경작업을 수행하지 않고 방기한 경작지는 북부에서만 15만ha에 이르렀다(村野勉, 1987, 65). 당시 북부의 전체 경작지 면적을 300만ha로 하여 계산하면, 전체 경작지 중 방기된 경작지 비율은 5%에 해당한다.

② 자류지 확장과 가계경제의 확대

자류지(自留地)의 음성적 확장을 통한 가계경제의 확대는 합작사의 기능을 약화시키는 요인으로 작용하였다. 북부의 정책결정자들은 농업집체화의 보완책으로 1960년부터 전체 경작지 면적의 5% 한도 내에서 합작사 토지를 농가에 배분하여 사적으로 이용할 수 있도록 허용하고, 이 토지로부터의 생산물은 농가가 자유롭게 처분할 수 있도록 하였다. 이를 '5% 토지'(dat nam phan tram)라고 하였는데, 농민들은 이 토지를 불법적으로 확장해나갔다. 북부의 많은 지역에서는 대부분 농가가 5% 이상의 자류지를 보유하고 있었고, 심지어는 11~17%를 점유하는 사례도 있었다(村野勉, 1984, 85).[7] 이 같은 상황으로 인하여 국가는 1988년 1월에 공포된 토지법에서 5% 토지를 10%로 확대한다고 추인하게 되었다(Tran Quoc Toan, circa 1993, 8).

농민들은 공동의 토지에는 소홀히 하면서 자류지에 노력을 집중하여 농가 수입의 많은 부분을 이로부터 얻고 있었다. 농민들은 자류지에서 돼지 · 닭 · 오리 등을 사육하거나 야채 · 과일 등을 경작하였다.[8] 농민들은

7 북부에서 5% 토지의 배분과 확장 사례들은 여러 문헌에서 다음과 같이 보고되고 있다. 홍강 델타의 타이빈 성(tinh Thai Binh), 동흥 현(huyen Dong Hung), 응우옌싸 싸(xa Nguyen Xa)의 경우 1960년 및 1985년 두 차례 5% 토지가 배분되었다(Cruz et.al., 1993, 89). 또 다른 북부의 마을에서는 농민들이 1988년에 9%의 토지를 개별적으로 점유하고 있었다(Luong, 1992, 171). 본 저자가 조사한 흥옌 성(tinh Hung Yen), 미반 현(huyen My Van), 옌미 티쩐(thi tran Yen My)에서도 두 차례에 걸쳐 5% 토지를 농가에 배분하여 각 농가는 10% 토지를 보유하였다.

8 사례를 들어보면, 1970년대 말 북부 홍강 델타의 하남닌 성(tinh Ha Nam Ninh), 하이허우 현(huyen Hai Hau), 하이번 싸(xa Hai Van)에서는 1963년 5% 토지가 1인당 36m²씩 배분되었는데, 농민들은 여기에 뽕나무 · 콩 · 과일 등을 심거나 가축을 사육하였다(Houtart & Lemercinier, 1984, 39~40). 1980년대 중반 하이허우 현에 대한 한 조사에서도, 채소 · 야채 · 가금 · 양어 등을 통한 가계경제로부터 얻은 수입이 농민들 총수입의 40%를 차지하였던 것으로 나타났다(Correze, 1986, 173).

자류지로부터의 소득 증대를 위하여 공동 토지에 투여하는 양보다 더 많은 양의 비료를 자류지에 투입하였다.[9] 이에 따라 농민들의 소득원에서 가계경제부문이 차지하는 비중이 갈수록 증대되어갔다. 베트남 사람들은 이를 "바깥 다리가 안 다리보다 길다"(Chan ngoai dai hon chan trong)고 표현하였다(Nguyen Van Bich & Chu Tien Quang, 1996, 77). 대체로 '5% 토지'에서 생산되는 소득은 전체 농가소득에서 40~65%를 차지하였다(Werner, 1984, 50). [표 3-1]에서 북부 농민들의 소득원별 비중을 보면, 전체 소득 중 합작사로부터 획득하는 소득의 비율은 1965년에 39%에서 1976년에 35%, 1981년에 24%로 감소하였고, 반대로 가계경제로부터의 소득 비율은 1965년에 52%에서 1976년에 54%, 1981년에 64%에 이르게 되었다. 물론 가계경제 수입은 다양한 소득원으로부터 획득한 것이지만, 집체농업 하에서 농업 이외 사업으로부터 소득을 획득할 수 있는 기회가 제한되어 있었기에 이 가운데 대부분은 자류지를 통하여 획득한 것이었다고 할 수 있다.

[표 3-1] 북부 농민의 소득원별 비중(%), 1965~1982

연도	1965	1971	1973	1974	1975	1976	1977	1978	1979	1980	1981	1982
합작사	39	35	34	36	35	35	29	29	30	25	24	22
副(가계)경제	52	53	53	53	54	54	61	61	59	65	64	70
기타	9	12	13	11	11	11	10	10	11	10	12	8

출처: 1965~1975년간의 통계는 Vickerman, 1986, 224; 1977년 이외 1976~1981년간 통계는 TCTK, 1981, 385 및 TCTK, 1983, 380; 1977년 통계는 Fforde, 1989, 218.

9 농민들은 합작사 토지에는 1싸오(sao)(360m²)당 400kg의 퇴비를 투여하는 반면 자류지에는 500kg을 투여하였고, 화학비료를 각각 900~1,000kg, 1,000~1,400kg 투여하였다(Houtart & Lemercinier, 1984, 39~40).

③ 탈법적 계약제 시행

베트남에서 1970년대 후반 농업생산이 저조하게 되자 일부 합작사에서는 농민들에게 농지를 단기간 배분하여 의무수매량 계약을 맺고 계약량 이상의 수확물을 농민들이 보유하도록 하는 생산물계약제가 은밀히 시행되고 있었다. 이런 탈법적 계약제는 일찍이 1966년에 북부 빈푹 성(tinh Vinh Phuc)에서 시도되었다가 금지된 적이 있었고, 1972년에 하이퐁(Hai Phong) 시 안투이 현(huyen An Thuy) 민떤 싸(xa Minh Tan)에서도 시행된 적이 있었다. 계약제는 1977년에 하이퐁의 끼엔안 티싸(thi xa Kien An), 박하 싸(xa Bax Ha)와 도썬 현(huyen Do Son) 도안싸 싸(xa Doan Xa)에서도 시행되었다(Thai Duy, 2008, 316).

탈법적 계약제의 시행은 지역별로 차이를 보였다. 지역에 따라서는 집체농업이 사회주의체제의 근간이라며 생산물계약제를 수용하지 않는 지역도 있었다. 대체로, 북부에서 농업생산이 상대적으로 많았던 지방, 예컨대 타이빈(Thai Binh), 하이흥(Hai Hung), 하남닌(Ha Nam Ninh), 하박(Ha Bac) 성에서는 탈법적 계약제가 엄격히 금지되었다(Thai Duy, 2008, 309, 339). 어떤 간부들은 "농업에서 [기존 집체농업 방식의] '3계약제'의 포기는 마르크스-레닌주의 교과서를 불태우는 것"이라고 한다든지 "'3계약제'의 폐지는 공산당을 폐지하는 것과 같다"고 비판하였다(Thai Duy, 2008, 306). 당시 언론이나 연구기관과 대학들도 농업의 '3계약제'를 지지하고 있었으며, 이런 보수적 태도는 곧 농민들의 반발을 사게 되었다.

한편, 1980년 6월에 하이퐁 시 도썬 현 당위원회는 농민에게 토지를 교부하는 결의를 통과시켰고, 이어 상급의 하이퐁 시 당위원회가 시 외곽 6개 현에서 생산물계약제로 이행한다고 공식적으로 공표하였다. 하이퐁 언론들은 이를 대대적으로 보도하며, 기존 농업에서 '3계약제'의 결점을 비판하였다(Thai Duy, 2008, 312~313). 집체농업을 고수하던 여러 지방에서도 생산물계약제 상황을 파악하기 위하여 하이퐁에 시찰단을 보냈다. 집체농업 하에서 명성을 날렸던 중북부의 타인호아 성(tinh Thanh Hoa) 티에우옌 현(huyen Thieu Yen) 소재 딘꽁(Dinh Cong) 합작사의 간부들도 하이퐁의 도안싸 싸(xa Doan Xa) 상황을 은밀히 시찰하고 갈 정도였다고 한다. 딘꽁 합작사는 통일 후 남부의 농업집체화 과정에서 모델 합작사로 참관 대상이던 곳이었다. 결국 티에우옌 현은 그들의 집체농업을 배울 참관단을 맞는 한편 은밀하게 생산물계약제를 탐색하고 있었던 것이다(Thai Duy, 2008, 321~322). 또 다른 모델 합작사였던 홍강 델타의 타이빈 성(tinh Thai Binh) 부탕(Vu Thang) 합작사의 경우, 사람들은 "부탕이 생산물계약제로 이전하면 천지가 개벽할 것이다"고 하였는데, 부탕도 1980년 10월 비밀리에 생산물계약제를 채택하였다(Thai Duy, 2008, 323~327).

남부에서는 북부 농촌에서 확산되고 있던 생산물계약제가 공식적으로 용인되지 않았지만, 1979년에 동나이 성(tinh Dong Nai) 통녓 현(huyen Thong Nhat) 흥록 싸(xa Hung Loc)에서 시행되었고 1980년 여름-가을 경작 때 현 당위원회가 이를 알게 되었으나 이를 실험이라고 간주하고 곧 전폭적으로 지지하였다. 이밖에도 1980년 중반에 생산물계약제가 허우쟝 성(tinh Hau Giang, 이후 Can Tho와 Soc Trang으로 분리)에서 탈법적으로 시행되었고, 호찌민시, 띠엔쟝 성(tinh Tien Giang) 등에서도 시행되었다. 남부농업개조중앙위원회 위원장 보찌꽁(Vo Chi Cong)은 1980년 10월 중부 냐짱(Nha Trang)에서 열린 남부농업개조회의에서 생산물계약제가 남부 농촌에 매우 적합하다고 옹호하였다(Thai Duy, 2008, 328~330).

이렇게 농촌에서 생산물계약제가 확산되자, 당의 지도자들은 계약제를 도입한 현지를 방문하여 그 현장을 조사하였고, 어느 지도자는 응우옌아이꾸옥 당교(黨校)에서의 연설에서 생산물계약제가 집체농업보다 후진적인 제도여서 단지 임시적이어야 한다는 단서를 달았지만 계약제가 더 많은 농산물을 생산한다며 이를 지지하는 발언을 하기도 하였다(Thai Duy, 2008, 303). 당 비서국은 1980년 9월 하이흥 성에서 8개 성 · 시 당위원회 비서들이 참석하여 농업과 현(huyen) 건설 문제를 논의하는 회의를 가졌다. 여기에서 하이퐁을 포함한 2개 성의 비서 이외에 6개 성 · 시 당위원회 비서들은 계약제를 격렬히 비판하였다. 이 회의에는 총비서 레주언(Le Duan)도 참석하여 의견을 청취하였고, 보찌꽁(Vo Chi Cong), 부오아인(Vu Oanh), 응우옌응옥찌우(Nguyen Ngoc Triu) 등 지도자들이 하이퐁의 계약제에 찬성하였다. 당시 농업부문 정책결정자 중 최고위 인사였던 보찌꽁은 탈법적 계약제에 호의적이어서, "농업에서 기존의 '3계약제'가 신성한 제단은 아니며, 농민들이 원하지 않는다면 당은 농민들의 정당한 요구를 만족시켜야 한다"고 하였다(Thai Duy, 2008, 309~310). 최고위 지도자 중 수상 팜반동(Pham Van Dong)이나 정치국 위원 겸 전임 국가계획위원회 위원장 레타인응이(Le Thanh Nghi)처럼 생산물계약제 도입에 우호적 태도를 가진 인사도 있었다. 그러나, 당시 보찌꽁은 최고위 지도자들로부터 확고한 지지를 폭넓게 확보하지는 못했다. 또한 논쟁은 계약제를 허용할 경우 그 대상을 농민개인으로 할 것인가 아니면 농민집단으로 할 것인가로 이어졌다. 보찌꽁은 농민 개인을 계약당사자로 하여야 하며 농민집단을 계약당사자로 할 경우 결국 "[죽었을 때] 아무도 울지 않는 우리 모두의 아버지"(Cha chung khoc ai khoc) 상황이 될 것이라고 하였다(Thai Duy, 2008, 310~311). 결론적으로 레타인응이는 세 가지 계약제 형태 중 백지계약(Khoan trang, 白紙契約)은 찬성하지 않으나, 기존의 '3계약제'와 농민집단 또는 농민개인을 대상으로 하는 생산물계약제(Khoan san pham)에는 찬성하였다(Thai Duy, 2008, 318~319).

이상의 논쟁 끝에 레타인응이는 1980년 10월 21일 생산물계약제를 용인하는 제22호 통지를 발령하였지만, 당시에는 언론이 이를 보도하지 않아 지방 기초단위까지 전파되지 않았다. 이어 당은 1980년 12월 초 제4기 당중앙위 9차 회의에서 생산물계약제 도입을 결정하였고, 이어 당 비서국이 이 결정을 시행하기 위한 회의를 1981년 1월 초 하이퐁에서 개최하였다(Thai Duy, 2008, 331~332, 339). 마침내, 1981년 1월 13일 당 비서국은 제100호 지시를 통하여 농업부문에서의 생산물계약제를 도입하였고, 이로써 탈법적으로 수행되던 계약제를 합법적으로 집행할 수 있게 하였다.

2. 통일 이후 남부 농촌의 집체화

1) 통일 직후 농업정책 기조

당 지도자들은 1976년 12월에 개최된 제4차 당대회에서 제2차 5개년 계획 기간이 끝나는 1980년까지 남부를 사회주의체제로 전환하며, 농업부문에서는 기초적인 집체조직을 발전시키고 합작사를 설립하여 소규모 생산으로부터 '대규모 사회주의 생산'으로 나아가야 한다고 결정하였다(CPV, 1977, 95). 당은 통일 이전 집체화된 북부에서 여전히 소규모 생산으로 농업생산이 충분히 증대하지 않았고 집체농업의 결함들이 발생한 것은 '대규모 사회주의 생산'을 지향하는 노선상의 오류 때문이 아니라, 집체화 이후 곧 발생한 전쟁으로 인하여 집체농업을 발전시키지 못하여 심각한 경제적 피해를 입었기 때문이라고 진단하였고, 이러한 곤란한 상황하에서도 집체농업을 통하여 일정한 성과를 거두었으므로 '대규모 사회주의 생산'으로 전진하여야 한다고 주장하였다(CPV, 1977, 30~34). 당 및 정부의 농업정책은 집체농업이 농촌에서 빈농 및 토지 무소유 농민에 대한 착취를 일소하고, 생산을 대규모하고 전문화함으로써 농업생산을 증대시킬 것이며, 공업 및 여타 산업에 노동력을 제공하고 농산물 수출을 통하여 획득한 외화를 공업화를 위한 자금으로 제공할 것이라는 전제에 기반을 두고 있었다(Le Duan, 1977, 503~508). 당은 1977년 6~7월간 개최된 제4기 당중앙위 2차 회의에서 1978년부터 남부에서 실험적으로 합작사를 설립하도록 결의하였고(Vo Nhan Tri, 1990, 77), 1977년 9월에 남부농업개조중앙위원회(Ban cai tao Nong nghiep Mien nam Trung uong)를 설치하여 남부 농촌의 사회주의적 개조작업에 본격적으로 착수하였다.

2) 남부 농촌의 사회주의적 개조

① 농촌의 계급구조와 토지조정

남부 경제의 사회주의체제로의 편입은 북부의 경험을 남부에 적용하는 것이었다. 그러나 남부에서 농업집체화는 북부와 다른 상황에서 진행되었다. 남부 농촌에서는 통일 이전 많은 지역이 공산세력의 영향권 하에 있어 이미 토지가 농민들에게 배분된 상황이었고, 동시에 응우옌반티에우(Nguyen Van Thieu) 정권에 의해 수행된 토지개혁도 토지소유의 편중을 완화하여, 남부 농촌은 중농(中農)이 다수를 구성하는 사회경제적 유산을 안고 있었기 때문이다(Tran Thi Que, 1998, 25~26).

농업부문에서 사회주의적 개조는 지주 및 부농의 토지를 몰수하고 중농 소유 토지의 일부를 수용하여 빈농에게 재배분함으로써 지주－소작관계를 일소하고자 하는 '토지조정'(Dieu chinh ruong dat, 土地調整)과 함께 수행되었다. 1978~1979년간의 제1차 토지조정에서는 지주와 상층 중농의 토지가 수용되어 토지 무소유 농민이나 빈농에게 배분되었으며(Le Minh Ngoc, 1992, 31), 1983~1984년간의 제2차 토지조정에서는 상층 중농 및 일반 중농 소유의 토지도 일부 수용되어 배분되었다. 두 차례의 토지조정으로 남부에서 재배분된 토지는 1차로 약 30만ha, 2차로는 약 9만ha였다(Le Phuoc Tho, 1989, 5). 이로써 통일 이후 남부에서 약 30~50%의 토지가 변동되었고, 남부 전체 농가의 2/3에게 영향을 주었다(Nguyen Thu Sa, 1990, 149; Do Thai Dong, 1990, 200). 토지조정으로 지주와 부농의 비율이 감소하였으나, 중농이 70% 정도를 차지하는 중농 중심의 계층구조는 크게 변하지 않았다.

통일 전후 남부의 토지소유 상황을 보면, [표 3-2]에서 보는 바와 같이 통일 이전의 사이공정권 지배지역에서는 그 편중현상이 심하지만 공산주의자들이 활동한 지역에서는 비교적 공평하여, 중농이 다수를 차지하는 것으로 나타났다. 전쟁이 진행되면서 남부의 많은 지역이 공산세력의 영향권에 들어가 공산세력에 의한 토지배분으로 토지소유의 평준화가 계속 이루어졌다. 통일 이후 1978년과 1981년의 조사에서도 중농이 여전히 70% 정도를 차지하는 것으로 나타나, 통일 이후에도 남부 농촌의 계급구조는 크게 변하지 않았음을 알 수 있다.

[표 3-2] 통일 전후 남부 농촌의 계급구조(%), 1965~1981

연도	지역	부농 및 농촌자본가	중농	빈농 및 토지 무소유 농가	기타	조사 주체(출처)
1965	남부 전체	1.0	54.3	39.4	5.3	공산당중앙위 통일위원회
1967*	메콩델타	14.2	63.7	22.1		미국스탠포드연구소
1969	메콩델타 '해방구'	1.3	82	16.5		남베트남해방민족전선
1969	남서부 '해방구' 4개 싸(xa)	1.2	81.4	16.3	1.1	남부농민동원위원회
1971*	남부 16개 성	4.2	48.0	47.8		사이공 정부
1974~1975	메콩델타 8개 지역	2.0	65~75	20.0	2.0	Hoc Tap(공산당 기관지)
1978	메콩델타 8개 성	3.5	71.5	22.5	2.5	남부농업개조위원회
1981	남부 13개 성	2.4	68.2	24.6	4.8	중앙정부기관

* : 1967년 미국 스탠포드연구소 조사자료와 1971년 사이공 정부 조사자료에서 계급 구분은 出井富美(1989, 43을 변형)의 구분 기준에 따라 분류한 것이다. 그의 계급구분 기준은 토지소유 규모에 따라 토지 무소유 농가 및 빈농 1ha 미만, 중농 1~5ha, 부농 및 농촌자산계급 5ha 이상이다. 기타 자료에서 계급구분은 문헌상에 언급된 구분을 그대로 따랐다.

출처: Tran Huu Dinh, 1994, 38, 51; Vo Van Sen, 2005, 242~244; Cao Van Luong, 1981, 58~59; Nguyen Van Nhat, 1983, 18; Ngo Vinh Long, 1984, 289~291, 295~296.

남부 농민들은 프랑스 식민지배 하에서부터 시행되어온 토지의 법제화를 통하여 오래전부터 토지 사유관념을 가지고 있었고(송정남, 2001), 이를 박탈하는 것은 농민들에게 중대한 위협으로 인식되었기에, 이러한 남부 농촌의 중농 중심 계급구조는 통일 이후 농업집체화에 대한 저해요인으로 작용하였다.

② 농업집체화

남부의 농업집체화는 순번노동조(To van cong), 노동교환조(To doi cong: 互助組) 및 생산단결조(To doan ket san xuat)의 결성으로부터 시작하여, 생산집단(Tap doan san xuat) 및 합작사(Hop tac xa) 설립의 과정을 거쳐 수행되었다(Nguyen Sinh Cuc, 1991, 27).

순번노동조 및 노동교환조는 농민 상호간 또는 공동의 작업을 순조롭게 추진하기 위한 단순한 상호부조적 협업조직이었다. 생산단결조는 관개시설이나 농기계 등 일정한 생산수단을 보유하여 운영하고, 공동노동이 필요한 경우 이를 농가에 분담시키거나, 신품종의 종자를 결정하고 기술적 지원을 하며, 농민으로부터 농산물을 구입하여 이를 정부에 수매하고 비료 · 농기구 · 소비재 등과 교환하는 일 등의 역할을 수행하는 조직이었다(Hai Anh, 1986, 178; Beresford, 1986, 414).

생산집단은 농민들에게 토지를 비롯한 자산을 집체조직에 제공토록 하고, 공동의 계획 하에 생산하며, 노동의 양과 제공한 토지 및 기타 자산의 양에 따라 분배하는 조직이었다. 이는 과거 북부에서 농업집체화를 추진할 때, 초급합작사에 해당하는 집체조직이다. 농민들은 생산집단에 가입하면서 자기 토지와 농기계 등 자산을 생산집단에 제공하여야 했으나, 이에 대한 소유권을 여전히 보유하고 있었다. 생산집단은 소속 토지에 대하여 파종할 작물의 종류, 비료를 비롯한 투입재(inputs) 투입량 등의 생산계획을 수립하여 집행하였지만, 농민들은 여전히 자기소유 토지로부터의 생산물에 대하여는 일정한 세금을 납부한 후 자유로이 처분할 수 있었다(Beresford, 1986, 401~402). 합작사는 일정량(5% 정도)의 토지만을 제외하고, 농민들의 토지 대부분과 물소 · 농기계 등 자산도 수용하여 소유하였으며, 농민들은 합작사 사원(社員)으로서 합작사의 계획 하에 공동으로 생산에 참여하고, 분배시에는 단지 노동한 양에 따라서만 분배토록 하는 조직이었다.

남부에서 농업집체화는 1977년 말부터 시작하여 1978년에 본격화되었다. 그러나 1979년 말부터 생산집단과 합작사가 해체되기 시작하였는데, 생산집단 중 1/3은 설립되자마자 해체되었고, 다른 1/3도 한두 차례의 경작주기 이후 해체되어, 1980년 말에는 생산집단의 1/3만이 존속하였다(Le Minh Ngoc, 1992, 31; Chu Van Lam, 1993, 153). 집체조직이 설립된 후 곧 해체된 것은 집체농업이 남부 농민들의 이해에 반하는 것이었기 때문이었다. 이에 따라 1980년까지 남부에서 농업집체화를 기본적으로 완료한다는 당초의 목표는 연기될 수밖에 없었다.

남부에서 농업집체화가 지체되자 당과 정부는 1983년 2월 당 비서국 및 각료회의(정부) 상임위원회 연석회의에서 1985년까지 남부에서 생산단결조를 주요 형태로 하는 농업집체화를 완료한다는 방침을 정하였고, 이를 위하여 1983년 말까지 토지조정을 완료하여야 한다고 결정하였다. 또한 당 비서국은 1983년 5월에 "토지조정을 완성하고 남부 농업의 사회주의적 개조를 촉진하는 것에 관한 지시"를 발령하여 남부에서 농업집체화를 조속히 완료하여야 한다는 방침을 정하고 농업집체화를 가속화하였다(出井富美, 1989, 52).

생산집단에 가입한 농가비율은 남부의 농업집체화가 재강조된 1983년 이후 급증하였다. [표 3-3]은 획득 가능한 정보로 남부의 생산집단과 합작사 가입률을 나타낸 것이다. 이를 보면, 전면적 개혁정책을 채택한 1986년 당시 남부 농가 전체의 약 60%가 생산집단에 가입하였으나 생산집단보다 고도의 집체조직인 합작사에 가입한 농가의 비율은 30% 정도에 불과한 상태였다. 생산집단은 농민들이 자산소유권을 그대로 보유한 채 가입하는 집체조직이지만, 합작사는 농민들이 자산소유권을 포기하고 이를 합작사에 이전하면서 가입하는 집체조직이라는 점에서 보면, 생산집단 가입 농민들은 여전히 자기 사유재산을 지키면서 사회주의체제로의 편입을 거부하고 있는 사람들인 것이다.

[표 3-3] 남부 농촌에서 집체조직 가입률(%), 1978~1986

연도	1978	1979	1980	1981	1982	1983	1984	1985	1986
생산집단			11.1					54.4	57.7
합작사	3.2	21.1	24.5	23.9	24.4	24.7	25.5	28.5	31.3
합계			35.6					82.9	89.0

출처: Nguyen Luc, 1990, 36; Vo Nhan Tri, 1990, 130; Nguyen Van Bich & Chu Tien Quang, 1996, 78; Tong cuc Thong ke—Vu Nong nghiep & Bo Nong nghiep va Cong nghiep Thuc pham—Vien Quy hoach va Thiet ke, 1991, 20, 23, 37~41에서 재구성.

이와 같이 베트남 남부에서 농업집체화는 초급합작사 수준인 생산집단이 주요한 형태인 정도로 그치고 말았으며, 합작사로의 발전은 제한적이었다. 베트남 남부에서 생산집단 중심의 농업집체화는 사회주의 제도를 수립하려는 국가와 사영농업을 유지하려는 농민 간의 타협의 산물이라고 볼 수 있다.

③ 농업집체화에 대한 농민의 저항

집체농업에 대한 농민들의 저항은 이미 설명한 바와 같이 북부 농촌에서 탈법적 계약제를 일부 지방에서 채택한 것과 남부 농민이 농업집체화 자체에 저항하고 사영(私營) 농업을 지속시키는 것으로 전개되었다. 무엇보다도 남부 농민들의 농업집체화에 대한 저항이 극명히 나타난 곳은 곡창지대인 메콩 델타(Mekong Delta)였다. 남부에서 합작사에 가입한 농가의 비율은 1979~1985년간 20%대였으나, 메콩 델타에서 합작사 가입률은 극히 낮았다. [표 3-4]에서 보듯이 1986년 남부 전체의 집체조직 가입률은 89%로, 표면적으로는 남부에서 농업집체화가 성공한 것처럼 보인다. 그러나 합작사 가입률보다 생산집단 가입률이 월등히 높아, 남부에서 집체화는 부분적인 집체화에 그쳤다는 것을 알 수 있다. 지역별로는 메콩 델타와 동남부 지역의 합작사 가입률이 상대적으로 낮고 생산집단 가입률이 높으며, 고원지역과 중남부 해안지역에서는 생산집단보다 합작사 가입률이 높았다. 메콩 델타에서 집체조직에 가입한 농가비율은 88%로 중부고원 지역(77%) 및 동남부 지역(64%)보다 높았다. 그 가운데 생산집단에 가입한 농가는 82%에 이르렀으나 합작사에 가입한 농가는 6%에 그쳤다. 결국 남부 평야지대에서 집체화는 초급합작사 형태인 생산집단에 가입하는 수준에 머물고 말았다(Nguyen Van Bich & Chu Tien Quang, 1996, 78).

[표 3-4] 1986년 남부 지역별 집체조직 가입률(%)

지역	생산집단	합작사	집체조직
중남부 해안	19.5	88.5	100.0*
중부 고원	24.9	51.8	76.7
동남부	44.4	20.0	64.4
메콩 델타	82.3	6.0	88.3
남부 전체	57.7	31.3	89.0

* : 중남부 해안지역의 생산집단 가입률과 합작사 가입률을 합산하면 108%이나 100%로 표기하였다. 이러한 오차는 여러 출처로부터 통계를 모아 산출하였기 때문에 발생한 것이다.

출처: Tong cuc Thong ke—Vu Nong nghiep & Bo Nong nghiep va Cong nghiep Thuc pham—Vien Quy hoach va Thiet ke, 1991, 27, 41; Nguyen Van Bich & Chu Tien Quang, 1996, 78.

더욱이, 농민들은 명목상으로만 집체조직에 가입하고 실질적으로는 농가경영을 유지하는 경우가 많았다. 그 절반 정도는 서류상으로만 집체조직에 가입하고 있었다고 한다. 농민들은 집체조직에 형식적으로 가입한 후에도 집체농업에 참여하지 않는 것을, "[집체조직에] 가입은 하지만, [일하러] 나가지는 않는다"(vao ma khong ra)고 표현하였다(Tran Thi Que, 1998, 26). 남부에서의 농업집체화가 기본적으로 완료되었다고 선언한 이후인 1987년에 호찌민(Ho Chi Minh)시, 혹몬 현(huyen Hoc Mon)에서는 농가의 97%, 경작지의 93%가 집체화되었다고 공표되었지만, 재조사한 결과 농가, 경작지 모두 60%만이 집체조직에 소속되어 있었고, 생산집단 및 합작사의 40% 정도는 형식적으로만 존재하였다(村野勉, 1987, 80, 주 65). 1985년 말에 끄우롱 성(tinh Cuu Long)에서 선진적 집체조직이라고 할 수 있는 비율이 단지 합작사의 절반과 생산집단의 4% 미만이었다는 보고도 있다(Beresford, 1991, 132). 이로써 남부에서의 집체농업은 "외피뿐인 집체"(tap the chi la cai vo)가 되고 말았다(Do Thai Dong, 1990, 206).

이로 인하여, 당은 1986년 제6차 당대회에서 전면적 개혁을 선언하면서, "남부에서 생산집단을 공고히 하여야 하지만 대규모 합작사로의 전환은 조건이 성숙할 때만 가능할 것이며, 서둘러서는 안 된다"고 함으로써, 남부에서 생산집단 위주의 부분적 농업집체화 현상을 인정하고 더 이상 집체화를 추진하지 않을 것임을 천명하였다(CPV, 1987, 67). 이렇게 통일 이후 남부를 사회주의체제로 전환하려는 국가의 정책은 농업집체화에 반대하고 토지 사유를 견지하려는 남부 농민들의 저항에 부딪혀 실패하고 말았다. 집체농업이 상품경제가 발달하고 중농이 다수를 차지하는 남부 농촌의 사회경제적 조건에 부합하지 않았기에 실패하였다고 할 수 있다(Le Minh Ngoc, 1992, 32). 통일 이후 남부에서 토지를 둘러싼 국가와 농민 간의 갈등에 나타나는 바와 같이, 통일 이전 공산주의자들에 의해 수행된 토지개혁으로 이득을 얻은 농민들이 통일 이후 공산주의 정권의 정책에 저항하였다는 것은 역사적 아이러니라고 하겠다.

3. 농업집체화의 사회경제적 효과

1) 농업생산량 감소

통일 이후 농업생산의 침체 상황을 [표 3-5]를 통하여 보면, 1976년 이후 식량생산이 2년간 감소하였는데, 그 주요 원인은 남부 지역에서의 지속적인 생산량 감소에 있었다. 북부에서는 생산량이 1977년 감소한 후 1978년부터 다시 증가하다가 1980년에 감소하였으며, 남부에서는 1976년 이래 2년간 감소하고 1979년에야 다시 증가하였다.

[표 3-5] 식량생산량(벼 환산량), 1976~1980

연도	식량생산량(천 톤)			전년 대비 증가율(%)			1인당 평균 식량생산량(kg)		
	북부	남부	전국	북부	남부	전국	북부	남부	전국
1976	6,407	7,086	13,493	13.2	22.2	17.7	247	303	274
1977	5,823	6,799	12,622	-9.1	-4.0	-6.5	218	282	250
1978	6,242	6,024	12,265	7.2	-11.4	-2.8	235	242	239
1979	6,290	7,694	13,984	0.8	27.7	14.0	231	305	267
1980	5,997	8,409	14,406	-4.0	9.3	3.0	215	326	268

출처: TCTK, 1983, 86; 1인당 평균 식량생산량은 Tong cuc Thong ke—Vu Nong nghiep & Bo Nong nghiep va Cong nghiep Thuc pham—Vien Quy hoach va Thiet ke, 1991, 126.

식량생산을 감소시킨 요인으로 먼저 불순한 기후를 들 수 있다. 1977년의 전국적 한발, 1978년의 전국적 수해로 많은 농작물이 손실되었고, 1980년에는 북부에 몰아닥친 태풍으로 20만ha의 논이 침수되는 피해를 입었다(Thayer, 1980, 167).[10] 이와 같이 기후 불순으로 인하여 영향을 입은 1977~1978년간 북부 · 남부와 1980년 북부의 상황을 제외하고 기타 연도 및 지역의 식량생산량의 변화 추이를 보아도 식량생산은 그다지 증가하지 않았음을 알 수 있다. 예컨대, 기후가 불순하였다는 보고가 없던 1979년의 식량생산량을 1976년과 비교하면, 그 증가율이 3.6%에 그치고 있을 뿐이었다. 1인당 평균 식량생산량을 비교해보면, 전국적으로는 1977~1978년뿐만 아니라 1979~1980년간의 식량생산이 1976년 수준에도 미달하였고, 남부에서는 1979년에야 1976년의 수준을 약간 상회하였다([표 3-5]). 더욱이 북부에서 생산량의 변화 폭이 크지 않았음에 비해 남부에서의 변화 폭은 상대적으로 컸고, 농업집체화가 시작된 1978년에는 남부가 북부보다도 낮은 수치를 기록하였던 점에서 볼 때, 남부 농업집체화가 통일 이후 식량생산 감소의 중요한 요인이었다고 할 수 있다.

2) 정부수매 회피

1인당 평균 식량생산량이 생계수준인 300kg에도 미치지 않는 상황에서 국가의 식량수매에 대한 농민들의 저항은 적지 않았다. [표 3-6]에서 보듯이 1976년 남부의 경우를 제외하고는 1976~1980년간 전국의 총식량 생산량 대비 정부수매량 비율은 15% 미만이었다. 통일 이전 북부에서 정부수매가 순조로울 때는 수매비율이 20% 전후였고, 수매가 곤란한 상황에서는 15% 전후였음을 상기할 때, 1970년대 후반 정부는 식량수매에

10 기후 불순으로 인하여 감소된 식량생산량을 계산하기는 쉽지 않다. 태이어는 1977~1978 양년간 식량 손실량을 3백만 톤으로 추정하였다(Thayer, 1980, 167). 당시 자연재해가 없던 연도의 연간 식량생산량이 1,300~1,400만 톤이었으므로, 1977~1978년간 매년 10%에 약간 못 미치는 손실을 보았다고 할 수 있다. 1980년 북부에서 태풍으로 인한 피해는 평년 쌀 생산량의 40%에 이른다는 추산도 있다(에스터라인, 1991, 76).

심각한 곤란을 겪고 있었다고 판단할 수 있다.

[표 3-6] 정부 식량수매량(벼 환산량) 및 수매비율, 1976~1980

연도	정부수매량(천 톤)			전년 대비 증가율(%)	총생산량 대비 수매비율(%)		
	북부	남부	전국		북부	남부	전국
1976	925	1,133	2,058		14.4	16.0	15.3
1977	701	989	1,690	-17.9	12.0	14.5	13.5
1978	882	717	1,599	-5.4	14.1	11.9	13.1
1979	804	613	1,417	-11.4	12.8	8.0	10.2
1980	729	1,249	1,977	39.5	12.1	14.8	13.7

주: 정부수매 비율은 총생산량에서 국영농장 생산량을 제외한 생산량 대비 수매비율을 제시하여야 하나, 북부 · 남부별 국영농장 생산량 통계를 획득할 수 없어, 국영농장 생산량을 포함한 총생산량 대비 수매비율을 제시하였다. 참고로, 국영농장의 식량생산량은 61,600톤(1979년), 96,900톤(1980년)이었고, 이 가운데 40~50%를 국가에 공급하였다.

출처: TCTK, 1981, 249~252; TCTK, 1983, 143, 285~288.

[표 3-6]의 총식량 생산량 중 정부 수매비율은 전국적으로 1976년 이래 계속 감소하다가 1980년부터 증가하였다. 지역별로는 1976년 남부에서의 수매비율이 16%로 북부 14.4%보다 높았으나 그 후에 낮아졌고, 1980년부터 다시 남부에서의 수매비율이 북부에 비해 높아졌다. 북부에서는 1977~1980년간 저조한 생산실적으로 인하여 정부수매량 또한 적었다. 남부에서 정부 수매비율은 1976년 이후 1979년까지 계속 하락하였고, 1979년에 극히 낮은 비율이었다. 1979년에는 상대적으로 생산량이 많았던 남부에서 북부보다 더 낮은 수매량을 나타내었고, 식량수매량이 60만 톤에도 미치지 못하였다는 보고도 있었다(Chanda, 1983a, 66). 특히 남부에서 1979년 식량생산량이 전년에 비해 대폭 증가하여 1976년 수준을 상회하였음에도 불구하고, 정부수매량은 전년보다 감소하였을 뿐 아니라 1976년 수준에도 도달하지 못하였다. 1979년의 식량생산량은 1976

년의 생산량 대비 3.6% 증가하였는 데 반하여, 정부수매량 증가율은 −31.1%로 생산량과 무관하게 대폭 감소하였다. 1980년에도 전국의 식량 생산량은 1976년의 생산량을 상회하였으나, 정부수매량은 1976년 수준에 미치지 못하였는바, 남부에서의 수매량이 급증하였지만 북부에서의 생산량 및 수매량 감소로 전국적으로는 1976년 수준에 미치지 못하였다. 이러한 통계에 나타나는 것보다 실제로는 정부수매의 어려움이 더욱 컸을 것이라고 추측된다.

특히 정부 식량수매에 대한 남부 농민들의 저항은 매우 심각하였다. 예컨대 정부는 1970년대 말 메콩 델타에서 쌀 수매 목표의 40%만을 달성할 수 있었는바, 농민들의 정부수매 거부는 심각한 상황이라는 보고도 있었다(Nivolon, 1980, 62; Chanda, 1981d, 40). 또한 메콩 델타의 농민들은 정부로부터 받는 물자(소비재, 농업투입재 등)의 50~60% 상당량만을 쌀로 정부에 납부하였다고 한다(*FBIS-APA-80-198*, 9 Oct. 1980, K2). 식량수매가 곤란했던 것은 남부 농민들의 일상적 저항 때문이기도 하였다. 식량수매를 회피하기 위하여, 특히 남부 메콩 델타의 농민들은 자가소비에 필요한 양 이상으로 생산하려 하지 않았고, 양곡이 남을 경우 정부에 수매하기보다는 가축사료로 쓰거나 술을 만드는 데 사용하였다(Chanda, 1979, 48). 이처럼 베트남 정부는 통일 이후 1979년까지 전국적으로 식량수매에 큰 어려움을 겪고 있었다.

이에 대하여 당 지도부는 남부의 생산증대와 수매 확대를 요구하였다. 1980년 9월 남부 메콩 델타의 허우장 성(tinh Hau Giang)에서는 메콩 델타 각성(各省) 당위원회 비서와 인민위원회 위원장 및 중앙 당 및 정부 고위 간부와의 연석회의가 개최되었다. 여기에서 당시 당 정치국 후보위원이며 부수상이던 도므어이(Do Muoi)는 메콩 델타에서 식량생산 및 정부수매가 그 잠재력보다 낮은 상황이며, 중앙정부의 정책이 지방에서 제대로 집행되지 않음을 지적하였고, 메콩 델타의 각성이 부과된 세수(稅收) 목표를 달성하지 못하고 있다고 비판하였다(*FBIS-APA-80-192*, 1 Oct. 1980, K8-9). 그는 10월에 메콩 델타의 띠엔쟝 성(tinh Tien Giang)을 방문한 자리에서도 양곡수매의 중요성과 농업세 징수를 강조하였다(*FBIS-APA-80-207*, 23 Oct. 1980, K10-11).

3) 식량공급 압박

1970년대 후반 식량생산 감소로 식량부족분은 1977~1979년간 매년 200만 톤(평상시 쌀 생산량의 약 20% 상당), 1980년에는 320만 톤에 이르렀다(에스터라인, 1991, 73~76). 다른 보고는 1979년 국가 전체의 식량부족분이 벼 380만 톤(쌀 240만 톤)에 이르렀으며, 정부는 사회주의권 국가들로부터 150만 톤, 국제기구로부터 20만 톤의 원조를 기대하고 있었고, 기타 차관 형식 및 구매로 20만 톤의 식량을 조달할 것으로 예상하고 있었지만, 여전히 50만 톤의 식량이 부족한 실정이었다고 한다(Chanda, 1979, 45).

[표 3-7]에서 보듯이 식량 부족으로 인하여 합작사 사원인 농민에 대한 월별 식량분배량도 1976년에 1인당 평균 15.4kg에서 1980년에는 10.4kg으로 감소하였다.

[표 3-7] 합작사 사원에 대한 월별 평균 식량분배량, 1976~1980

연도	1976	1977	1978	1979	1980
식량분배량(kg)	15.4	12.0	11.6	11.9	10.4

출처: Nguyen Sinh Cuc, 1991, 26.

농촌에서 농업생산의 감소와 정부수매의 어려움은 곧바로 도시주민을 형성하고 있는 당 및 정부관료, 국영기업 노동자들에 대한 식량배급량 감소로 이어졌다.[11] 국영기업 노동자 임금의 80%는 식량 및 기타 생활필수품으로 지급되고 있었기 때문에(Chanda, 1986d, 25), 정부의 농산물 수매 곤란은 도시주민에게 직접적으로 영향을 미치게 되었다. 도시에서의 식량부족은 남부보다 북부에서 더 심각한 것이었고, 이것은 정책결정자들에게 시위 효과를 나타내었다. 특히 식량의 대부분을 구성하는 쌀의 부족으로 도시주민에 대한 식량배급 중 쌀 비중은 현저히 감소하였다. 1979년 하노이에서 1인당 월평균 식량배급량은 13kg이었는데, 이 가운데 쌀은 6~7kg이고, 나머지는 밀 · 감자 · 카사바 등이었다(Chanda, 1979, 44). 1970년대 말 호찌민시에서의 소비재 공급 사정은 조금은 나은 편이어서, 북부에서 고갈된 여러 종류의 식품들이 여전히 공급되고 있었고 소비재도 북부보다 다양하게 공급되고 있었다. 그러나 식량 사정은 호찌민시에서도 비슷한 상황이어서, 노동자들에 대한 쌀 배급은 매월 3kg에 그쳤고, 나머지는 기타 곡물로 채워졌다(Nivolon, 1980, 62). 1980년에도 도시에서의 1인당 월평균 식량배급량은 13kg이었지만, 이 가운데 쌀은 3kg에도 미치지 못하였고, 그 대신에 밀가루나 국수로 10kg 정도를 배급하였다.

1980년 남부 메콩 델타에서 쌀 수확량이 증가하였음에도 도시에서의 식량 사정이 호전되지 않았던 것은 그 이전까지 농민들의 정부수매 회피로 발생한 식량부족 현상이 해소되지 않았기 때문이었다(Nivolon, 1981, 16). 이에 따라 도시거주자들은 자유시장에서 부족분을 구입하여야 하였는데, 당시 자유시장에서 쌀 가격은 하급 간부의 이틀치 급료에 해당하는 kg당 4.5동(dong)이었다. 정부의 추계로는 북부에서 소비되는 양곡의 5~7%가 자유시장을 통해 구매된 것인데 반하여, 남부 도시에서는 절반

11 직업별 식량배급기준은 三尾忠志(1988, 100, 주 58) 참조.

이상이 자유시장을 통해 구매된 것이었다. 남부에서도 곡창지대인 껀터(Can Tho)를 제외하고는 대부분 지방에서 노동자들에 대한 식량배급이 매월 13kg이었지만, 상황이 극히 나쁜 남부 일부 지방에서는 노동자와 정부 고용인에게만 식량이 배급되었다(Chanda, 1981d, 40). 1981년이 되어서도 도시에서의 식량 사정은 호전되지 않았다. 특히 북부에서의 식량 사정이 나빠, 급여생활자들에게 배급되는 월별 13kg의 식량 중 쌀은 단지 1kg에 불과하고 나머지는 타피오카 · 고구마 · 옥수수 등으로 채워졌다(Chanda, 1981d, 40).

정부는 식량수매가 어렵게 되자 부족분을 외국으로부터 수입하지 않을 수 없었다. 식량수입량 추이를 보면([표 3-8] 참조), 수입량이 1976년 이래 1979년까지 계속 증가하였으며 1980년이 되어서야 감소하기 시작하였다(Quinn-Judge, 1983, 64).

[표 3-8] 식량수입량, 1976~1980

연도	1976	1977	1978	1979	1980
쌀 환산량(천 톤)	634	1,095	1,395	1,576	891
벼 환산량(천 톤)	903	1,567	1,994	2,244	1,274

출처: 쌀 환산량 통계는 TCTK, 1981, 292; TCTK, 1983, 325; 벼 환산량 통계는 Nguyen Sinh Cuc & Nguyen Van Tiem, 1996, 214.

식량부족은 해외차관을 식량수입에 쓰고, 경제건설 프로젝트를 위한 외국원조를 식품구입으로 전환해야 하는 상황을 만들게 되어 전후 경제재건을 위한 재원을 축소하는 결과를 낳았다. 또한, 식량수입에 따른 경제적 손실은 타 경제부문에 투자되어야 할 재원을 수입비용으로 지불해야 할 뿐만 아니라, 긴급한 공여로 인하여 운송체계에 과부하를 가져옴으로써 공업부문에 대한 원료공급 및 건설자재의 운송 등을 저해한다는 점에서도 경제 전반에 손해를 끼쳤다(Chanda, 1978, 59). 또한 식량 수입비용의 증가는 재정적자를 심화시키는 요인으로 작용하였다. 예컨대 1977년의 추정치를 보면 전체 수입액 10억 4,500만 루블-달러[12] 중 식량수입액이 1억 루블-달러로 약 10%에 달하였다(World Bank, 1977, Annex 1, 2).

이상에서 기술한 바와 같이, 북부에서 집체농업은 통일 이전부터 구조적 한계를 가지고 있었고 농민들이 이에 대응하여 자기 이익을 확대하려는 시도에 따라 침식되어왔으며, 남부에서 농업집체화를 추진하려는 국가의 시도는 사영농업을 영위하고 있던 농민들의 저항으로 인하여 그 성과를 거두지 못하였다. 이러한 북부 집체농업의 한계가 통일 이후에 계속 표출되고 남부 농업집체화에 대한 농민들의 저항과 자연재해 등 원인이 복합적으로 작용하여 1970년대 말에 식량생산이 감소하였고, 농민들이 정부수매를 회피함으로써 정부는 식량수매 위기에 봉착하게 되었다. 식량수매의 저조로 도시거주민에 대한 식량공급이 제한되었고 1979~1981년간 쌀 공급은 극히 낮은 수준이었다. 농민들은 이와 같은 식량수매 회피를 통하여 당과 정부로 하여금 새로운 농업정책을 모색하지 않을 수 없도록 압박하였다.

12 베트남에서는 소련 루블과 미국 달러의 환율을 1:1로 계산하였다.

제4장

농업개혁과 농촌사회의 변화

1. 농업개혁정책의 채택

1) 생산물계약제의 시행과 한계

1970년대 후반 농업생산 침체와 일부 지방에서 농민들에 의한 탈법적 계약제가 확산되어감에 따라, 이에 대응하여 당과 정부 지도자들은 농업 개혁정책을 모색하게 되었다. 1979년 9월 제4기 당중앙위 6차 회의 이후 농업부문의 개혁은 농업생산 증진정책과 정부의 농산물수매 증대정책을 포함하고 있었다. 당과 정부는 농업생산을 증대시키기 위하여 1981년 생산물계약제(Khoan san pham)를 도입하였고, 정부수매를 증진시키기 위하여 1980년에 수매방식을 전환하고 1981년에 수매가를 대폭 인상하였다. 1981년 1월 당 비서국은 제100호 지시를 통하여 부분적 농가계약 형태인 생산물계약제를 시행하기로 공식 결정하였다.[1] 이 정책은 합작사의 틀을

1 당 비서국 제100호 지시로 도입된 생산물계약제의 정식 명칭은 "Khoan san pham den nhom va nguoi lao dong trong hop tac xa nong nghiep"(농업합작사에서 노동조직 및 노동자에 대한 생산물계약제)으로, 줄여서 'Khoan san pham'이라고 한다. 1988년에 당 정치국 제

그대로 유지하는 가운데 합작사 사원(社員)인 농민들이 생산물 중 일정량을 의무적으로 수매하기로 합작사와 계약을 맺고 토지를 배분받아 여덟 가지 농경작업 중 세 가지 작업(파종 · 육성 · 수확)을 수행하여 계약량을 납부하고 초과분을 자유롭게 처분할 수 있도록 한 것이었다. 그러나 지방에서 간부들은 계약제의 내용을 제각기 이해하였고, 농업생산이 증가하면 이 계약제는 폐지될 일시적인 정책으로 인식하여, 기존의 집체농업으로 회귀할 가능성을 가지고 있었다(Thai Duy, 2008, 349~350).

이 형태의 계약제는 시행 직후 농업생산의 증대에 기여하였으나, 합작사가 의무수매량을 증가시키고 각종 부담금을 늘림에 따라 1980년대 중반에 농민들의 생산유인을 끌어낸다는 당초 기능을 상실하였다. 또한 제한적 생산물계약제 하에서 비료, 씨앗 등 투입재(inputs)와 관개시설 등은 합작사가 계속 공급 · 관리하였으므로 이 과정에서 농민들의 생산물이 합작사에 의해 과도하게 추출될 가능성이 있었다. 또한, 비생산적인 관리부문에 대한 지출이 계속돼 농민들의 부담이 증가하는 현상이 발생하였다. 1987년 후반부터 합작사 제도의 결함, 특히 생산물계약제의 한계와 농업생산이 정체하고 있다는 보도가 많이 나타나게 되었고, 당 기관지에서는 생산물계약제의 대체 방식이 논의되었다. 기존의 생산물계약제에 반대했던 인사들은 생산물계약제의 결함을 들어 집체경제조직을 재건설하고 강화하여야 한다고 주장하였던 반면, 생산물계약제에 대한 지지자들은 계약제의 확대를 주장하였다(Chu Van Lam, 1993, 157~158). 이러한 상황에서 북부의 많은 지역에서 백지계약(白紙契約)으로 농가에게 경작의 전 작업을 위임하고 단지 일정 생산량만을 합작사에 납부케 하는 사례가 확산되

10호 결의에 의한 농가계약제(Khoan ho) 채택 이후에는 통상적으로, 생산물계약제는 '100호 계약'(Khoan 100), 농가계약제는 '10호 계약'(Khoan 10)이라고 한다.

어갔다(Seminar, 1989, 56; Thai Duy, 2008, 354).

2) 농가계약제의 도입

생산물계약제의 한계가 드러나 1987~1988년간 농업생산이 감소하였고, 1988년에는 기근이 북부 21개 성 · 시를 엄습하여 농업인구의 40%에 해당하는 930만 명에 영향을 끼쳤다. 이에 농업정책 변경의 필요성이 제기되었고, 1987년 8월에 개최된 전국농업위원장회의에서는 가축 · 농기계 등 합작사가 관리하던 생산수단의 소유관계를 조정하고 농경작업에 대한 권한을 농민에게 전면적으로 부여하는 계약제가 처음으로 논의되었다(Thai Duy, 2008, 356).

1988년 4월에 이르러 당 정치국은 “농업경제관리 쇄신에 관한 정치국 결의”(이하, 제10호 결의)를 통하여 농가계약제를 채택하였다. 이 결의는 먼저, 성급하고 지역적 특성을 무시한 획일적인 농업집체화로 인하여, 느슨한 합작사 관리, 노동점수 산정의 오류, 수익의 평균주의적 분배, 농민에 대한 불공평한 과세와 가격, 간부들의 부패와 자의적 행동 등의 문제가 발생하였으며, 이로써 농민들이 노동에 대한 열의를 상실하였음을 지적하였다(Nghi quyet so 10-NQ/TW, 20~21; CPV Resolution 10, 11~12). 농업집체조직과 관련해서는 북부 및 중부에서 과도하게 대규모화한 합작사의 규모를 적정한 수준으로 축소하고, 산악지대에서 명목뿐인 합작사를 노동교환조로 전환하며, 남부에서 주요한 집체조직을 생산집단으로 하고, 충분한 조건(물질적 · 기술적 기초 확보, 간부 관리능력의 향상, 농민들의 자발적 요구)이 갖추어졌을 때 적합한 규모의 생산집단연합이나 합작사로 전환해야 한다고 제시하였다(Nghi quyet so 10-NQ/TW, 28; CPV Resolution 10, 22). 이 결의는 합작사가 농가에 토지를 배분하여, 약 15년간 계약을 맺어 경작케 하고, 계약량을 5년간 고정시키며, 집체조직과 농민 간의 작업범위는 합작사와 생산집단이 자율적으로 결정하고, 농민이 생산량 중 40% 이상을 수입으로 획득할 수 있도록 보장하여야 한다고 하였다. 분배에 있어서는 평균주의를 폐지하고 농민의 노동량과 집체조직에 공헌한 몫만큼 분배받을 수 있도록 하는 원칙에 따른다고 규정하였다(Nghi quyet so 10-NQ/TW, 32~33; CPV Resolution 10, 28~29). 이러한 정책에 따라, 농민들은 배분받은 토지를 장기간 안정적으로 경작할 수 있게 되었다. 또한 일부 토지는 입찰계약제를 통하여 경영능력이 있는 농민에게 추가로 배분되었다.

농가계약제는 1988년 이래 전국적으로 급속히 채택되었고, 1989년까지 북부와 중부의 합작사 중 95%의 합작사에서 시행하게 되었다(Ngo Vinh Long, 1993, 178; Watts, 1995, 20). 남부에서는 농가계약제의 집행이 그간 지속해온 농가 영농을 공인하는 결과를 낳았다. 또한 남부에서 부분적으로만 집체농업에 참여하고 사영농업을 계속해온 농민들은 이전에 자기 소유였으나 통일 이후 다른 농가에 배분된 토지의 반환을 요구하였고, 이 과정에서 토지분규가 광범위하게 발생하였다. 결국 국가는 새로운 토지법을 공포하여 토지의 실질적 사유(私有)를 제도적으로 인정하기에 이르렀다. 1993년 토지법은 토지를 교환 · 이전 · 임대 · 상속 · 저당할 수 있는 권리를 농가에 부여하고, 사용권 보유기간을 1년생 작물 경작지의 경우 20년, 다년생 작물 경작지의 경우 50년으로 하여, 토지의 실질적 사유를 보장하였다. 1988년 농가계약제 채택 전후로 시작된 토지의 실질적 사유화는 이 토지법으로 제도화됨으로써 체제전환적 의의를 갖게 되었다.

2. 토지배분 과정의 특징

1) 토지배분의 일반적 상황

농업개혁정책의 집행 과정에서 토지배분이 핵심적 사안이었는바, 토지배분 상황은 지역별 농업집체화의 특성을 잘 반영하고 있었다. 전국적으로 토지가 각 농가에 배분되기 시작한 것은 1981년 생산물계약제 채택 전후였고, 이는 1988년 농가계약제 채택 이후 조정되었고 1993년에 새로운 토지법이 발효된 후 재조정되었다. 토지사용권증명서가 1994년부터 발급되기 시작하여 1998년 6월 말까지 약 70% 정도 발급되었다(Nguyen Van Bich & Chu Tien Quang, 1999, 83).

북부에서 토지배분은 전반적으로 공평하게 이루어졌다고 평가된다. 북부에서 토지배분은 1981년 생산물계약제 시행 전후에 시작되었다. 농가가 농경의 전 작업을 수행하는 독립적 경영단위가 되고 장기간 토지보유를 보장하여 실질적 사유화가 개시된 시점은 대체로 평야지대에서는 1988년 농가계약제 채택 직후, 산간지역은 그보다 늦은 시기였다고 할 수 있다. 토지 종류별로는, 논은 일반적으로 공평하게 배분되었는데, 이는 제한된 면적으로 인하여 감시 가능성이 높고, 이를 둘러싼 갈등은 농촌사회의 안정에 치명적 결과를 낳을 수 있기 때문이다. 베트남측의 한 조사는 북부 홍강 델타의 하박 성(tinh Ha Bac)에서 토지문제로 이의를 제기한 농가의 비율은 0.3%에 불과하였다고 하여(Watts, 1995, 29), 북부 평야지대에서 논을 둘러싼 토지분규는 많지 않았음을 나타내준다.

남부에서 토지배분의 특징은, 대부분의 토지가 원 소유주에게 반환되었다는 것이다. 토지 반환은 대체로 1988년에 시작되어 1991년에 완결되었으며, 일부 지역에서는 1988년 제10호 결의가 채택되기 이전에 실행된 곳도 있었다(Do Thai Dong과의 면담). 토지배분 사례를 보면, 롱안 성(tinh

Long An)에서는 성 정부가 1988년 제10호 결의 이전에 토지의 대부분을 원 소유주에게 되돌려주었으며(Luong, 1994, 102), 쏙짱 성(tinh Soc Trang)에서도 원소유주에게 토지를 반환하였다(Le Thi, 1994, 3). 안쟝 성(tinh An Giang), 빈흥호이(Vinh Hung Hoi) 지역에서도 1970년대 말 정부에 수용된 토지를 1989년에 농민들에게 반환하였고, 원소유주는 반환 당시 경작자에게 보상금을 지불하고 토지를 반환받을 수 있었다.[2] 그러나, 남부에서 공공기관이 수용했던 토지는 완전히 반환되지 않아 이후 토지분규의 주요 원인이 되었다.

2) 토지배분의 지역별 특징

토지배분은 대체로 3차에 걸쳐 수행되었다. 제1차에는 80~90%의 토지가 가족구성원 수를 기준으로 배분되었고, 제2차에는 농가의 경작능력에 따라, 제3차에는 경매(입찰)를 통해 배분되었다. 제2, 3차로 배분된 토지에 대한 농업세는 제1차로 배분된 토지의 농업세보다 20~30% 더 많았고, 계약기간은 10~15년간이었다(Seminar, 1989, 60).

베트남 통계총국이 1990년 6개 성에서 행한 조사에 따르면([표 4-1]), 북부와 중부에서는 3차에 걸쳐 토지배분이 이루어졌고 대부분의 토지는 제1, 2차에 배분되었는데 반하여, 남부에 대한 조사결과를 제시하지 않아 농가계약제 방식에 따른 토지배분이 이루어지지 않았음을 나타내주고 있다.

---

2 일부 농민은 보상금을 지불할 수 있는 능력이 없어 과거 자기 소유 토지의 일부만을 반환받을 수 있었다고 한다(Hiebert, 1992, 50).

[표 4-1] 지역별 · 방법별 토지배분 비율(%) 1

구분	북부		중부		남부	
	호앙리엔썬* (Hoang Lien Son)	하남닌** (Ha Nam Ninh)	빈딘 (Binh Dinh)	닥락 (Dac Lac)	허우장*** (Hau Giang)	동탑 (Dong Thap)
제1차	82.2	87.7	98.2	98.1	-	-
제2차	6.6	4.5	1.7	1.5	-	-
입찰	1.5	0.4	0.1	-	-	-

* : 현재의 라오까이(Lao Cai)와 옌바이(Yen Bai) 성을 포함하는 지역.

** : 현재의 하남(Ha Nam), 남딘(Nam Dinh), 닌빈(Ninh Binh) 성을 포함하는 지역.

*** : 현재의 껀터(Can Tho)와 쏙짱(Soc Trang) 성을 포함하는 지역.

출처: Nguyen Sinh Cuc, 1991, 167.

1991년 농업 및 식품공업부 산하 정책관리국이 행한 조사에서도([표 4-2]), 대부분의 토지는 제1, 2차에 배분되었고, 제3차 입찰에 따른 배분은 적은 양에 불과한 것으로 나타났다. 이 조사에서는 북부와 중부지역에서는 세 차례 배분 과정을 거쳤으나, 남부의 두 개 지역, 즉 띠엔장(Tien Giang) 및 럼동(Lam Dong)에서는 조사 결과가 수치로 제시되지 않고 한 차례에 배분을 완료하였다는 설명만이 제시되어, 이 두 지역에서도 농가계약제에 따른 토지배분이 이루어지지 않았다고 판단된다.

[표 4-2] 지역별 · 방법별 토지배분 비율(%) 2

구분	북부		중부		남부	
	하남닌 (Ha Nam Ninh)	하박* (Ha Bac)	응에띤** (Nghe Tinh)	꾸앙남-다낭*** (Quang Nam Da Nang)	띠엔장 (Tien Giang)	럼동 (Lam Dong)
제1차	51.9	91.9	81.6	87.0	-	-
제2차	47.3	6.4	13.3	9.9	-	-
입찰	1.7	1.7	5.1	3.1	-	-

* : 현재의 박닌(Bac Ninh)과 박장(Bac Giang) 성을 포함하는 지역.

** : 현재의 응에안(Nghe An)과 하띤(Ha Tinh) 성을 포함하는 지역.

*** : 현재는 다낭 시와 꾸앙남 성으로 구분되어 있다.

출처: Bo Nong nghiep va Cong nghiep thuc pham, 1991, 56~57.

토지배분 시기와 배분 방법은 지역별로 차이를 나타내고 있으며, 이에 대한 전국적 정보도 집적되어 있지 않다. 또한 상기 두 조사에서 모두 대상 지역이었던 하남닌 성의 경우 제1, 2차 토지배분비율에 차이가 있어 조사 결과에 대한 신뢰성도 높지 않다. 그러나 중북부와 남부의 토지배분 방법은 현격한 차이를 나타낸다. 중북부에서는 대부분의 경우 정부의 방침에 따라 농가의 가족구성원 수를 기준으로 하였는데 반하여, 남부 특히 메콩 델타에서는 대부분 원소유주에게 반환하는 형식이었다. 남부에서는 실질적 사영농업을 영위하고 있던 농가가 많았으므로, 별도의 배분절차를 거치지 않고 원소유주에게 반환절차만을 거친 곳이 많았다고 볼 수 있다.

이러한 특징은, 국가계획위원회와 통계총국이 1992~1993년간 행한 조사 중 지역별 보유 원인에 따른 토지비율에서도 엿볼 수 있다([표 4-3]). 북부와 남부를 비교하여 보면, 북부는 배분받은 토지의 비율이 높은 반면 남부는 장기간 사용 및 사유(私有)인 비율이 상대적으로 높다. 특히 남부의 메콩 델타와 호찌민시 및 인근 지역인 동남부에서 자기 소유의 토지 내지는 장기간 경작해오던 토지의 비율이 두드러지게 높게 나타나고 있음을 볼 때, 이 지역에서는 가족구성원 수에 따른 토지배분은 거의 이루어지지 않았음을 알 수 있다. 사유이거나 장기간 사용해오고 있는 토지의 비율이 남부 메콩 델타 및 동남부 지역에서 75~90%로 높게 나타난 것은 실질적 사유에 의해 경작해오고 있던 토지의 비율이 높기 때문이다.

[표 4-3] 지역별 보유 원인에 따른 토지 비율(%)

보유 원인	북부		중부			남부	
	북부산간	홍강델타	중북부	중부해안	중부고원	동남부	메콩델타
배분	35.5	64.0	55.3	28.0	22.1	1.7	0.8
입찰	2.9	8.9	5.4	1.1	0.0	0.0	0.0
임차	4.1	2.1	1.2	1.7	16.6	6.8	7.1
장기간 사용	6.3	7.5	10.1	8.8	3.3	45.2	56.8
사유(私有)	20.0	14.8	12.3	20.7	27.3	29.9	32.7
기타	31.3	2.7	15.7	39.8	30.7	16.4	2.6

출처: SPC & GSO, 1994, 150.

이처럼 남부에서의 토지배분이 원소유주에게 반환하는 방식으로 진행되었다는 것은 남부 농민들이 계속하여 토지를 자기 소유로 하고 있었다는 것을 나타내준다. 예로써 1989년에 남부 메콩 델타의 끄우롱 성(tinh Cuu Long), 붕리엠 현(huyen Vung Liem), 히에우응이아 싸(xa Hieu Nghia)에서 행한 한 조사는 이를 잘 대변해준다([표 4-4]). 싸(xa) 내의 두 개 지역에서 토지 보유 원인에 대한 농민들의 응답 결과는 60~70%가 통일 이전부터 경작해오던 것으로 나타났다.

[표 4-4] 남부 농촌에서의 토지 보유 원인 및 시기별 비율(%)

토지보유 원인 및 시기	히에우쭝 B 읍 (Ap Hieu Trung B)	히에우허우 읍 (Ap Hieu Hau)	평균
부모로부터 물려받음	73.0	62.7	67.9
1954년 이전 배분	6.4	10.3	8.3
1975년 이전 배분	4.8	13.5	9.1
1975년 이후 배분	31.8	41.3	36.5
매입	2.4	0.8	1.6
개간	0.0	1.6	0.8

주: 토지보유 원인 및 시기 항목은 상호 배타적이나 그 비율을 합산하면 100%를 초과한다. 출처의 필자가 그 이유를 설명하지 않아 통계의 신뢰성이 낮지만, 이 조사결과는 남부 토지보유 상황을 파악하는 데 도움이 된다.

출처: Do Thai Dong, 1989, 51.

또한 농민들도 통일 이후 토지조정 기간에 배분받은 토지를 원소유주에게 반환하는 것에 대하여 당연하다고 생각하는 사람이 다수였으며, 한 조사에서는 이 비율이 78%라고 제시하였다(Nguyen Thu Sa, 1992, 43). 이것은 통일 이후 농업집체화에도 불구하고 남부 농민들은 토지사유관념을 계속 가지고 있었음을 보여준다. 따라서 남부에서 제10호 결의의 의의는 단지 그 이전부터 계속되어온 토지의 실질적 사유를 추인하는 것에 불과하였다(Do Thai Dong, 1995, 57).

3. 토지분규와 사유화

1) 토지분규의 발생

토지를 둘러싼 분규는 특히 남부에서 농가계약제를 채택하기 이전부터 발생하기 시작하였으며, 1988년 제10호 결의로 농가계약제를 도입한 이후에 더욱 확산되었다. 1988~1990년간 발생한 토지분규는 20만 건에 이른 것으로 추산되며, 그 과반수는 남부 메콩 델타에서 발생하였다(Tran Duc, 1994, 25; Watts, 1995, 29).

토지를 둘러싼 갈등으로 인하여 농민들은 지방 간부를 고발하는 항의서한을 관공서에 보내거나 관개시설을 비롯한 공공시설을 파괴하러 몰려다니기도 하였고, 시위를 벌이기까지 하였다(Beresford, 1991, 133). 일례로 1987년 남부의 롱안 성(tinh Long An), 투트어 현(huyen Thu Thua), 카인허우 싸(xa Khanh Hau)에서는 농민들이 성도(省都)인 떤안(Tan An)까지 시위를 벌이며 농업집체화 이전 자기 소유였던 토지의 반환을 요구하기도 하였다(Luong, 1994, 101~102). 1988년 제10호 결의 채택 이후에는 남부지역에서 농민시위가 더욱 빈발하였다. 1988년 8월경에는 메콩 델타의 농민들이 호찌민시로 몰려가 토지분규 문제의 조속한 해결을 요구하는 시위를 벌였으며(Vo Nhan Tri, 1990, 191; 村野勉, 1989, 30), 같은 해 9월 말과 10월 초에도 두 차례나 띠엔쟝 성(tinh Tien Giang) 농민들 수백 명이 호찌민시로 몰려가 시위를 벌였고, 11월에도 300명 이상의 메콩 델타 농민들이 부패 간부 퇴진과 몰수 토지의 반환을 요구하며 호찌민시 거리를 행진하였다(Hiebert, 1988, 110; Hiebert, 1989, 19). 1989년 초에도 호찌민시에서 농민들에 의한 시위가 계속되었다(Thayer, 1991, 32).

이렇게 토지분규와 시위가 활성화된 것은 1986년 12월 제6차 당대회에서 전면적 개혁을 선언한 이후 1988년 농가계약제를 통하여 토지사용권을 부여하고 농가경영을 장려한다는 정책을 발표하여 농민들의 토지사유관념이 확고해졌고, 그간 누적되어왔던 토지에 관한 불만이 일제히 표출되었기 때문이었다. 농촌사회학자 도타이동(Do Thai Dong)은 1987년부터 농민들의 시위가 빈발하였던 것은, 제6차 당대회 이후 국가 경제정책의 방향이 탈중앙집중적이고 억압이 완화된 것을 인지한 농민들이 자기의 원소유지를 되찾기 위한 요구를 분출하였기 때문이었다고 하였다(Do Thai Dong과의 면담).

토지분규는 지역별로 다른 양상을 띠고 나타났다. 북부 홍강 델타에서는 합작사가 여러 개의 촌(thon)을 포함하는 싸(xa) 규모의 전사합작사(全社合作社)로부터 다시 촌별로 분리되는 과정에서 과거 촌 간의 경계선이 변하였기 때문에 마을 간 구분선을 획정하는 것과 관련하여 발생하였다. 산간지역에서는 주로 산지인과 평야로부터 이주해온 농민들 간에 발생하였는데 반하여, 남부 평야지대에서는 주로 농민 간 또는 농민과 공공기관 간에 발생하였다. 남부에서 토지분규가 비교적 많이 발생한 것은, 통일 이후 토지조정을 통해 부농(富農)의 토지를 강제로 몰수하고 중농(中農)에게 토지를 양도하도록 강권하여 빈농에게 배분해 주었으나, 농가계약제 채택 이후 원소유주가 자기의 토지소유권을 주장하고 나섰기 때문이었다. 예컨대 남부에서는 1988년 1월부터 8월까지 토지분규를 둘러싼 소송이 59,000여 건에 이르렀는데, 이 가운데 25%는 1978~1979년간 제1차 토지조정 시 조정된 토지와 관련된 것이었고, 65%는 1983~1984년간 제2차 토지조정 시 조정된 토지와 관련된 것이었다(Le Quoc Su, 1991, 136). 이외에도, 이전에 자기 소유였던 양질의 토지를 수용당하고 계약제를 통하여 저질이거나 집으로부터 멀리 떨어진 토지를 배분받은 농민들이 원소유 토지의 반환을 요구하거나, 지방 간부 또는 공공기관에 강제로 양도하였던 토지의 반환을 요구하는 사례들이 발생하였다(Le Phuoc Tho, 1989, 5).

2) 토지분규에 대한 국가의 대응

토지분규가 빈발하자 당은 1988년 8월 남부 메콩 델타의 중심 도시인 껀터(Can Tho)에서 당 비서국 및 각료회의 합동회의를 개최하여, 토지분규 해결방안에 대하여 토의한 후, 당 정치국 제47호 지시로 토지문제 해결을 위한 기본원칙을 표명하였다(村野勉, 1989, 30). 이 지시는 1983년 남부에서 제2차 토지조정 시 중농의 토지를 수용하여 다른 농민에게 평균적으로 배분해준 것이 오류였음을 지적하였다(Le Phuoc Tho, 1989, 3~16). 또한, 제2차 토지조정 시 여러 지역에서 상인이나 비농업가구도 포함하여 평균적으로 토지를 배분하였고, 이 과정에서 지방 간부, 당원 및 그 가족에게 유리하게 배분한 결과 농민들의 불만이 축적되었다고 평가하였다. 특히 과거 중농으로서 토지를 수용당한 농민들은 토지소유권을 주장하며 반환을 요구하였고, 과거 빈농 또는 고용농이어서 토지조정 시 토지를 배분받은 농민은 토지가 전인민(全人民)의 소유임을 내세워 배분받은 토지의 반환을 거부함에 따라 갈등은 광범위하게 나타났다. 갈등을 더욱 심화시킨 것은 농업집체화 및 생산물계약제 등의 농업정책을 집행함으로써, 토지 배분이 더욱 복잡해진 때문이기도 하다(Le Quoc Su, 1991, 136~138).

토지분규를 해결하기 위한 방책은, 1978~1979년간 제1차 토지조정 시 배분되었던 토지에 대한 반환 요구에는 응하지 않으며, 단지 1981년 이후 생산물계약제의 집행 및 1983~1984년간 제2차 토지조정 시 조정된 토지와 관련하여 발생한 분규에 관하여서만 해결책을 모색한다는 것이었다. 이에 따라 당 간부와 국영농장이 불법적 또는 자의적으로 수용한 토지는 농민들에게 반환하고(Hiebert, 1988, 110), 농민간 분규에 대하여는 민주적 토의를 통하여 문제를 해결하고, 토지법을 위반하였거나 불법적으로 타인의 토지를 점거한 경우에는 행정적 · 법적 수단을 동원하여 해결하도록 하였다. 그러나 생산물계약제에 의하여 배분된 토지가 타인에 의하여 효율적으로 경작되고 있는 경우 이를 원소유주에게 반환하지 않고 현 경작자에게 15년간 사용권을 보장하며, 농촌을 떠나 타 업종으로 전환하였거나 국가기관에 종사하는 사람의 원소유 토지는 특별한 경우를 제외하고는 반환하지 않도록 하였다.

그러나 이 지시는 토지분규 해결을 위한 원칙만을 제시한 것이었기 때문에 농민들 간의 분규를 구체적으로 조정할 수는 없었으며, 각 지방마다 구체적 환경과 조건이 상이하므로 경우에 따라 지방 당 간부가 정책집행을 지도하도록 규정하여, 제47호 지시가 지방별로 상이하게 집행될 수 있는 여지를 갖고 있었다. 한편으로 지방 간부들이 이 지시를 집행하지 않자 농민들이 그 집행을 요구하며 시위를 벌이는 사례도 있었다(Hiebert, 1989, 19). 또한 이 지시에서는 토지법을 위반하는 경우 행정적 절차나 법적 처리를 하도록 규정해놓았음에도 불구하고, 남부의 각 지방에서는 원소유주에게 토지를 반환함으로써 '토지사유권'을 인정하는 방향으로 토지배분이 이루어졌다(Le Quoc Su, 1991, 137~138).

토지분규의 분출과 실질적 토지 사유화로 인하여, 안정적인 토지정책이 요구되었고, 이에 관한 논의가 전개되었다. 1988년 제10호 결의 이후 토지문제에 관하여 세 가지 방안이 개진되었다(Nguyen Luc, 1990, 56). 그것은 첫째, 토지소유권은 국가에 귀속시키고 인민에게 단지 사용권만을 부여하는 방안, 둘째, 지주와 자산계급으로부터 수용된 토지는 국가가 소유하고, 각 가구가 새로 개간하여 장기간 사용해온 산림·강변 등의 토지는 각 가구의 소유로 한다는 방안, 셋째, 국가소유, 집체소유, 농가소유 등이 동시에 존재하도록 인정하는 방안 등이다. 1991년 6월 제7차 당대회에서는 97%의 대의원이 토지의 전인민소유(全人民所有) 원칙에 동의하였고, 사용권의 이전, 상속권, 저당권 등의 문제에 관한 검토는 이후로 넘겨졌다. 이러한 개인 소유화를 저지하려는 노력은 합작사가 유지되는 한 가계경제를 독립된 경제부문으로 인정하는 것이 아니라 집체부문에 속한 것으로 한정하여야 한다는 사고로부터 나온 것이었다(Ngo Vinh Long, 1993, 201). 이러한 논의 가운데서도, 농민들은 여전히 토지를 사유로 인식하고 있었고 토지를 불법적으로 거래하였으며, 농업생산의 지속적 성장을 위하여 농민들이 안정적으로 토지를 보유할 수 있는 제도적 장치를 요구하였다. 이에 당은 1993년 6월에 개최된 제7기 당중앙위 5차 회의에서 토지의 교환·이전·임대·상속·저당 등 토지에 대한 5개의 권리를 부여하는 방침을 결정하였고, 이 내용을 포함한 새로운 토지법이 1993년 7월에 국회에서 통과되어 10월에 발효하였다.

새로운 토지법을 국회에 상정한 후 국회에서는 이를 둘러싸고 격렬한 토론이 벌어졌다. 논쟁은 주로 북부 출신 의원들의 남부 출신 의원들에 대한 공격으로 촉발되었다. 북부는 상대적으로 인구 과밀지역으로 장기간 집체농업을 수행해왔고, 남부는 인구밀도가 북부에 비해 낮아 상대적으로 토지가 풍부한 상황이다. 남부 의원들은 기간을 정하지 않고 토지를 장기간 전유할 수 있도록 해야 농민들이 토지에 더 많은 투자를 할 수 있을 것이라고 주장하였고, 이에 맞서 북부 및 중부 출신 의원들은 장기간의 토지 전유가 계급분화를 가속화시킬 것이므로 사용기한을 10년으로 한정하자고 주장하였다. 토지의 보유한도에 대하여도 의견이 달라, 북부 의원들은 농가당 2ha로 제한할 것을 주장하였고, 남부 의원들은 최소한 5ha로 하여야 한다고 주장하였다. 결국, 농지에 대한 토지사용권 보유기간은 20년간으로, 보유한도는 3ha로 결정되었다(Hiebert, 1993, 52).

새로운 토지법의 채택으로, 토지는 국가소유이지만, 농민들은 1년생 작물 경작지에 대하여는 20년간, 다년생 작물 경작지에 대하여는 50년간 사용권을 부여받게 되었다(Land Law, Article 20). 또한 사용권을 부여받은 가구나 개인은 이 토지를 교환 · 이전 · 임대 · 상속 · 저당할 수 있는 권한을 갖게 되어(Land Law, Article 3), 실질적 사유권을 부여받게 되었다.[3] 토지에 대한 실질적 사유의 보장으로 농가계약제는 체제전환적 정책을 완결 짓게 되었다.[4]

3 이와이 미사키는 1988년 농가계약제에 의한 토지배분 이후 토지소유 형태가 실제로는 토지를 소유하는 것에 가까운 '半國家 半民間 混合所有'로써 '專有'라고 하는 것이 타당하다고 주장한다(岩井美佐紀, 1996, 83).

4 베트남 내 연구자도 이를 지난 50년간에 있었던 세 번째의 큰 변화로써, 농가계약제 이후 토지배분을 '새로운 토지개혁'으로 평가한다(Le Cao Doan, 1995, 119).

4. 농업개혁정책의 정치 · 경제적 효과

1) 농업생산조직의 변화

① 합작사의 규모 축소와 해체

농가계약제의 채택은 농촌에서 생산 및 분배구조의 변화를 가져왔다. 가장 큰 변화는 생산 및 분배조직으로 기능하던 합작사가 해체되거나 그 역할이 대폭 축소되고 변경된 것이다. 특히 남부의 합작사 및 생산집단은 대부분 붕괴하였고, 북부의 합작사는 생산단위로서의 기능을 상실하고 농민에 대해 서비스를 제공하는 역할에 한정하고 있다.

전국의 합작사 수는 1988년 17,335개, 1989년 18,631개, 1990년 16,341개로 명목상 급속히 감소하지는 않았으나 실제로는 무력화된 곳이 많았으리라고 본다(Tong cuc Thong ke—Vu Nong nghiep & Bo nong nghiep va Cong nghiep Thuc pham—Vien Quy hoach va Thiet ke, 1991, 20). 그 규모도 싸(xa) 수준에서 촌(thon) 수준으로 축소되었고, 합작사 관리 인원도 합작사 주임, 부주임, 회계, 자산관리자로 감소되었다.[5] 예로써, 북부 홍강 델타의 타이빈 성(tinh Thai Binh), 동흥 현(huyen Dong Hung), 응우옌싸 싸(xa Nguyen Xa)의 경우 인민위원회와 합작사의 간부가 1989년 이전에는 30명 이상이었으나 1991년에는 13명이었다(Rambo, Le Trong Cuc & Gillogy, 1993, 14). 전국적으로 45~60%의 합작사 간부가 해고되었다(Gates & Truong, 1993, 77; Nguyen Van Bich & Chu Tien Quang, 1994, 100).

5 예로써, 북부 푸토 성(tinh Phu Tho), 도안홍 현(huyen Doan Hung)의 경우, 합작사 관리 인원이 현 전체로 과거 3,000~4,000명에서 1,000~1,500명으로 감소되었다(Le Trong Cuc, Sikor & Rucker, 1996, 52).

② 합작사 역할의 변화

집체농업 하에서 합작사 및 생산대는 생산 및 분배를 전담하는 경제조직인 동시에, 사회적 · 행정적 기능을 부분적으로 수행하는 조직이었다. 농가계약제 시행 이후 합작사는 대부분 경제적 기능을 농가에 양도하고, 행정적 기능을 지방행정조직에 이양함으로써 집체화 시기의 기능을 거의 상실하였다. 단지, 1990년대 초반에 일부 지역에서는 합작사가 부분적으로 중요한 역할을 수행하고 있었다. 특히, 북부 농촌에서 합작사가 관개시설 관리 및 종자보급, 비료공급, 농작물보호, 신기술 보급 등 농민을 위한 서비스를 제공하는 기능을 계속 수행하였다. 관개시설은 국유였고, 합작사가 이를 관리하며, 농민 중 특별조를 조직하여 운영되었다. 예로써 1991년에 타이빈 성, 동흥 현, 응우옌싸 싸에서 합작사는 작물보호조, 기술조, 관개시설관리조를 산하에 두고 있었으며, 과부 및 극빈 가구에 대한 원조, 퇴직군인에 대한 연금 지불, 각 사회단체의 활동 지원 등의 사업을 유지하고 있었다. 또한 합작사는 세금징수의 역할을 그대로 갖고 있었으며, 살충제를 구입하여 농민에게 제공하는 역할을 수행하고 있었다 (Diep Dinh Hoa et. al., 1993, 67~68, 76~78). 1995년 당시 박닌 성(tinh Bac Ninh), 꿰보 현(huyen Que Vo), 비엣훙 싸(xa Viet Hung) 산하 루아 촌(thon Lua) 합작사의 관개시설관리조는 10명으로 구성되었고, 각 수확기(보통 반년)마다 합작사와의 계약에 의해 활동하였다. 그러나 대부분 지역에서는 1988년 농가계약제의 전면적 채택 이후 합작사가 과거의 기능을 상실하고 주로 농업 서비스를 제공하는 한정적 기능만을 수행하는 순수한 경제조직으로 변화해갔다.

2) 지방통치구조의 변화

① 지방통치구조와 지배 메커니즘

베트남에서 지방통치구조는 지방의회인 인민의회(Hoi dong nhan dan)와 지방행정기관인 인민위원회(Uy ban nhan dan)를 양축으로 하는 정권(Chinh quyen, 政權)[6]과, 이를 지도하는 당위원회(Dang uy)로 구성되어 있다. 현(huyen) 및 싸(xa)에도 성(tinh, 省)과 마찬가지로 인민의회와 인민위원회 및 당위원회가 설치되어 있다. 이는 헌법에 규정된 바와 같이, "당이 영도하고, 인민이 주인이며, 국가가 관리하는" 정치체제의 지방급 복사판이다.

현(huyen)급 인민의회는 인민의 선거로 선출된 5년 임기의 약 30명의 대표로 구성되며, 인민위원회를 구성하고, 주요 정책을 검토, 결정하며, 인민위원회로부터 집행 결과를 보고받는다. 그러나 실질적 권력행사는 당으로부터 제시된 정책을 추인하고 추천받은 인사를 인민위원회 간부로 선임하는 정도에 불과하다. 이들 대표들은 인민의회 회의에서 인민의회 주석(chu tich)과 부주석(pho chu tich)을 선출하고, 인민위원회 주석 및 부주석을 선출한다. 보통 주석은 공안 · 군사 · 법무 · 감찰기능을 관장하며, 부주석 중 한 명은 경제 담당으로 농업 · 운송 · 관개 · 건설 · 재정 · 계획 · 통계 · 토지 등을 관장하고, 다른 한 명은 사회문화 담당으로 교육 · 의료 · 문화 등의 사업을 관장한다. 조세 · 상업 · 은행 · 재무(출납) 등 기타 업무는 인민위원회 산하 각실에서 담당한다.

싸(xa)급 인민의회는 각 한 명의 주석과 부주석 및 약 20명의 의원으로 구성된다. 인민의회는 연간 두 번 회의를 개최하며, 그 공식적 기능은 인

---

6 '정권'은 입법 · 사법 · 행정을 포함하는 '국가기관'에 등치되는 용어이지만, 넓게는 공산당위원회 · 베트남조국전선을 포함하기도 한다.

민의 대표자로서 인민위원회에 모든 면에서 권고하는 역할을 수행한다. 인민위원회는 각 한 명의 주석과 부주석 및 약 5명의 위원으로 구성되어 있다. 주석과 부주석은 인민의회에서 선출되며, 위원은 주석이 추천하여 인민의회가 임명한다. 위원은 각기 군사 · 문화 · 재정 · 운송 · 관개 · 통계업무를 담당한다.

촌(thon)은 촌장(truong thon) 및 3~5명의 위원으로 구성되는 집행위원회(Ban dieu hanh)가 행정적 역할을 수행한다. 촌장 및 촌 집행위원회 위원들의 임무는 토지관리, 인구등록업무, 질서/보안 확보, 세금징수, 공공사업에의 인구동원, 관개수리사업 감독 등이다(Liljeström et. al., 1998, 40~41).

지방정치체계에서는 당 간부가 인민의회, 인민위원회 또는 대중조직의 상위 직책을 겸직하여 수행함으로써 당에 의한 실질적 사회통제가 이루어지고 있다. 각급 인민의회는 인민의회 및 인민위원회 주석 · 부주석 및 일부 간부를 선출하는데, 선출 이전에 당위원회에서 추천한 인원 중에서 선출한다. 당 비서가 인민의회 주석을 겸직하고 당 부비서가 인민위원회 주석을 겸직하는 것이 일반적이나, 당 간부의 국가기관에의 관여는 지역별로 차이가 있다.[7]

② 지방통치구조의 변화

과거 합작사는 명목상으로는 생산조직이었지만, 실제로는 공공작업에 대한 인구동원 · 세금징수 · 토지관리 등 일부 행정적 기능도 수행하고 있었다. 싸(xa) 이하에서는 합작사가 이를 담당하였다(Liljeström et. al., 1998, 40). 합작사가 1988년 농가계약제 시행 이후 농민들에게 서비스를 제공하

7 예를 들어, 하노이 근교 자럼 현(huyen Gia Lam) 닌히엡 싸(xa Ninh Hiep)에서는 1995년 방문 당시 싸 당위원회 비서가 싸 인민위원회 주석을, 싸 당위원회 부비서가 싸 인민의회 주석을 겸직하고 있었다.

는 단순한 경제조직으로 변함에 따라, 집체화 시기 합작사가 수행하였던 경제적 기능 중 많은 부분은 농가가 수행하고, 행정적 기능은 지방행정조직이 관장하게 되었다. 즉, 토지배분, 세금징수, 사회보장 제공 등은 인민위원회의 직접 관리 하에 속하게 되었다. 따라서 개혁 과정에서 지방행정조직의 역할은 증대하고 있다(Romm & Dang Thi Sy, 1996, 105). 농민과 싸 인민위원회와의 관계는 더 이상 합작사를 통하지 않고 수행되고 있다(Dang Phong & Beresford, 1998, 39). 합작사의 기능이 약화되고 규모도 촌 규모로 축소된 후 당 간부의 직접적 통제는 가해지고 있지 않다.

과거에는 생산대장이 세금 및 부담금을 징수하였는데, 이제는 싸 인민위원회 주관 하에 각 촌별로 촌장(truong thon)이 이를 징수하여 싸에 납부하도록 되었다. 촌장은 촌민들에 의해 선발되는데, 세금 및 각종 부담금 징수, 호구 관리, 촌내 각종 사회문제 등을 담당하며, 매월 2~3회 싸 인민위원회와의 합동회의에 참석하여 인민위원회의 행정기능을 지원하는 역할을 수행한다. 박닌 성, 꿰보 현, 비엣훙 싸의 경우 촌장의 급여는 1998년 이전에는 촌민들이 지급하였으나 1998년부터 싸 인민위원회 재정에서 지급되고, 기타 간부의 급여는 촌의 기금에서 지급되고 있다. 또한 촌(thon)의 기능은 과거보다 더 자율적이어서 과거 싸(xa)에 보고하여야 했던 문제들도 촌내에서 자체적으로 해결하도록 바뀌었다.

다른 지역의 사례에서도, 경제개혁으로 인한 지방권력구조의 변화는 당 및 사회단체의 역할이 축소되고 행정조직의 역할이 점점 더 중시되는 방향으로 나타나고 있음을 보여준다(Liljeström et. al., 1998, 167). 그럼에도 불구하고 전반적으로 당 간부들이 행정조직의 주요 직위를 겸직하여 통치하고 있어서 형식적으로는 지방정치의 근본적 구조는 그대로 유지되고 있다. 이상의 논의에서 베트남의 농촌사회가 경제적으로 큰 변화를 겪으면서 정치적으로 미약한 변화를 나타내고 있음을 보았다. 현재 농업개혁정책의 집행이 곧 지방에서 정치제도와 권력구조의 근본적 변동으로 나타나고 있지는 않지만, 농민의 자율성 증대, 행정조직의 역할 강화와 당 역할의 부분적 약화로 이어져 기존의 당-국가 지배체제의 변화에 영향을 미치고 있다.

보론

북부 농촌 마을에서 개혁과 변화

—꿰보 현(huyen Que Vo)의 사례

1. 꿰보 현의 일반사정

꿰보 현[1]은 하노이에서 동쪽으로 30km 정도 떨어진 지역으로 홍강 델타에 위치하고 있어서 베트남 북부 농촌사회의 특성을 잘 나타내줄 수 있는 곳이라 상정할 수 있다. 꿰보 현에 대한 정보는 현 인민의회 주석, 인민위원회 주석 및 산하 부서의 간부들, 싸(xa, 社)에 관한 정보는 꿰보 현 내 비엣훙 싸(xa Viet Hung) 및 봉라이 싸(xa Bong Lai)의 인민위원회 주석, 간부들 및 농민들과의 면담을 통하여 획득하였다.[2]

베트남의 지방행정조직은 일반적으로 성(tinh: 省), 현(huyen: 縣), 싸(xa: 社)의 계서체계로 구성되며, 최하급 행정단위는 싸이다([도표 1]). 이외에

1 꿰보 현의 사례는 1995년 8월 본 저자에 의해 수행된 현지조사 결과에 주로 근거한다. 저자는 1997년 1월 및 2001년 1월에도 이 지역을 다시 방문하여 추가로 정보를 수집하였다. 꿰보 현은 1995년 당시 하박 성(tinh Ha Bac)에 속해 있었으나, 하박 성이 1997년부터 박장 성(tinh Bac Giang)과 박닌 성(tinh Bac Ninh)으로 분성(分省)되어 박닌 성에 속하게 되었다.

2 본문에서 출처를 밝히지 않은 꿰보 현에 관련한 정보는 모두 현지 면담을 통하여 획득한 것이며, 정보제공자를 밝히지 않는다.

지방 소도시로 티싸(thi xa: 市社)와 티쩐(thi tran: 市鎭)이 있다. 싸는 그 산하에 촌(thon: 村), 쏨(xom), 응오(ngo) 등 촌락단위를 포함하고 있다(Phan Huy Le, 1991, No. 2, 50). 그러나 지역에 따라서 그 조직상 차이가 있다.[3]

[도표 1] 베트남의 지방행정조직

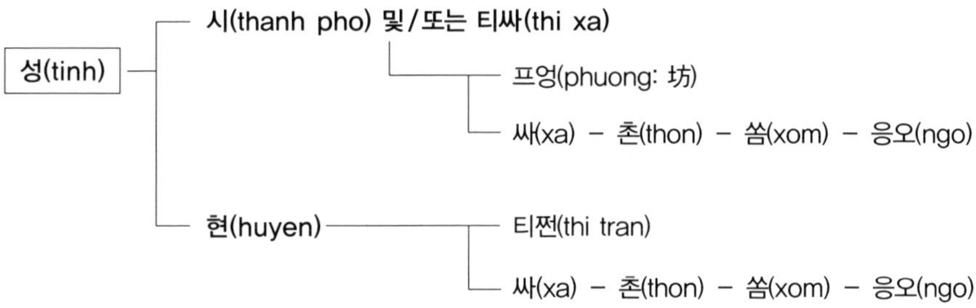

출처: *Danh muc cac Don vi Hanh chinh Viet Nam*에서 작성.

전통적으로 북부 베트남의 홍강 델타 지역에서 농촌의 기본단위인 마을은 '랑'(lang)이라고 불렸는데, '랑'은 촌과 동일한 지역을 지칭하는 경우가 가장 많고, 촌 이하의 쏨을 지칭하거나, 촌보다 상위의 행정단위인 싸를 지칭하기도 한다. 즉, '랑'은 자연촌을 기원으로 하고, 촌은 행정촌이라고 구분할 수 있을 것이다. 따라서 농민들 생활의 기본단위는 촌이라고 할 수 있다.[4] 집체농업 하에서 싸에 한 개의 합작사가 존재하던 시기에, 촌은 합작사 산하의 생산대로 편성되었다가, 개혁정책으로 집체농업체제가 해체됨에 따라 다시 부활하여 행정적 기능을 수행하고 있다. 한편, 현재 베트남의 지방행정조직에서 싸가 최하급 행정단위이긴 하지만, 현을

3 이처럼 베트남에서 각 지역별로 다른 조직체계를 가질 수 있었던 것은 전통적으로 지방의 독립성이 인정되고 있었다는 증거다.

4 현재 베트남에서 기층정권(chinh quyen co so)이라고 할 때도 촌급 정권을 지칭하고 있다.

중심으로 행정이 이루어지고 있다. 농촌에서 가장 중요한 문제인 토지배분을 비롯한 주요 정책이 현을 중심으로 이루어지고 있다. 토지사용권증명서(Giay chung nhan quyen su dung dat)도 현 인민위원회 위원장 명의로 발급되었다.

꿰보 현도 이상의 일반적 지방행정체계 하에 있다. 꿰보 현은 하노이에서 동쪽으로 약 30km 떨어진 박닌 성 남부에 위치하며, 홍강 델타[5] 내에서는 북부에 위치해 있다. 현 내에는 1개의 티쩐과 23개의 싸가 있다. 1999년 기준으로 현의 인구는 약 150,000명이고, 이 가운데 노동인구[6]는 약 63,000명이었다. 인구밀도는 km^2당 840명으로 인구압력이 높은 편이다. 현의 전체 토지 면적은 약 18,000ha인데, 그 가운데 경작지 면적은 10,000ha이다. 현의 경작지는 25,000명의 노동인구만으로 경작 가능한 규모이다. 따라서 38,000명은 잉여노동인구라고 볼 수 있으며, 이는 현 전체 인구의 60%가 불완전고용인구임을 나타내준다.[7] 현의 인구 중 95%는 농업에 종사하고, 5%의 인구만이 수공업이나 상업 또는 소규모 사업 등에 종사한다. 1인당 평균 연간 쌀 생산량은 1995년에 360kg으로, 일반적으로 1인당 연간 소비하는 250kg보다 훨씬 많아 식량은 풍족한

---

5 1997년 이전 행정조직을 기준으로 하여, 홍강 델타는 베트남 북부 홍강을 중심으로 하노이(Ha Noi) 및 하이퐁(Hai Phong) 시, 하떠이(Ha Tay), 하이흥(Hai Hung), 타이빈(Thai Binh), 남하(Nam Ha), 닌빈(Ninh Binh) 성(省), 그리고 꿰보 현을 비롯한 하박(Ha Bac) 성의 11개 현과 꽝닌(Quang Ninh) 성의 4개 현, 빈푸(Vinh Phu)성의 6개 현을 포함하고 있다. 이에 관하여는, Le Du Phong 1995; MISTE 1995, 6 참조. 그러나 정부의 통계에서는 상기 하노이, 하이퐁, 하떠이, 하이흥, 타이빈, 남하, 닌빈을 홍강 델타 지역에 포함시키고 있으며, 꿰보 현이 속한 하박 성은 북부 산악 및 내륙지역에 포함시키고 있다(Tong cuc Thong ke, 각 연도).

6 베트남에서 노동인구는, 남자 16세 이상 60세 이하인 자, 여자 16세 이상 55세 이하인 자를 지칭한다.

7 일반적으로 베트남의 불완전고용(underemployment) 인구는 노동인구의 30%로 추정되고 있으나, 실제로는 꿰보 현의 경우와 같이 과반수가 이에 해당한다고 추산된다.

편이다.[8] 벼로 환산한 1인당 평균 연간 식량생산량은 1998년 483kg, 1999년 505kg으로 증가하였다. 그러나 기타 소득원이 거의 없어, 꿰보 현의 1인당 GDP는 1995년 미화 약 200달러로 전국 평균 약 250달러에 미치지 못하였고, 2000년에는 미화 약 350달러로 전국 평균 미화 약 400달러보다 약간 적었다. 전체적으로 볼 때 꿰보 현의 경제사정은 곤궁한 편은 아니나, 전국 평균에 약간 미달하는 정도이다.

2. 농업집체화

1) 합작사 조직의 역사

꿰보 현에서 합작사 조직의 역사는 1957년 노동교환조의 결성으로부터 시작된다. 1960년에는 촌별로 합작사가 설립되어 생산 및 분배기능을 수행하게 되었고, 1961년에 2, 3개의 촌이 결합해 하나의 합작사, 즉 연촌합작사(Hop tac xa lien thon: 聯村合作社)가 설립되었다. 이어서 1977년에는 싸별로 단일의 합작사가 조직되었는데 이를 전사합작사(全社合作社) 또는 합일합작사(Hop tac xa hop nhat: 合一合作社)라고 하였다.[9] 1984년 이후에는 전사합작사가 나뉘어 촌별로 재조직되었고, 촌 규모의 합작사가 오늘에 이르고 있다.

농업생산합작사 이외에도 꿰보 현에는 과거에 수공업합작사(Hop tac xa

---

8 정부의 통계에서는 벼로 평가한 식량의 양 300kg을 빈곤의 기준선으로 삼는다. 특정 농산품을 벼로 환산하는 방법은 특정 농산품에 일정한 비율을 곱하여 계산한다. 예를 들어 감자를 쌀로 환산하자면 감자의 양에 60%를 곱하면 된다.

9 전사합작사로의 통합정책은 당에서 1960년대에 이미 결정한 사항이었지만, 실제 집행이 1977년에야 이루어졌다는 것은 통일 이전 북부에서의 농업집체화 과정도 순조롭게 진행된 것이 아니었음을 나타내준다.

thu cong)가 있었으며, 각 싸마다 신용합작사(Hop tac xa tin dung: 信用合作社)와 매매합작사(Hop tac xa mua ban: 賣買合作社)가 있었다. 이들은 대체로 1960년에 설립되어 1990년 무렵까지 존재하였지만, 그 역할이 크지는 않았다고 한다.

2) 합작사의 조직과 기능

전사합작사를 중심으로 꿰보 현 비엣훙 싸의 과거 합작사 조직과 기능을 살펴보면 다음과 같다([도표 2]). 합작사는 최상위에 사원대회(Dai hoi xa vien: 社員大會)를 두고 있었다. 그 구성원은 합작사 가입 농가의 노동인구로 되어 있지만, 실제로는 16세 이상 모든 사원이 여기에 포함되었다. 사원대회에서는 임기 1년의 관리위원회(Ban quan tri)와 감사위원회(Ban kiem soat)의 구성원을 선출하였다. 관리위원회는 주임 1명, 부주임 2명, 위원 4명 및 계획반과 재무반으로 구성되며, 위원장 1명, 위원 2명으로 구성되는 감사위원회가 관리위원회의 합작사 운영을 감독하였다. 주임은 관리위원회 산하에 계획반(Ban ke hoach)과 재무반(Ban tai vu)의 간부들을 임명하였는데, 계획반은 반장(부주임 겸직) 1명, 위원 2명으로, 재무반은 반장(부주임 겸직) 1명, 회계장(ke toan truong) 1명, 회계(pho ke toan) 2명, 출납(thu quy) 1명, 창고관리(thu kho) 1명으로 구성되었다.

또한 생산조직으로 각 생산대(Doi san xuat 또는 Doi co ban)와 전문대(Doi chuyen)를 두었다. 각 생산대는 대장(doi truong) 1명과 회계를 담당하는 부대장(doi pho)이 지휘하여, 일반적 농경작업을 수행하였다. 전문대는 노동인구 중 약 10%의 인원이 소속되어, 관개사업, 농작물보호, 비료공급, 수공업 등 특수작업에 따라 나뉘어 조직되었다. 비엣훙 싸의 경우 합작사 산하에 29개의 생산대가 있었고, 한 생산대는 약 50 내지 60호의 농가를 포함하고 있었다.

[도표 2] 과거 싸(xa)급 합작사 조직

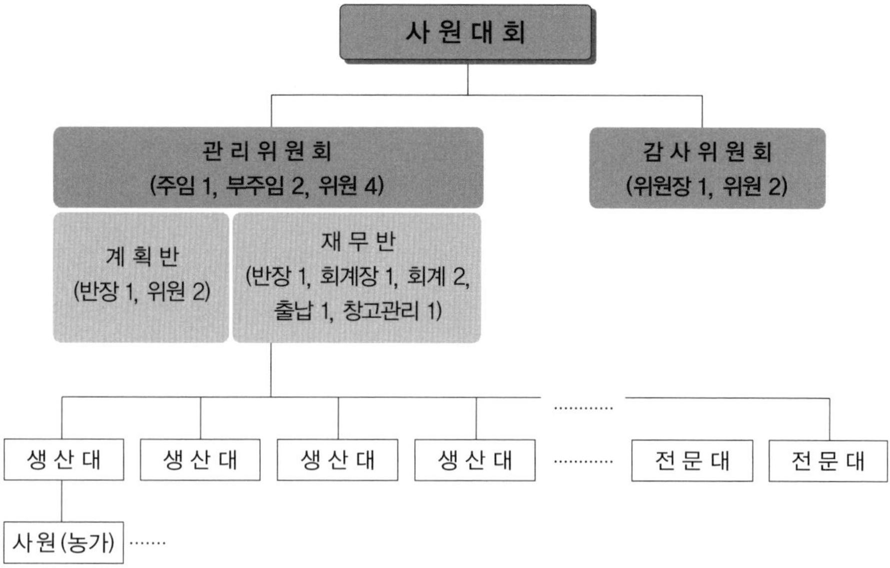

합작사의 최고 의사결정기관은 사원대회지만, 실제로는 관리위원회에 의해 운영되며 관리위원회가 합작사 운영에 관하여 현의 관련기관에 대해 직접 책임지고 있었다. 행정기능은 일반적으로 싸 인민위원회에 속하였지만, 합작사는 사원 자녀의 취학, 물자 운송에 대한 허용과 증명서 발급 등 일부 행정적 기능을 수행하기도 하였다.

합작사 체제 하 생산방식은 '3계약제'(ba khoan)에 의해 수행되었다. 이 방식은 경작시기 개시 이전에 합작사와 하부 단위인 생산대와의 사이에 세 가지 항목, 즉 노동점수(cong diem), 생산비(chi phi san xuat), 생산량(san luong)에 대하여 계약을 체결하고, 생산대는 생산대장의 지휘하에 농경작업을 수행하여 수확 후 계약량의 생산물을 합작사에 납부하는 것이었다.

3. 농업개혁정책의 집행 과정

1980년대에 중앙정부의 개혁정책에 따라 꿰보 현에서도 토지가 배분되었다. 토지배분은 성 인민위원회의 지침에 따라 현 인민위원회가 배분방법을 결정하고 싸 인민위원회가 토지 및 인구현황을 조사한 후 싸별로 이루어졌다.

꿰보 현 산하 비엣홍 싸에서는 1981년 이래 합작사가 농가에게 토지를 배분하고 매 수확기별로 계약을 체결하였다. 남자 18~60세, 여자 18~55세의 범위 내에 있는 사람들에게는 노동인구당 2싸오(sao)(720m²)의 토지를 배분하고, 18세 미만이거나 60세(여자는 55세)를 초과하는 자에게는 2명당 노동인구 1명으로 계산하여 배분하였다. 이후 토지배분은 점차 확대되었고, 1989년 7월에 제1차 배분이 완결되었다. 토지배분이 지체된 것은 토지에 대한 조사 및 경작주기를 중단할 수 없었던 데에 기인한다. 이와 더불어 토지배분을 둘러싼 갈등으로 인해 분배시기가 늦춰지기도 하였다. 배분된 토지는 1988년 제10호 결의 이후 재조정되었고, 1992년에는 군이나 정부기관에서 퇴임한 자를 대상으로 제2차 토지배분이 있었다. 이때 배분된 토지는 전체 경작지의 1/3이었다. 1993년에 새로운 토지법이 발효됨에 따라 농민은 20년간 토지사용권을 가지게 되었고, 현 인민위원회는 1994년부터 토지사용권증명서를 발급하기 시작하여 1995년에 완료하였다. 1993년 새로운 토지법 시행과 함께 각 농가가 보유하는 토지는 거의 변경되지 않고 유지되고 있다.

농가는 여러 곳에 산재한 토지조각(plot)을 보유하고 있다. 홍강 델타 지역에서 농가당 10개 전후의 토지조각을 가지고 있는 게 일반적이다. 비엣홍 싸에서 면담한 농민들은 13개 내지 20개의 토지조각을 보유하였으며, 인근 봉라이 싸에서 면담자는 6개를 보유하고 있었다. 토지를 여러 곳에 보유하게 된 것은 비옥도에 따른 구분과 함께 농민 간에 토지배분을 둘러싸고 분쟁의 소지를 줄이기 위한 방편이었다.

토지 이외 생산수단의 배분, 예를 들어 농작업의 중요 수단인 물소는 노동인구 5명당 한 마리씩 배분되었고, 한 가구의 인원이 적을 경우에는 이웃 가구와 공동으로 소유하도록 하였다. 이로써 보통 셋 내지 다섯 가구가 한 마리의 물소를 보유하게 되었다.

4. 농업개혁정책의 정치경제적 효과

1) 농업생산조직의 변화

꿰보 현에서는 1984년 이후 전사합작사가 작은 규모로 나뉘어 촌별로 하나씩 촌합작사로 재조직되어 유지되고 있지만, 1988년 제10호 결의 이후 그 구조와 기능이 변하였다. 그 중 가장 중요한 변화는 생산대가 해체되고 개별 농가가 독자적인 계획 하에 생산, 유통 및 분배를 담당하게 된 것이다.

현재 합작사는 최상위에 사원대회를 두고 있고, 여기에서 2년 임기의 관리위원회를 선출한다. 관리위원회는 주임 1명, 부주임 1명, 위원 3명으로 구성된다. 주임은 합작사 전체를 총괄하는 동시에 재무를 담당하고, 부주임은 생산계획, 관개를 담당하며, 위원은 회계 1명, 창고담당 1명, 출납(thu quy) 1명으로 구성된다([도표 3]). 동일한 싸 내에서도 합작사 조직은 약간의 차이를 나타내고 있는데, 예로써 비엣홍 싸에는 싸 내에 촌별로 합작사가 존재하는데, 싸 산하 응이엠싸(Nghiem Xa) 촌 합작사에는 주임 1명, 부주임 1명, 회계 1명이 있는 반면, 루아(Lua) 촌 합작사에는 주임 1명, 부주임 2명, 출납(thu quy)과 창고관리(thu kho)를 겸직하는 인원 1명,

쏨장(xom truong) 4명이 포함되어 있다. 또한 일부 싸에서 합작사의 존재 여부는 불확실하다. 예로써 1995년 봉라이 싸에서 면담에 응했던 간부들 간에 합작사의 존재 여부에 관한 답변이 일치하지 않았는데, 이는 합작사가 이미 폐기되었거나 존재하더라도 유명무실하게 되어 그 기능을 수행하고 있지 못함을 암시해준다.

[도표 3] 현재 촌(thon)급 합작사 조직

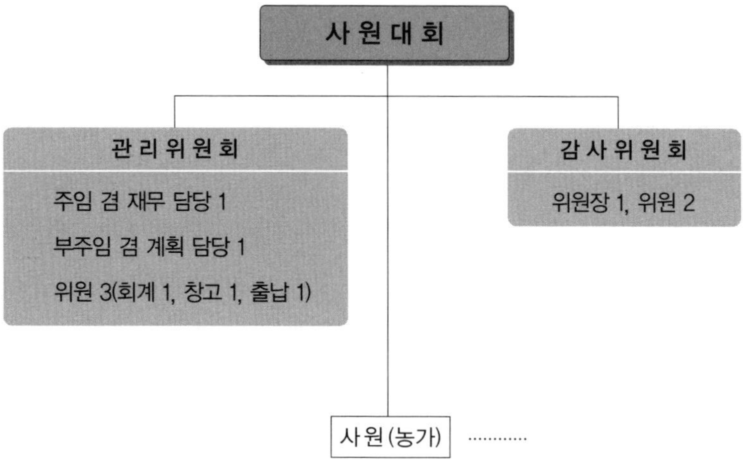

2) 지방통치구조와 지배 메커니즘

꿰보 현에서 지방의회인 현 인민의회는 5년 임기의 약 30명의 대표로 구성되며, 지방행정기관인 현 인민위원회는 주석 1명, 부주석 2명 및 위원 9명으로 구성되고, 산하에 기능별로 각 실을 두고 있다. 산하 비엣훙 싸 인민의회는 주석과 부주석 각 1명 및 의원 22명으로 구성되어 있다. 한 명의 의원은 100가구 이상을 대표하며, 그 임기는 5년이다. 싸 인민위원회는 주석과 부주석 각 1명, 위원 5명으로 구성된다. 촌은 촌장(truong thon) 및 위원 3명으로 구성되는 집행위원회(Ban dieu hanh)가 행정적 역할을 수행한다. 예로써 비엣홍 싸 산하 응이엠싸(Nghiem Xa) 촌은 촌 조직이 1993년에 복구되었는데, 그 이전에는 합작사의 생산대 산하 조장회의(Hoi dong to truong: 농업생산조장회의)가 촌의 행정적 역할을 수행하였다.

꿰보 현에서 현 당위원회(Dang uy cap huyen) 비서는 현 인민의회 주석을 겸직하고, 현 당위원회 부비서는 현 인민위원회 주석을 겸직한다. 또한, 싸 당위원회 비서는 싸 인민의회 주석을 겸직하며, 싸 당위원회 부비서는 싸 인민위원회 주석을 겸직한다.[10] 과거 합작사에 대한 당의 통제도 당 간부의 합작사 간부 겸직을 통하여 수행되었다. 예로써, 1977년 꿰보 현, 비엣홍 싸에서 전사합작사를 설립할 당시, 합작사 주임 및 부주임 한 명은 싸 당위원회 집행위원회 위원이 겸직하였고, 합작사 감사위원회 위원장은 싸 당위원회 비서가 겸직하였다. 1980년 조직에서도, 합작사 주임은 싸 당위원회 서열 3위인 자가 겸직하였고, 부주임 중 한 명은 싸 당위원회 집행위원회 위원이 겸직하였으며, 합작사 감사위원회 위원장은 싸 당위원회 비서가 겸직하였다(*Lich su Xa Viet Hung*, 146~147, 155~158).

경제개혁의 진전에 따라 지방에서도 행정관료들의 역할이 증대하고 있다. 꿰보 현의 경우, 본 저자가 방문한 1995년 당시 당 서열 1위인 당위원회 비서 겸 인민의회 주석과 당 서열 2위인 당 부비서 겸 인민위원회 주석 가운데, 인민위원회 주석이 더 활동적이었다. 이후 현 인민의회 주석은 퇴임한 반면, 현 인민위원회 주석은 상급 행정단위인 박닌 성 인민위원회 경제국장으로 승진하였다. 이는 현재에도 당 서열이 곧 실제 권력이라는 사회주의 국가의 특성을 지닌 지방통치구조가 그대로 유지되고 있으나, 그 내용은 변하고 있음을 나타내준다.

---

10 이러한 사례는 여러 문헌에서 제시되고 있는데, 예로써 홍강 델타의 타이빈 성, 동홍 현, 응우옌싸 싸의 경우에도 인민위원회 주석은 당 부비서가 겸직하였다(Diep Dinh Hoa et. al., 1993, 66).

제5장

국영기업 개혁

1. 국영기업의 현상과 문제

베트남에서 당면한 주요 경제문제 가운데 하나는 2008년 말 기준 약 3,000개인 국영기업에 대한 처리문제다. 국유경제부문은 대략 국내총생산(GDP)의 40%, 수출액의 50%, 국가재정수입의 40%를 담당하고 있어 여전히 베트남 경제의 주요 부문이다. 2006년에 국영기업은 국가고정자산의 75%, 국가투자의 50%, 국영상업은행 여신의 60%, 해외차입 자본의 70% 이상을 차지하였다(Vu Quoc Tuan, 2008, 150).

국유경제부문을 유지하는 데 있어 국영기업의 역할이 핵심적임에도 불구하고 그 경영효율은 낮아 1/3 이상의 기업이 적자를 내고 있다고 알려져 있다. 국영기업 중 이익을 내고 있는 기업은 2003년 말에 77%였으나, 이 가운데 상업은행 여신금리 이상의 수익률을 내고 있는 기업은 40% 정도에 불과하였다. 기업 규모도 작아, 2004년에 자본규모가 50억 베트남동(dong)(US$ 32만) 이하인 기업이 47%이고, 고용인 500명 이하 기업이 80% 이상을 차지하였다(Le Hong Hanh, 2004, 106~107). 2007년 말 기준으로는 고용인 500명 이하 국영기업이 33%, 1천 명 이하 국영기업이 79%였다. 고용인구에 있어, 국영기업 전체 고용인원은 170만 명으로 전체 노동력의 4~5%를 점하고, 베트남 전체에서 1년간 새로이 노동시장에 진입하는 1백만 명의 1.7배에 불과한 데도 불구하고 과잉 고용되어 있었다(Vu Quoc Tuan & Nguyen Dinh Cung, 2003, 8~9; World Bank, 2002, 22~23). 국영기업은 동일 자본규모의 사유기업에 비해 2~3배나 되는 인원을 고용하고 있고, 외국기업과의 합작기업과 비교하면 10배의 인원을 고용하는 경우도 있다(Vu Quoc Tuan, 2008, 156). 이러한 상황에서 국영기업은 '주관기관'(co quan chu quan)[1]의 행정적 간섭과 국영기업 경영진의 무책임으로 인하여 여전히 효율적 경영을 하지 못하고 있으며,[2] 경영진은 상부 행정기관과의 관계를 중시하고 복종적이다. 이렇게 베트남에서 비효율적이나 여전히 존속하고 있는 국영기업의 현상은 "죽었으나 묻을 수 없는"(chet ma khong duoc chon) 상황으로 묘사된다(Vu Quoc Tuan, 2008, 154~157).

개혁사회주의 국가에서 국영기업 개혁은 산업화를 추구하는 데 관건이지만, 다른 한편으로 체제성격의 변화와 관련하여 가장 민감한 영역이기도 하다. 베트남에서도 국영기업 개혁은 경제 전체의 건전한 발전을 위하여 신속히 추진되어야 하지만, 급격한 전환이 가져올 경제적 혼란, 국유경제부문이 전체 경제의 주도적 부분이 되어 사회주의체제를 유지하여야 한다는 보수적 주장들과 결부되어 복잡한 양상을 나타내고 있다. 베트남 정책결정자들은 국유부문이 다부문 경제체제(multi-sector economy)[3] 하에

---

1 주관기관은 국영기업이 소속된 중앙정부 부처 또는 지방 성/중앙직속시 인민위원회 관련부서를 지칭한다. 주관기관이 중앙부처일 경우, 주관부(bo chu quan)라고 한다.

2 베트남 국영기업의 비효율성을 예로 들면, 삼성 21인치 TV 판매가격이 1999년에 360만 동에서 2004년에 260만 동으로 하락하였는데, 베트남 기업은 같은 종류의 TV를 280만 동의 비용을 들여 생산하여 250만 동에 판매하였다(Party Calls for~).

3 베트남에서는 이를 공식적으로 '다성분경제'(Kinh te Nhieu thanh phan)라고 표현하며, 이에

서 전체 경제의 선도적 역할을 수행해야 한다는 전제하에서, 국영기업 개혁을 통하여 활력을 찾아야 한다고 보고 있다. 국영기업 개혁의 방향은 대형 국영기업을 중심으로 한국의 재벌과 유사한 형태인 '총공사'(Tong cong ty) 또는 '경제집단'(Tap doan kinh te)을 형성하고, 국가가 전부 소유할 필요가 없는 기업은 '주식회사화'(Co phan hoa: equitization)하거나 매각·청부(위탁경영)·양도·임대·해체 등의 방법으로 처분하여 소유권을 다양화하는 등 구조조정하는 것이다. 국영기업 또는 정부가 일부 지분을 가지는 기업의 운영에 있어서도 소유와 경영을 분리하고 경영관리위원회에 경영자주권과 소유주대표권을 부여하며, 정부부처와 기업 간의 권한과 책임을 명료히 한다는 것이다. 이를 통하여 국영기업을 생산과 경영에 있어서 완전한 책임을 가지는 효율성과 경쟁력 있는 기업으로 전환시키고자 한다. 이러한 목표에도 불구하고 국영기업의 구조조정은 정부의 의도대로 전개되고 있지 않다. 1992년 이래 지금까지 약 4,500개의 국영기업이 전환하였고, 그 가운데 주식회사화로 전환한 기업은 약 3,000개이나, 급속한 전환을 추구하는 정부의 목표에는 도달하지 못하고 있다. 행정기관과 국영기업간의 지배-종속 관계도 완화되기는 했지만 여전히 지속되고 있다.

는 국유경제, 집체경제, 국가자본경제, 개인/소(小)소유자경제, 사유경제, 외국투자경제 등 6개 부문이 포함된다(DCSVN, 2001a, 96~99).

2. 사회주의 기업의 운영방식과 문제점

1) 국영기업의 운영방식

베트남에서 국영기업은 독립 후 과거 프랑스 식민지배 시기의 프랑스 기업을 접수하여 국유화한 기업들과 1960년대 초반 이래 소련을 비롯한 사회주의 국가들의 원조에 의해 설립된 기업들로 구성되었다(竹內郁雄, 1994, 69~70). 여기에 1975년 통일 이후 남부에서 이른바 X1, X2 캠페인을 통하여 자본가들의 재산을 몰수하여 상공업의 사회주의적 개조를 단행하면서 접수한 기업들을 국유화하여 부가하였다.[4]

사회주의 경제체제 하에서 국영기업은 정부의 계획에 따라 생산물의 종류와 양을 결정하고, 원재료(inputs)를 공급받아 산품(products)을 생산한 후 정부에 공급해왔다. 이러한 과정은 정부와 기업의 지배－종속관계 하에서 수행되었고, 기업은 주관기관의 감독과 관리 하에 경영을 수행하였다. 주관기관은, 행정－경제에 관한 국가관리권, 국영기업에 대한 국가소유주대표권, 국영기업 경영관리권을 행사하는 주체로서 국영기업의 경영에 깊이 개입하고 있었다(Duong Quang Tung, 1997, 29).[5] 이로써 주관기관은 국영기업의 임무, 재정 확보, 인사관리 면에서 기업관리자로서 역할을 수행하였다(Dao Xuan Sam, 2008, 70). 사회주의 경제체제 하에서 주관기관, 즉 정부는 국영기업에게 9가지 지표를 하달하여 생산과 유통을 통제하였다. 정부가 국영기업에 하달하던 지표는, ① 총생산물가치, ② 생산품 수

4 통일 이후 남부 상공업부문의 사회주의화 과정에서 중대형 기업은 대부분 국유화되었으나 소규모 상업부문의 2/3는 여전히 사영상인들에 의해 운영되었다.

5 이후, 개혁 과정에서 국영기업에 대한 국가소유주대표권을 제외한 나머지 두 가지 권리를 기업관리기구, 즉 경영관리위원회에 이양하는 것이 바람직하다는 견해가 지배적이었다(Duong Quang Tung, 1997, 30). 소유주대표권은 조직, 인사, 경영방향, 생산임무에 대한 결정, 기업자산 관리에 대한 결정, 이윤의 분배와 사용에 관한 결정 등을 포함한다.

량, ③ 주요 과학기술지표, ④ 현물로 계산된 노동생산성, ⑤ 총급여, ⑥ 이윤과 국가재정부담액, ⑦ 국가의 기초투자액, 주요 공정 내역, 가동시간과 양, ⑧ 국가가 지급한 주요 물자와 설비, 주요 생산물에 대한 감가상각률, ⑨ 생산비 등이었다(이강우, 2003, 112).

2) 국영기업의 문제점

국영기업들은 국가재정에 중요한 역할을 수행하고 있으면서도, 정부의 관리 하에 있던 상황에서 양적 목표 달성 위주의 생산, 연성예산제약(soft budget constraints), 과잉노동력 등 사회주의경제의 비효율성을 나타내고 있다. 국영기업에서도 "[죽었을 때] 아무도 울지 않는 우리 모두의 아버지"(Cha chung khong ai khoc)라는 공유제의 문제점이 나타나고 있다. 즉, 어느 누구도 공유재산을 능동적으로 관리하고 증가시키려는 노력을 하지 않고 소홀히 취급한다는 것이다.

경영에 있어서 주관기관 메커니즘은 기업의 경영상 결정을 행정부서로부터 승인받아야 하였기에 예속과 수동적 행태를 낳았다. 따라서 국영기업은 정부 관료들에게 물질적 이득을 가져다주는 '뒷마당'(san sau)이며, 그들의 형제 · 자녀 · 친척들을 고용할 '유치원'(vuon tre)으로 기능하기도 한다(Vu Quoc Tuan, 2008, 155). 이와 함께 공공자산에 대한 횡령, 부패, 권력 남용 등이 발생하였다(Dao Xuan Sam, 2008, 68~69). 국영기업의 관리자들은 시장 상황에 대처하여 기업을 경영하기에 충분한 능력을 갖추고 있지 않으며, 상부 행정기관과의 관계에 따라 승진하는 경우가 많아 경쟁력 있는 경영자를 유치할 수 없다(Vu Quoc Tuan, 2008, 156~157). 또한 국영기업은 정부로부터 토지와 금융에서 혜택을 받고 있고, 시장에서의 독점적 지위를 보장받고 있다. 이런 비효율적 경영상황 하에서 흑자를 내는 국영기업은 1/3 정도에 불과하였다.

3. 국영기업 개혁정책의 전개

1) 관리제도 개선과 경영자주권 확대

베트남은 1981년 국영기업에게 부분적 경영자주권을 허용하는 조치를 시작으로, 1987년 회계 및 계획 자주권을 부여하는 조치를 취하였고, 1989년 생산목표, 가격 책정, 보너스 지급, 기업 내 이윤 유보 결정 등에서 자주권을 부여하는 조치를 취함으로써 국영기업이 점차 자율적 경영을 수행할 수 있도록 하였다.

베트남 정부는 1970년대 말에 경제적 침체를 극복하기 위하여 시행한 '신경제정책'의 일환으로, 1981년 1월에 정부결정 제25호를 통하여 '3계획제'(Three Plan System)라는 국영기업에게 부분적 경영자주권을 허용하는 조치를 취하였다. '3계획제'는 ① 정부가 교부하고 기업이 목표치의 달성에 의무를 지는 제1계획, ② 각 기업 간 상호연계에 기초하여 제1계획이 담보할 수 없는 부문에 대해 생산하는 제2계획, ③ 기업 스스로 원료를 구입하여 생산하는 제3계획으로 이루어진다(Do Hoai Nam & Dang Phong, 2009, 61~62). 제1계획에 따라 정부가 원재료(inputs)의 공급을 보장하는 부분은 생산물 가격 및 정부수매가격에 대하여 정부가 결정하고, 제2계획에 따라 기업이 스스로 원재료를 조달하여 생산한 제품은 원재료 구입가격을 거래상대기업과의 협의가격으로 정하여 이를 산품 가격에 반영하며,[6] 제3계획에 따라 기업이 독자적으로 생산한 산품은 시장가격으로 판매할 수 있다는 것이다(木村哲三郎, 1996, 129; Fforde & de Vylder, 1996, 138~140).

6 정부는 국영기업에 보급한 원료로 계획량을 달성하기 어려울 경우 그 부족분을 정부가 정한 관리가격보다 높은 협의가격으로 시장에서 구입하는 것을 허용하고, 그 증가분을 생산비에 포함시키는 것을 인정하였다(竹内郁雄, 1994, 78).

이후 정부는 1987년 11월에 각료회의(정부) 결정 제217호로 정부통제 품목을 생산하는 기업 이외 국영기업에게는 회계 및 계획 자주권을 부여하여, 이전에 정부가 하달하던 9개 지표를 생산액 · 생산량 · 정부재정부담액 등 3개로 축소하였다. 1989년 12월에 각료회의 결정 제195호로는 국영기업에게 생산목표, 가격 책정, 보너스 지급, 기업 내 이윤 유보 결정 등에서 경영자주권을 부여하고, 사실상 정부재정부담액 지표만을 두게 되었다(竹內郁雄, 1994, 81~82). 또한 원재료는 기업이 자체적으로 시장에서 조달하도록 하여 자유화하였다. 이와 동시에 정부는 생산 및 유통에서 통제품목의 수를 축소하는 작업을 병행하였다. 제217호 결정 이전에 각료회의 통제품목은 98개, 통제원료는 95개였고, 각료회의가 국가계획위원회에 관할을 위임한 통제품목과 원료는 각각 230개, 75개였다. 각료회의는 1988년에 통제품목을 40여 개, 1989년에는 16개로 축소하였고, 국가계획위원회는 관할하는 통제품목 및 통제원료를 각각 67개, 37개로 축소하였다. 1990년 각료회의 통제품목은 6개(원유 · 전력 · 시멘트 · 석탄 · 주석 · 커피), 통제원료는 8개(석유 · 철강재 · 비료 · 고무 · 전력 · 시멘트 · 석탄 · 다이너마이트)로 되었다. 이후에도 정부는 그 수를 1991년에 각각 4개(원유 · 전력 · 시멘트 · 철강), 3개(석유 · 철강재 · 비료), 1992년에 각각 1개(전력), 3개로 감축하였다(竹內郁雄, 1994, 85~86). 1990년 이후에는 정부가 국영기업에 제공하던 직접 보조를 축소하여 기업이 직접 자금을 조달하도록 하였고, 공산권과의 교역에 있어서도 시장에 의거한 거래로 전환하였다.

그러나 국영기업에 대한 행정적 통제 메커니즘으로 작용한 주관기관제도가 여전히 시행되어 행정기관의 간섭 하에 국영기업 경영이 이루어지고 있어 기업의 자율권은 제한적이었다. 이에 대한 개혁의 주장이 본격적으로 제기된 것은 1994년 1월에 개최된 당 전국대표회의에서였다.

2) 국영기업 재편

베트남의 국영기업 수는 1991년에 12,084개였는데, 이 가운데 중앙정부 소속 기업은 1,695개, 지방행정기관 소속 기업은 10,389개였다. 국영부문은 1986~1990년간 GDP의 33%를 생산하고 국가재정수입의 60%를 부담하고 있었다. 그러나 1991년에 국영기업의 40%는 손익분기점에 근접한 기업들이었고, 30%는 적자, 30%는 흑자를 내고 있었다(Nguyen Dinh Tai, 1996, 42~43). 경제개혁의 추진으로 기업들이 점차 시장경제에 익숙해져갔으나, 기존의 국영기업에 대한 정부의 행정적 관리라는 틀 내에서는 획기적인 경영효율화를 기할 수 없었기에, 많은 국영기업들이 적자상태에 있었다. 동시에 1980년대 말 소련 및 동유럽 사회주의권 국가들의 몰락으로 원조가 중단되고 소비시장을 상실하게 됨에 따라 베트남은 기업의 경제적 효율성을 강화하여야 할 상황에 처하였다.

정부는 계속 적자를 내는 기업을 청산하고 경영을 개선하기 위하여 1991년 11월 정부의정(議定) 제388호(Decree No.388/1991/ND-HDBT)로 모든 국영기업을 재등록하도록 조치하였다. 이로써 1993년 9월까지 5,377개 기업이 재등록하였고, 나머지 약 5,000개 기업 중 3,000개는 다른 기업에 합병되었으며 2,000개는 해체되었다(Nguyen Dinh Tai, 1996, 44; Phan Van Tiem, 1995, 12~13). 이들 해산된 기업 중 1/3은 중앙정부 소속이고, 2/3는 지방정부 소속이었다. 이로써 국영기업 수는 1991년에 12,084개에서 1994년 4월에 6,264개로 감소하였다. 그러나 이에 따른 국영기업의 노동자 수는, 182만 7천 명에서 174만 2천 명으로 5% 감소하였을 따름이다(Pham Quang Huan & Pham Tuan Anh, 2002, 34). 1990년대 초에 국영기업의 잉여노동력이 1/3 정도였다고 추산되는데, 국영기업의 재등록 조치가 이를 줄이는 데는 효과적이지 못하였다. 이는 해체된 기업의 대부분이 소규모 기업이었기 때문이다. 이 기업들의 자본은 전체 국영기업 자본의

4%에도 미치지 못하는 규모였고, 전체 국영기업 매출액의 5%를 차지하는 정도였다(Van Arkadie & Mallon, 2003, 126~127, 143).

3) 총공사 설립

① 설립과 현황

베트남 정부는 국영기업으로 하여금 규모의 대형화를 통하여 경영능력을 증진하고 국제시장에서 경쟁에 대처할 수 있도록 하고자, 1994년 3월에 수상결정 제90, 91호(Decision No.90 & No.91/1994/QD-TTg)로 몇 개의 국영기업을 한데 묶어 기업그룹으로 만드는 작업에 착수하였다. 이러한 시도는 일본이나 한국의 재벌이 경제성장 과정에서 주도적 역할을 하였다고 판단하여, 이를 벤치마킹하려는 것이었다(石田曉惠, 2009, 29).[7]

수상결정 제90호는 최소 5개 기업을 포함하고 자본규모 5천억 베트남 동(US$ 3,300만) 이상(또는 특별한 경우 1천억 동 이상)인 '총공사'(總公司, Tong cong ty: General Corporation) 설립을 규정하였고,[8] 수상결정 제91호는 최소 7개 기업을 포함하고 자본규모 1조 베트남 동(US$ 6,600만) 이상인 '경영집단'(Tap doan Kinh doanh)의 설립을 규정하였다. 이는 '총공사90', '총공사91'로 통칭된다. 총공사90은 중앙정부 장관 또는 성/중앙직속시 인민위원회 주석(위원장)의 승인에 따라 설립되며, 총공사91은 수상의 승인을 받도록 되어 있다. 따라서 총공사90의 주관기관은 소속 중앙부처 또는 지방정부(성 또는 중앙직속시 인민위원회)가 되고, 총공사91의 주관기관은 수상이

7 서울 주재 베트남 대사관의 한 외교관은, 보반끼엣(Vo Van Kiet) 베트남 수상이 1993년 5월 한국을 방문한 이후, 한국의 재벌을 본떠 베트남 대형 국영기업을 '총공사'화하도록 지시하였다고 한다(Nguyen과의 면담).

8 수상 결정 제90호는 특별한 경우 총공사를 5천억 동 이하로도 설립할 수 있으나 1천억 동 미만이어서는 안 된다고 규정하였다.

며 정부사무처(Van phong Chinh phu)가 관련 업무를 처리한다(Nam과의 이메일 교신).

총공사90과 총공사91은 1995년 말과 1996년 초 사이에 새롭게 설립되어 활동을 시작하였다(Lee Kang Woo, 2003, 95). 이들은 당초 각각 72개, 18개였으나, 2001년 2월말에 77개, 17개로 증가하였다가, 2002년 말에는 74개, 18개로 되었다(Pham Quang Huan & Pham Tuan Anh, 2002, 39; Ho Xuan Hung, 2004, 24). 총공사 소속기업은 독립회계기업 · 부속기업 · 합자기업 및 비영리 사업단위를 포함하고 있다. 2000년 초에 전체 총공사 소속 기업 수는 1,392개로 전 국영기업 수의 24%, 자본의 66%, 고용의 55%를 점하고 있었으나, 2001년 6월에는 소속기업 수 1,534개로 전 국영기업 수의 28%, 고용의 61%를 점하였다(Lee Kang Woo, 2003, 100~101). 이 가운데, 총공사91은 1999년 말에 평균 자본규모가 약 4조 베트남 동(US$ 2억 7천만), 평균 고용인 수는 약 35,000명이었고, 560개 기업을 포함하여, 전체 국영기업에서 기업 수 9%, 자본 56%, 고용 35%를 점하였으나(Pham Quang Huan & Pham Tuan Anh, 2002, 39), 2001년 6월에 616개 기업을 포함하여 자본 64%, 고용 35%를 점하였다가(Lee Kang Woo, 2003, 101), 2004년 초에 약 500개 기업을 소속 기업으로 두고 국영기업 전체 자본의 53%를 점하는 것으로 변하였다(Rohland, 2004, 24).

이후 일부 총공사는 해체 · 합병 · 분사(分社)되거나 '경제집단'(Tap doan Kinh te: Business Group)으로 전환하였다. 예컨대 2001~2006년 10월간 총공사 5개가 해체되고, 7개는 합병되었고, 주류/음료총공사는 하노이 주류/음료총공사와 사이공 주류/음료총공사로 분사되었으며, 7개 총공사는 경제집단으로 전환하였다. 또한 같은 기간에 17개 총공사가 새로 설립되었다(CIEM, 2007, 85). 이로써 2007년 말에 총공사90 84개, 총공사91 12개, 경제집단 8개가 존재하게 되었다(石田曉恵, 2009, 33). 총공사91과 경제집단의 면모는 [표 5-1]과 같다.

[표 5-1] 총공사91 소속기업 수 및 자본금

총공사	소속기업 수 (독립회계기업 및 부속기업)	합자기업 수	법정자본금 (10억 동)	경제집단으로 전환	법정자본금 변경 (10억 동) (기준 시기)
베트남전력총공사	31	-	19,332	전력집단	49,495 (2007.1)
베트남석탄총공사	37	4	824	석탄공업-광산집단	3,550 (2006.10)
베트남석유가스총공사	12	4	761	석유-가스집단	76,178 (2006.1)
베트남시멘트총공사	13	4	2,235		9,200 (2007.1)
베트남해운총공사	24	12	2,145		-
베트남항공총공사	18	6	1,043		5,783 (2006.8)
베트남우정통신총공사	76	6	4,740	우정통신집단	36,955 (2006.1)
베트남고무총공사	26	2	2,700	고무집단	-
베트남철강총공사	15	12	1,336		1,816 (2006.12)
베트남커피총공사	62	-	276		760 (2007.12)
베트남담배총공사	12	-	550		-
베트남제지총공사	16	-	1,028		1,046 (2004.12)
베트남방직총공사	48	2	1,186	방직집단	-
베트남북부식량총공사(VINAFOOD1)	29	2	194		-
베트남남부식량총공사(VINAFOOD2)	32	3	568		-
베트남화학물질총공사	44	14	-		3,568 (2006)
베트남선박공업총공사	22	4	204	선박공업집단	-
베트남보석/금총공사 (지위 상실)	11	-	12	(Vinashin)	-
베트남도로총공사	-	-	-		-
베트남국가자본투자경영총공사	-	-	5,000		15,000 (2007.11)
				바오비엣(Bao Viet) 재정보험집단	6,800 (2007.12)

주: - 통계 미비.

1. 총공사 산하에는 '사업단위'(Don vi Su nghiep)가 있는데, 이익을 내기 위한 기업이 아니어서 포함시키지 않았음.

2. 소속기업 수, 합자기업 수 및 법정자본금은 총공사 설립 당시의 수치임.

3. 변경된 법정자본금은 획득 가능한 정보만 제시함(石田曉惠, 2009, 34).

출처: Nguyen Manh Hung, 1996, 302~357; Van Arkadie & Mallon, 2003, 134; 石田曉惠, 2009, 34; CIEM, 2009, 89.

② 경제적 효과와 특징

베트남 정부는 주요 국영기업의 총공사화로 생산전문화와 규모의 경제를 추구하여 기업 경쟁력을 확보하려고 한다. 베트남 국영기업들은 시장경제 메커니즘의 확산과 세계적 경제통합의 환경 하에서 기업경쟁력을 높여야 하는 요구에 직면하고 있다. 규모가 작고, 기술 수준이 낙후한 단일 기업으로서는 이 경쟁에 대응할 수 없기에, 기업간 연계를 통하여 이를 극복하고자 한다. 더불어, 베트남이 사회주의 지향의 시장경제체제를 유지하는 한에서 국영기업의 선도적 역할을 강조해오고 있는데, 총공사가 이러한 기반이 되도록 하려는 것이다. 총공사는 베트남 경제에서 주요 산업부문을 점하고 있다. 2003년 기준으로, 총공사는 석유 100%, 석탄 98%, 전력 92%, 화학비료 90%, 기초화학물질 99%, 철도 수송 100%, 선박수송 90%, 항공수송 90%, 고무 69%, 시멘트 55% 등 국가 기간산업의 많은 부분을 점하고 있었다(CIEM, 2005, 80).

총공사화의 성과에 대하여는 상반된 견해가 존재한다. 먼저, 베트남측 연구자들은 총공사화가 경영에 있어 긍정적 효과를 나타냈다고 평가한다. 한 조사는 1995년 총공사 참여기업의 15%가 적자를 내고 있었으나 1998년에는 10%로 감소하였다고 하였다(Pham Quang Huan & Pham Tuan Anh, 2002, 39). 2003년 총공사91의 투자 자본에 대한 세전(稅前) 이윤율은 14.21%로, 국영기업 전체보다 3.45% 포인트 높았다고 한다(Le Hong Hanh, 2004, 118). 반면, 2001년에 총공사91 17개 가운데 12개가 적자 또는 손익분기점 상태였다는 보도가 있었던 것으로 보면, 일반적으로 총공사의 경영상태가 좋은 것은 아니라고 판단할 수 있다(Mekong Economics, 2002, 14).

한편으로 총공사의 자본규모가 그다지 크지 않다는 문제도 있다. 총공사91은 법정자본금이 1조 베트남 동 이상이어야 하나, 당초 18개 가운데 절반 정도만 이 규정에 부합하였고, 1조 동을 약간 넘는 규모의 자본을 가진 총공사도 여러 개 있었다. 또한 총공사90 중 5천억 동 이상의 자본을 가진 기업은 13%에 불과하였고, 1천억 동 이하인 기업도 35%나 되었으며 이 가운데 몇 개 기업의 자본규모는 500억 동 이하였다(Le Hong Hanh, 2004, 118~119).

근본적인 문제는 총공사 설립이 경제논리에 의해서가 아니라 행정부서 설치와 같은 방식으로 수행되었으며, 기업경영도 행정적 논리에 의해 영향을 받는다는 것이다(Vu Quoc Tuan, 2008, 155; CIEM, 2005, 81). 또한, 총공사 경영은 수상 또는 장관이 임명하는 위원으로 구성되는 경영관리위원회(Hoi dong Quan tri)[9]에 의해 수행되는데, 정부의 기업에 대한 지나친 간섭을 줄이고 합리적으로 기업이 운영될 수 있도록 한다는 당초 목표가 잘 실현되고 있지 못하다. 정부 주관기관은 기업의 주요 정책 결정, 투자계획, 경영관리위원회 인사들의 임면 등에 여전히 관여하고 있다. 총공사 소속 기업은 경영관리위원회의 일상적 간섭에 불만을 나타내고 있으며, 총공사가 단지 관료제의 한 층을 더 부가한 것에 불과하다고 불평한다. 소유주인 정부도 총공사에 대한 효과적 관리감독수단을 갖고 있지 못해 경영자들의 책임 소재가 불분명한 경우가 있고, 이에 따라 기업 자산의 낭비나 유출, 부패 등이 발생하고 있다(CIEM, 2005, 81). 또한 이익을 내는 기업은 비효율적 기업에게 수평적 지원을 해야 하고, 때로는 정부가 담당해야 하는 사회복지를 제공하도록 압력을 받는다고 불평한다(Van Arkadie

9 경영관리위원회는 총공사90의 경우 5명의 위원, 총공사91의 경우 7~9명의 위원으로 구성된다. 경영관리위원회는 총공사 내 국유자본을 관리하고, 기업의 경영방침과 전략을 결정하며, 산하에 경영위원회(Ban dieu hanh)를 두어 경영관리위원회의 결정을 집행하도록 하고 있다. 경영관리위원회는 경영위원회 구성원인 총감독(최고경영자), 부총감독, 회계장의 임명을 주관기관에 건의한다(Lee Kang Woo, 2003, 96~97).

& Mallon, 2003, 133). 또한 총공사 경영관리위원회는 독자적 자본을 가지고 있지 않고 소속 기업들이 자본을 가지고 있어, 자본을 통한 기업통제가 가능하지 않아, 소속기업들에 대한 통제는 기존의 행정적 통제에 의존하게 된다(石田曉恵, 2004, 58).

이상과 같은 총공사의 문제점과 더불어, 총공사화의 경제적 역할 또한 논쟁적이다. 총공사화에 반대하는 입장은, 총공사화가 국영기업의 독점적 지위를 강화하여 기업의 경쟁력을 약화시키며, 독점적 권력을 지닌 총공사가 경제의 개방과 개혁의 진전에 반대하는 압력단체로 작용할 수 있고, 적자기업에 대한 흑자기업의 지원이 결국 잠재적 비효율을 지속시킬 것이라고 본다(Van Arkadie & Mallon, 2003, 133). 시장에서는 총공사에게 독점적 지위를 줌으로써 경제적으로 경쟁력 있는 기업으로 전환할 기회를 갖지 못하게 한다는 문제도 있다(CIEM, 2005, 81). 즉, 기업규모의 대형화만이 아니라, 경영 메커니즘 자체의 수술이 시급하다는 것이다.

이런 문제점을 개선하기 위하여 베트남 정부는 총공사를 모기업-자기업 관계를 기반으로 모기업이 지주회사의 역할을 수행하도록 하는 체계로 개편하고자 시도하고 있다. 이 정책은 정부가 총공사 산하 국영기업을 다양한 소유형태의 기업으로 전환하여 국영기업 지분을 100% 보유하지 않으면서 동시에 총공사 산하 기업에 대한 통제를 지속하려는 것이다. 이 정책은 부분적으로 효과를 보고 있는데, 예컨대 총공사들은 2001년 말에 산하 기업 주식의 100%를 보유하였는데, 2006년 말에는 총공사90과 총공사91 기업들은 산하 기업 주식을 각각 38.7%, 57.8% 보유하는 것으로 변하였다(CIEM, 2007, 85~86).

4) 경제집단 형성

총공사를 비롯한 대형 국영기업의 전환에 따라, 기존의 순수 국영기업으로 구성되던 총공사 체제는 혼합소유기업을 구성원으로 하는 체제로 전환하게 되었다. 이에 따라 베트남 정부는 국가의 기간이 되는 총공사를 중심으로 '경제집단'(Tap doan Kinh te: Business Group)을 설립하는 작업에 착수하였다. 우정통신총공사가 2005년 최초로 경제집단으로의 전환을 승인받았으나, 그 집행 이전에 석탄공업총공사가 먼저 경제집단으로 전환하였다. 이후 석탄공업총공사는 광산공업총공사를 합병하여 석탄공업-광산집단이 되었다(CIEM, 2007, 88). 정부는 이후 전력총공사 · 우정통신총공사 · 석유가스총공사 · 시멘트총공사 등 4개 총공사91을 우선 전환 대상으로 하였고(Business Groups~),[10] 궁극적으로 18개 총공사91 전체를 경제집단화하려는 계획을 갖고 있었다(Government Plans~). [표 5-1]에서 보듯이 현재 베트남에는 총공사91로부터 전환한 경제집단 7개, 즉 전력집단 · 석탄공업-광산집단 · 석유-가스집단 · 우정통신집단 · 고무집단 · 방직집단 · 선박공업집단 및 바오비엣보험회사를 주식회사화하여 만든 바오비엣(Bao Viet)재정보험집단을 포함하여 총 8개의 경제집단이 설립되어 운영되고 있다. 이밖에도 일부 대형 국영기업이 경제집단으로 전환할 가능성이 있다.[11]

경제집단은 기존의 대형 국영기업을 모기업(cong ty me)으로 하여 산하

10 베트남 정부는 경제집단으로 전환할 기업의 선정에 고심한 듯하다. 2003년 말에는 베트남전력총공사, 베트남우정통신총공사, 베트남석유가스총공사, 베트남항공, 베트남해운총공사를 시험적 경제집단화 대상기업으로 고려하였다가(Government Plans~), 이후 베트남전력총공사, 베트남우정통신총공사, 베트남석유가스총공사, 베트남건설총공사를 대상 기업으로 하였다(CIEM, 2004, 112~113).

11 송다(Song Da)건설총공사, 조립기계총공사(Lilama), 하노이도시건설총공사 등은 수상으로부터 경제집단으로의 전환을 승인받았으며, 해운총공사, 철도총공사, 베트남담배총공사(Vinataba), 시멘트총공사, 베트남무역은행(Vietcom Bank), 베트남투자발전은행(BIDV), 베트남공상(工商)은행(Vietin Bank), 끄우롱(메콩)델타주택발전은행(MHB: Mekong Housing Bank) 등이 향후 발전하여 경제집단으로 전환할 가능성이 있다(CIEM, 2008, 69; CIEM, 2009, 86~87).

에 자기업(cong ty con)을 두고, 한국의 재벌처럼 모기업이 자기업의 주식을 소유하여 통제하는 형태로 만들어진다. 모기업은 자본규모가 비교적 큰 총공사91이 담당하게 되며, 자기업은 국유기업, 주식회사, 유한책임회사, 외국과의 합자회사 등 다양한 형태를 포함한다. 단지, 바오비엣재정보험집단의 모기업은 주식회사로 되어 있다(CIEM, 2009, 86). 이 프로젝트의 책임을 맡고 있는 중앙경제관리연구원(CIEM) 기업개혁 및 발전연구실 실장인 쩐띠엔끄엉(Tran Tien Cuong) 박사는, 이렇게 함으로써 과거 총공사와 소속기업 관계는 행정적 관계에서 비즈니스 관계로 전환하게 될 것이라고 한다(Vu Tin Quan, 2004, 35; Tran Tien Cuong과의 면담). 그러나 수상은 재정부 관할 하에 있는 바오비엣재정보험집단을 제외한 경제집단 7개와 총공사91 12개를 관리하므로(CIEM, 2009, 88~89), 이들 기업의 전환이 순수하게 비즈니스 관계로 될 것이라고 볼 수는 없다. 또한 이들 경제집단과 대형 총공사를 관리하는 정부부처 내 관리감독기구가 없어 정부의 관리가 효율적으로 이루어지기 어렵다는 문제도 있다(CIEM, 2009, 90). 법적으로는 2005년 기업법 및 기업법의 가이드라인을 제공하는 정부의정 제137호(Decree No.137/2007/ND-CP)가 그 적용 대상에 경제집단을 포함하고 있지 않아, 경제집단이 법적 지위를 갖고 있지 못하다는 문제도 있다(CIEM, 2008, 71).

베트남의 경제집단화는 유사한 기업을 묶어 대형화함으로써 상호 자산의 사용, 자본 투자, 경영 협력, 그리고 기술, 시장 및 브랜드 가치의 공유 등을 통해 시장에서 경쟁력을 갖게 하자는 데 목표를 두고 있다(CIEM, 2008, 68~69). 또한, 과거 대형 국영기업의 총공사 체제 하에서의 독점적 구조를 탈피하여 기업의 경쟁력을 높이고, 주식회사를 비롯한 다양한 소유구조를 가진 소속 기업들을 포함하여 이에 대한 영향력을 계속 행사하려는 의도도 보인다. 한국의 재벌에서 보는 바와 같이 기업의 지분을 절반 이하로 소유하더라도 타 주주들에 비해 상대적으로 많은 지분을 보유하고 있는 지배주주는 기업경영상 주요 결정에 대한 의결권을 주도적으로 행사하는 데 아무런 문제가 없다. 베트남 정부도 국영기업의 지분을 매각하고 절반 이하의 지분을 정부가 소유하더라도 상대적으로 타 주주에 비해 많은 비율의 지분을 보유하여, 전환한 기업에 대하여 계속 영향력을 행사하려는 전략을 취하고 있다고 판단된다. 즉, 이 방식은 베트남 정부가 100% 지분을 가지는 순수 국영기업을 소유하는 부담에서 벗어나 주식을 일부 소유하면서도 전환한 국영기업들을 계속 지배할 수 있는 "경제적" 방안인 셈이다.

5) 주식회사화

주식회사화(Co phan hoa : equitization)는 국영기업 주식의 일부를 정부가 소유하고 일부를 기업고용인 및 민간에 판매하여 국영기업을 부분적으로 사유화하는 것이다.[12] 베트남에서 국영기업의 주식회사화에 대한 논의는 1991년 6월 개최된 제7차 당대회 전후부터 본격적으로 제기되었다. 국영기업의 경영이 비효율적이고, 많은 수의 국영기업이 영세하여 시장경쟁에서 살아남을 수 없으므로, 경영효율을 높이고 투자재원을 확보하기 위해 국가전략적 분야 이외의 국영기업들을 주식회사화하는 방안이 제시되었다. 국영기업의 주식회사화 과정은 1992~1996년간 시험적 시행기와 1996년 이후 확대기로 나누어볼 수 있다.

12 한 베트남 학자는 국영기업의 주식회사화가 기업고용인, 개인 및 국내외 경제기관으로부터 다양한 자금을 동원하며, 자본투자자들이 기업의 주인이 되도록 하고, 기업경영에 대한 사회의 감독을 강화하는 데 주요한 목표를 두고 있어, 서구나 체제전환 국가에 일반적인 사유화와는 다르다고 한다(Vu Quoc Ngu, 2003, 328).

① 시험기

초기 국영기업의 주식회사화 방안은 1990년 5월 각료회의(정부) 결정(제143호)에서 국영기업의 새로운 관리모델로서 "시험적 주식회사화"를 언급한 이래(竹內郁雄, 1994, 108), 1991년 6월 제7차 당대회 결의, 1991년 12월말 시험적 주식회사화 방안에 대한 국회의 승인, 1992년 2월 각료회의 계획 및 동년 6월 수상 결정 제202호, "약간의 정부사업체의 시험적 주식회사화에 대한 결정"으로 시작되었다. 이 결정은, 이익을 내거나 장래 경영활동이 양호할 것으로 전망되는 중소형 규모의 기업을 중앙정부 부처 및 성/중앙직속시별로 한두 개씩 선택하여 시험적으로 주식회사화 하자는 것이었다(Quyet dinh so 202).

정부는 국영기업 개혁을 추진하기 위하여 1993년 3월에 '기업쇄신지도 중앙위원회'(Ban Chi dao Doi moi Doanh nghiep Trung uong)를 설치하였고, 자산평가 방법 등 기술적 가이드라인을 제공하기 위하여 1996년 8월 재정부 산하에 '국영기업 주식화 지도위원회'(Ban Chi dao Co phan hoa Doanh nghiep Nha nuoc)를 설치하였다가, 1998년에 이들을 '기업관리쇄신중앙위원회'(Ban Doi moi Quan ly Doanh nghiep Trung uong)로 통합하여 국영기업의 전환 과정을 총괄하도록 하였다(Tran Tien Cuong, 2002, 6). 이후 2002년 4월에 이를 '기업쇄신-발전지도위원회'(Ban chi dao Doi moi va Phat trien Doanh nghiep)로 개편하여 정부 사무처(Van phong Chinh phu) 산하에 두었다. 중앙정부 각 부처, 성/중앙직속시 인민위원회 또는 총공사91 산하에는 '기업쇄신-발전위원회'(Ban Doi moi Phat trien Doanh nghiep)를 두도록 하였다.

베트남 정부는 1992년에 7개 기업을 선정하여 주식회사화 실험을 하기로 결정하였으나, 이 가운데 한 곳만이 이에 응하였다. 1993년에는 7개 기업이 주식회사화를 신청하였으나 3개 기업이 처음으로 주식회사로 전환하였고, 1996년 초까지 주식회사화한 국영기업은 5개에 불과하였다 (Ho Xuan Hung, 2004, 23). 이렇게 실적이 미미하였던 것은 당초 주식회사화가 국영기업의 자발성에 기초하고 있었고 정부가 강제적으로 정책을 집행하지 않았기 때문이었다.

② 확대기

국영기업 주식회사화의 느린 진전에 대응하여 베트남 정부는 1996년 5월에 정부의정(議定) 제28호(Decree No.28/1996/ND-CP)를 공포하여, 이전에 기업의 자원에 의하여 추진하던 방식을 폐기하고 정부의 계획에 따라 추진하도록 하였다. 이로써 국영기업 주식회사화의 제2기가 시작되었다. 정부의정 제28호는 국가가 전 자본을 소유할 필요가 없는 중소 규모의 수익성 있는 국영기업을 주식회사화한다고 규정하였고, 주식 소유는 개인 5%, 기관 10%로 제한하였다. 기업고용인에게는 근무년한과 직무에 따라 주식을 지급하도록 하였는데, 이를 전매하지는 못하도록 하였다. 주식회사로 전환한 기업에 2년간 기업소득세 50% 감면, 기존의 자금 대출, 수출입 규정 등을 그대로 적용하는 등의 혜택을 부여하였다(Le Hong Hanh, 2004, 250~253; Tran Tien Cuong, 2002, 4~5). 정부는 1997년 말까지 150개의 국영기업을 주식회사화할 것을 목표로 세웠지만 주식회사화한 기업은 28개에 불과하였다(Tran Van Chu, 2003, 34).

이에 정부는 1998년 중반부터 다시 국영기업의 주식회사화를 강화하는 조치를 취하였다. 정부는 수상 지시를 통하여, 국영기업을 그대로 유지하거나, 부분적으로 이전하거나, 정리하는 기업으로 분류하였다. 1998년 6월에는 정부의정 제44호(Decree No.44/1998/ND-CP)로 1996년 정부의정 제28호를 대체하였다. 이 정부의정은 100억 베트남 동(US$ 67만)을 초과하는 자본 규모의 국영기업에 대한 주식회사화는 수상의 승인을 받아야 하나, 100억 동 이하의 자본을 가진 국영기업의 주식회사화는 장관, 성/중앙직속시 인민위원회 주석(위원장)이 결정할 수 있도록 규정하여, 주식회사화 집행을 보다 더 분권화하였다. 이 의정은 정부가 지배주주인 기업에서는 개인이 전체 주식의 5%, 기관이 10%까지 소유할 수 있고, 정부가 지배주주가 아닌 기업에서는 개인이 10%, 기관이 20%까지 소유할 수 있도록 하였으며, 완전 사유화하여 정부가 지분을 갖지 않는 기업에서는 그 한도를 두지 않았다. 국외 거주 베트남인 및 국내 거주 외국인도 주식을 매입할 수 있도록 하였는데, 그 한도에 대하여는 별도 규정이 없었다. 기업고용인에게는 고용년당 10주까지 30% 할인가격으로 주식을 살 수 있도록 하였고, 주식 매입 한도는 전체 주식의 20%로 하였다.[13] 외부투자자는 국내 및 외국투자자도 포함하였다. 주식회사로 전환한 기업에게는 기업등록세 면제, 향후 2년간 기업소득세 감면, 기존의 자금 대출, 수출입 규정 등을 그대로 적용하는 등의 혜택을 부여하였다. 이 조치는 기업고용인들에게 자신의 기업에 대한 소유권을 더 확보할 수 있도록 장려하고 기업에 혜택을 부여함으로써 주식회사화를 더 진전시킬 수 있었다. 그 결과 1999년 말에는 370개 국영기업이 주식회사로 전환하기에 이르렀다(Vu Quoc Ngu, 2003, 329). 이와 더불어, 수상은 1999년 8월에 '국영기업전환 · 주식화기금'(Quy Ho tro Sap xep va Co phan hoa Doanh nghiep Nha nuoc)을 설립하여 국영기업 전환 과정에서 노동자와 기업을 지원하도록 하였다.

이후, 2000~2001년 전반 기간에는 국영기업의 주식회사화 속도가 약간 지체되었는데, 2001년 9월에 공산당은 제9기 당중앙위 3차 회의를 열

13 주식회사로의 전환 과정에서 기업고용인에게는 우대금액으로 주식을 구입할 수 있도록 혜택을 주고 있으나, 특별히 허가를 받지 않는 한 구입한 주식을 3년간 매각할 수 없도록 하였다(World Bank, 2002, 22).

고, 국영기업 개혁을 다시 가속화하기 위하여 2005년까지 국영기업 중 국가가 100% 소유할 필요가 없는 기업의 주식회사화, 경영효율이 나쁜 기업의 통합 또는 해산, 주식회사화할 수 없고 국가가 소유권을 보유할 필요가 없는 소형 기업은 매각 · 청부(위탁경영) · 임대 · 양도 등의 방법으로 처분할 것을 결정하였다(DCSVN, 2001b, 9). 이어, 정부는 주식회사화를 가속화하기 위한 조치로 2002년 4월에 수상 결정을 채택하여, 국영기업으로 계속 유지할 기업과 전환하여야 할 기업을 보다 더 체계적으로 구분하였다(World Bank, 2002, 26).

베트남 정부는 2002년 6월에 정부의정 제64호(Decree No.64/2002/ND-CP)를 채택하여 1998년 정부의정 제44호를 대체하였다. 이 의정은, 과거 개인 5~10%, 기관 10~20%로 제한하였던 지분보유한도를 폐지하여 국내 투자자가 제한 없이 주식을 매입할 수 있도록 하였고 외국인 투자자에게는 그 한도를 30%로 정하였다. 기업 소속 경영인 또는 노동자들에게는 고용년당 10주까지 30% 할인가격으로 주식을 살 수 있도록 하였고 매입수량 제한을 폐지하였다. 해당 기업이 농림수산가공기업인 경우, 그 기업에 원료를 공급하는 '전략투자자'는 30% 할인가격으로 전체 주식의 10%까지 우대가격으로 주식을 구입할 수 있도록 하였다. 주식의 매각에 있어, 정부가 보유하고, 기업고용인 및 전략투자자가 매입한 후, 나머지 가운데 30% 이상의 주식을 외부투자자에게 매각하도록 하였다. 주식회사로 전환한 기업에게는 세금 감면, 기업등록세 면제 등 이전과 유사한 혜택을 부여하였다. 또한 정부의정 제64호는 자산 평가에 대한 더 상세한 규정을 두었고, 자산의 범위에 처음으로 토지사용권을 포함시켰다(Nghi dinh so 64).

2004년 1월 제9기 당중앙위 9차 회의 결의에 따라, 3월에 수상이 대형 국영기업에 대한 주식회사화를 추진하도록 지시하였고, 2004년 5월에 면저 베트남전자컴퓨터정보총공사, 베트남건설수출입총공사, 베트남상업건설총공사(VINACONEX), 베트남무역은행(Vietcom Bank), 끄우롱(메콩)델타주택발전은행 등의 주식회사화를 결정하였다(CIEM, 2005, 79). 정부는 2004년 3월 당시 국영기업 4,296개 가운데 2005년까지 2,791개를 전환하며, 이 가운데 2,053개를 주식회사화하려는 계획을 가지고 있었다. 이대로라면 2005년 말에 국영기업 수는 2,000개 미만으로 감소할 예정이었다. 특히, 이 지시는 대형 국영기업의 주식회사화에 박차를 가하도록 한 것이어서 국영기업의 전환에 큰 변화를 가져오리라 예상되었다(Nghiem Quy Hao, 2004, 10~14). 그 이후 정부는 전환계획을 수정하여 2005~2008년간 1,460개 국영기업을 전환하기로 하였고(Xuan Son, 2005, 23), 이 전환계획이 계획대로 수행된다면 2008년 말에 잔존하는 국영기업 수는 약 1,500개가 될 예정이었다.

정부는 2004년 11월에 정부의정 제187호(Decree No.187/2004/ND-CP)로 기존의 정부의정 제64호를 대체함으로써, 국영기업 전환 작업은 새로운 국면을 맞게 되었다. 그 특징은 다음과 같다(Nghi dinh so 187; Nguyen Van Thuong & Nguyen Ke Tuan, 2005, 106~107; Phillips Fox, 2004, 2~3).

첫째, 주식회사화 대상 기업을 보다 더 구체화하였다. 여기에는 기존의 국영기업 이외에 총공사, 국영상업은행, 국가재정금융기관 등이 명시되었다. 둘째, 주식회사화 정책 집행상 각 중앙부처, 성/중앙직속시 인민위원회 및 총공사 경영관리위원회의 책임을 강화하였는데, 주식회사화가 잘 수행되지 않는 경우, 해당 기관장이 이를 책임지도록 하였다. 셋째, 자산평가 방법을 정비하고, 자산평가 기관을 확대하였다. 기업의 자산평가 방법을, 당시 채택하고 있던 장부가격(book value)에 의한 순자산가치 평가 방법 또는 미래 기업 수익을 고려하여 현재 가치로 환산한 할인가치 평가 방법(discounted currency methods) 이외에 다른 방법도 채용할 수 있도록 하였다(권율 박사와의 전화 면담). 이전의 정부의정 제64호 하에서 기업의 자산평가는 '주식화기업가치확정회의'(Hoi dong Xac dinh Gia tri Doanh nghiep Co phan hoa)에서 주로 해왔으나, 향후 300억 베트남 동(US$ 190만) 이상의 자산을 가진 기업에서는 회계사, 증권회사, 국내외 투자은행 등 외부자산평가 기관이 행할 수 있도록 하였다. 300억 동 미만의 자산을 가진 기업은 기업 자체 또는 외부 자산평가 기관에서 평가할 수 있도록 하였다. 넷째, 주식판매 방식에서 우선판매 대상을 기업고용인, 전략투자자[14] 등으로 확대하였고, 고용인들의 주식 매입을 더 유리하게 하였다. 회사 고용인이 40% 할인된 우대가격으로 구입할 수 있는 주식 수를 근무년당 100주로 정하여,[15] 이전의 30% 할인가격보다 더 유리한 규정을 마련하였다. 국내 전략투자자에게는 20% 할인된 가격으로 전체 주식의 20% 한도까지 구입할 수 있도록 조정하여, 이전에 30% 할인가격으로 전체의 10% 한도까지 주식을 구입할 수 있던 규정을 수정하였다. 국내 투자자들이 주식 매입을 쉽게 할 수 있도록 하기 위하여, 국내 투자자가 매입할 수 있는 주식 비율의 제한을 철폐하였고, 기업외부 투자자에게 20% 이상의 주식을 판매하도록 규정하였다. 그러나 외국인 투자자에 대하여는 특별한 우대규정을 두지 않았으나, 2005년 10월 외국인 직접투자에 관한 새로운 정책에서 외국인 투자자가 베트남의 주식회사화한 국영기업의 주식을

14 정부의정 제187호 규정에 따르면 '전략투자자'(Nha dau tu Chien luoc)는, (1) 해당 기업에 원료를 공급하는 자, (2) 해당 기업의 상품을 장기간 구매하는 자, (3) 재정 및 관리능력을 가지고 있으며, 기업 경영의 장기간 전략적 이익과 깊은 연관을 가진 자를 지칭한다(Nghi dinh so 187; CIEM, 2005, 80). 한 베트남 경제학자는, '전략투자자'가 대형 국영기업이나 국영상업은행을 포함한다는 의견을 피력하였는데, 이는 상기 (3)에 해당하는 자라고 판단된다(Nam과의 이메일 교신).

15 정부의정 제64호는 주식의 액면가를 10만 베트남 동으로 규정하였으나, 정부의정 제187호는 이를 1만 동으로 규정하였다. 따라서 기업 고용인이 우대가격으로 구입할 수 있는 주식 수도 근무년당 10주에서 100주로 조정되었다(Phillips Fox, 2004, 2).

49%까지 소유할 수 있도록 수정하였다(Sjöholm, 2008, 69). 더불어, 주식매각 과정에서 경매 방식을 채용하고자, '주식경매위원회'(Ban Dau gia Co phan) 설치에 대한 규정을 두어, 10억 동(US$ 6만 3천) 미만 주식에 대하여는 기업 자체적으로 경매를 수행하고, 10억 동 이상 주식은 중개재정 기관을 통하여, 100억 동 이상 주식은 증권거래소를 통하여 경매하도록 하였다(Nghi dinh so 187). 이상에서와 같이, 주식회사화와 관련한 새로운 규정들은 주식 매입에 있어 기업 내부자에게 보다 더 유리한 조건을 부여하여 국영기업 전환에 대한 기업 내부의 저항을 억제하고, 향후 대형 기업을 주식회사화하는 과정에서 기업 외부 투자자들의 자본을 동원하려는 의도를 포함하고 있다. 이상 1996년 이후 베트남 정부의 주식회사화 정책의 주요 내용을 종합하면 [표 5-2]와 같다.

[표 5-2] 주요 주식회사화 정책 비교

구분	정부의정 제28호 (1996년 5월)	정부의정 제44호 (1998년 6월)	정부의정 제64호 (2002년 6월)	정부의정 제187호 (2004년 11월)
전환대상 기업	국가가 전 자본을 소유할 필요가 없는 중소 규모의 수익성 있는 국영기업	국가가 전 자본을 소유할 필요가 없는 국영기업	국가가 전 자본을 소유할 필요가 없는 국영기업 및 소속기업. 50억 동 미만 기업은 양도·매각·청부·임대	국가가 전 자본을 소유할 필요가 없는 다음 기업: 총공사, 국영상업은행, 국가재정기관, 독립 국영회사, 총공사 소속 독립 회계단위(기업), 국영회사 부속 단위(기업)
주식회사화 방법	주식 발행	- 추가 주식 발행 - 기존 기업 자본의 부분적 매각 - 전 기업 자본 매각 - 기업 부분분할 매각	- 추가 주식 발행 - 기존 기업 자본의 부분적 매각 - 전 기업 자본 매각	- 추가 주식 발행 - 기존 기업 자본의 부분적 매각 - 전 기업 자본 매각

주식구매자	개인, 경제·사회기관	국내투자자(국내 개인 및 경제·사회기관) 외국투자자(국외 개인 및 경제·사회기관)	국내투자자(국내 개인 및 경제·사회기관) 외국투자자(국외 개인 및 경제·사회기관, 국외거주 베트남인, 국내거주 외국인)	국내투자자(국내 개인 및 경제·사회기관). 외국투자자(외국투자 자본보유 기업, 국외거주 베트남인, 국내거주 외국인)
자산가치 평가기관		- 자산 100억 동 초과 기업: 재정부장관 - 자산 100억 동 이하 기업: 장관, 성/중앙직속시 인민위원회 주석, 총공사91 경영관리위원회	주식화기업가치확정회의 또는 외부 평가기관	- 자산 300억 동 이상 기업: 회계사, 증권회사, 자산평가기관, 국내외 투자은행 - 자산 300억 동 미만 기업: 자산평가기관, 자체 평가
자산가치 평가방법		장부가격, 기타 실질자산, 경영우월가치 포함	장부가격, 기타 실질자산(토지사용권 포함), 경영우월가치 포함	1) 현재자산가치 방법, 2) 할인현재가치 방법, 3) 기타. 자산 장부가격, 기타 실질자산(토지사용권 포함), 경영우월가치 포함
주식매각 방법		- 정부 지분 소유 - 기업고용인 - 기업외부인에게 매각(국외거주 베트남인 및 국내거주 외국인 구입 가능)	- 정부 지분 소유 - 기업고용인 - 농림수산가공기업 원료생산 및 공급자, 30% 할인가격으로 전체 주식의 10% 한도 매입 가능 - 기업외부인에게 매각(나머지에서 30% 이상)	- 정부 지분 소유 - 기업고용인 - 전략투자자, 20% 할인가격으로 전체 주식의 20% 한도 매입 가능 - 기업외부인에게 매각(20% 이상) - 주식경매위원회 조직
주식구매 한도	기관 10%, 개인 5%	- 정부지배주주기업: 기관 10%, 개인 5% - 정부 절반 미만 소유기업: 기관 20%, 개인 10% - 정부 지분 없는 기업: 무제한 - 외국인 한도 별도 규정 없음	- 국내 기관·개인 무제한 - 외국인 30%	- 국내투자자 무제한 - 외국투자자 해당 규정 없음

기업 혜택	- 2년간 기업소득세 50% 감면 - 국영기업 자금대출 조건 계속 적용 - 국영기업 수출입 규정 계속 적용	- 2년간 기업소득세 50% 감면, 등록세 면제 - 국영기업 자금대출 조건 계속 적용 - 국영기업 수출입규정 계속 적용	- 세금감면 혜택, 등록세 면제 - 국영기업 자금대출 조건 계속 적용 - 토지사용권 계속 보유	- 증권시장 상장기업 추가 우대 - 등록세 면제 - 국영기업 자금대출 조건 계속 적용 - 토지사용권 계속 보유
고용인 혜택	- 근무년한에 따른 주식 지급 - 우대가격으로 주식 매입 가능 - 빈곤 노동자, 주식 매입대금 5년간 납부	- 고용년당 10주(액면가 10만 동) 한도, 30% 할인가격으로 주식 매입 가능 - 매입한도 전체 주식의 20% - 빈곤 노동자, 주식매입 대금을 3년간 납부 연기, 10년까지 무이자 납부	- 고용년당 10주(액면가 10만 동) 한도, 30% 할인가격으로 주식 매입 가능 - 매입한도 없음 - 빈곤 노동자, 주식매입 대금을 3년간 납부 연기, 7년까지 무이자 납부	- 고용년당 100주(액면가 1만 동) 한도, 40% 할인가격으로 주식 매입 가능 - 매입한도 없음 - 빈곤 노동자 규정 없음
고용승계 및 노동조건	주식회사화 이후 최소한 6개월 보장	- 주식회사화 이후 12개월 고용보장 - 12개월 이내 퇴직자 관련 규정에 따라 처우	- 고용보장 없음 - 주식회사로 전환시 퇴직자에게 지원금 지급 - 주식회사화 이후 12개월 이내 실직자에게 잉여노동자지원기금 지급 - 주식회사화 이후 4년 이내 실직자에게 기업이 보조금의 50% 지급; 50%는 국영기업전환 · 주식화 지원기금에서 지급	- 고용승계 규정 없음 - 주식회사로 전환시 퇴직자에게 지원금 지급 - 주식회사화 이후 12개월 이내 실직자에게 잉여노동자지원기금 지급 - 주식회사화 이후 4년 이내 퇴직자에게 기업이 보조금의 50% 지급

출처: Le Hong Hanh, 2004, 248~254; Tran Tien Cuong, 2002, 4~5; Nghi dinh so 44(Decree No. 44)/1998/ND-CP; Nghi dinh so 64/2002/ND-CP; Nghi dinh so 187/2004/ND-CP; Nghi dinh so 109/2007/ND-CP에서 작성.

4. 국영기업 개혁정책의 효과

1) 국영기업의 전환

정부의 정책에 따라 1992년부터 주식회사화 또는 기타 방법으로 국영기업으로부터 전환한 기업은 2008년 말까지 약 4,500개이고, 이 가운데 주식회사로 전환한 국영기업은 약 3,000개에 달하였다. 그간의 주식회사화 과정을 좀 더 자세히 살펴보면 다음과 같다.

국영기업으로부터 전환한 기업은 1997년까지 28개에 불과하였다(Tran Van Chu, 2003, 35). 1998년에 주식회사화를 강화하는 수상 지시와 정부의정 제44호로 주식회사로의 전환이 가속화되어, 주식회사로 전환한 기업은 1998년에 102개, 1999년에 253개, 2000년에 212개, 2001년에 205개였다(Nguyen Huu Dat, 2008, 14). 2002년 6월에 정부의정 제64호를 채택하면서 주식회사화 요건을 더 완화하여, 정부는 2002~2003년에 1,655개, 2004년에 882개, 2005년에 700개의 국영기업을 전환할 계획이었다(CIEM, 2004, 109~110). 그러나 전환 실적은 정부의 목표에 미치지 못하여, 국영기업으로부터 전환한 기업 수는 2002년에 427개, 2003년에 873개였고, 그 가운데 주식회사화한 기업 수는 2002년에 164개, 2003년에 532개, 2004년에 753개였다([표 5-3]).

2003년 말까지 주식회사로 전환한 1,557개 국영기업 가운데 지방정부 소속기업이 74%, 중앙정부 부처와 총공사90 소속기업은 20%, 총공사91 소속기업은 6%를 점하였는데, 국영기업으로부터 전환한 비율은 계획 대비 81%였고, 주식회사화한 기업의 비율은 계획 대비 63%였다(Ho Xuan Hung, 2004, 24~25). 주식회사 이외의 형태로 전환한 기업 수는 상대적으로 적어, [표 5-3]에서 보는 바와 같이 2005년 10월까지 양도 및 매각 305개, 인수 및 합병 416개, 해체 181개, 위탁경영을 포함한 기타 유형 290개

로 추산된다.[16]

[표 5-3] 국영기업의 전환, 1992~2008

연도		1992~2000	2000	2001	2002	2003	2004	2005	누계* (1992~2005.10)	2006	2007	2008
국영기업 수 (각 연말)		합계	5,759	5,355	5,363	4,845	4,597	4,086		3,706	3,494	3,287
		중앙	2,067	1,997	2,052	1,898	1,968	1,825		1,744	1,719	1,630
		지방	3,692	3,358	3,311	2,947	2,629	2,261		1,962	1,775	1,657
전환기업(각 연중)		654		293	427	873	-	933	3,836	-	-	-
전환 유형	주식회사화	588		205	164	532	753	693	2,644	298	116	74
	교부(양도)	23		41	34	48	-	-	305(양도+매각)	-	-	-
	매각	30		17	17	20	-	-		-	-	-
	청부(위탁)	13			8	7	-	-		-	-	-
	인수, 합병				127	162	-	-	416	-	-	-
	해체, 파산			30	29	49	-	-	181	-	-	-
	기타				48	55	-	-	290(청부 포함)	-	-	-

- : 통계 미비.

* : 2005년 10월까지의 누계는 1992~2000년간 누계(Nguyen Huu Dat, 2008; Nguyen Van Phuc et. al., 2003)에 2001~2005년 10월간 누계(CIEM, 2006)를 합산한 것이어서, 전환유형별 합계 및 전체 합계에 오차가 있음.

출처: 국영기업 수는 2000~2003년간, GSO, 2006, 115; 2004~2008년간, GSO, 2010, 195. 주식회사화 기업 수는 1992~2007년간, Nguyen Huu Dat, 2008, 14; 2008년, Ha Nguyen, 2009, 10. 기타 전환유형별 기업 수는 1992~2000년간, Nguyen Van Phuc et. al., 2003, 106~107; 2001년, World Bank, 2002, 24; 2002년, CIEM, 2004, 112; 2003년, Le Hong Hanh, 2004, 206; 2001년~2005년 10월간, CIEM, 2006, 64.

이후에도 국영기업의 전환은 정부의 목표대로 수행되지 못하고 있다. 2006년 이후 전환기업 수는 다시 적어지는 추세다. 2007년 말까지 전환한 국영기업은 누계로 약 3,900개였는데, 이는 전환 대상의 70%에 이르

16 이 통계도 문헌에 따라 차이가 있어 전적으로 신뢰하기보다는 경향을 파악하는 정도로 이해하여야 한다. 이 수치는 1992~2000년간 통계에 2001~2005년 10월까지의 통계(CIEM, 2006, 64)를 합산한 것이다.

는 실적이었다. 그러나 2007년 한 해만을 보면, 당초 550개의 국영기업을 전환할 계획이었으나 전환한 기업은 116개로 계획 대비 21%에 불과하였다(CIEM, 2008, 66; Vu Quoc Tuan, 2008, 158). 2008년에는 계획 대비 25%인 74개 국영기업이 주식회사로 전환하였다. 베트남 정부는 2008~2010년간 1,535개 국영기업 중 948개를 주식회사화하여 2010년에 약 500개의 대형 국영기업만을 정부가 소유하도록 할 계획이나, 이 목표가 제대로 수행되고 있지는 않다(Ha Nguyen, 2009, 10; Ha Nguyen, 2010).[17]

국영기업으로부터 전환한 기업의 대부분, 특히 초기에 전환한 기업은 소규모 기업이었다. 2003년 말까지 국영기업으로부터 전환한 기업은 전체 국영기업의 1/3에 해당하지만, 국영기업으로부터 전환한 기업의 자본은 전체 국유경제부문의 3%에 불과하였다(Experts Push for~). 주식회사화한 국영기업 자본의 전체 국영기업 자본에서 차지하는 비중은 2004년 6~7%에서 2005년 약 12%로 증가하였다(CIEM, 2006, 66). 2007년 말까지는 전환 대상 국영기업의 70%가 전환되었는데 이 기업들의 자본이 전체 국영기업에서 차지하는 비중은 25%였다(Vu Quoc Tuan, 2008, 158~160). 이처럼 전환하는 기업의 규모가 점차 커지고 있으나 국영기업의 전환이 이제까지 중소기업 중심이었음을 알 수 있다. 2006년 말까지 주식회사화한 국영기업 중 자본금 100억 동(US$ 64만) 미만의 자본금을 가진 기업은 77%였고, 과반수는 자본금이 50억 동 미만이었다. 2006년 말까지 총공사 91 소속 기업의 9.3%만이 주식회사화하였다(Vu Quoc Tuan, 2008, 159~160). 따라서 국영기업으로 남은 기업은 그 수가 점차 줄지만, 전체 자본에서 차지하는 몫은 상대적으로 크게 줄지 않는 현상을 보이고 있다.

17 이 수치는 중앙정부 산하 기업을 기준으로 한 것이라고 판단되나 분명치 않다. 2008년 중앙정부 소속 국영기업은 1,630개였다(GSO, 2010, 135).

이런 점에서 주식회사화가 아직까지는 국유경제부문의 근본적 전환에까지는 미치고 있지 못하다고 평가할 수 있다.

2) 주식회사화의 경제적 효과

① 자본 점유 비중

국영기업의 전환 이후 주식 소유 주체별 자본점유비율은 여러 조사자료를 통하여 그 경향을 파악할 수 있을 뿐이다. 기업관리쇄신중앙위원회가 2001년 5월까지 주식회사화한 기업 631개에 대하여 조사한 자료에 따르면, 정부의 소유지분은 20%, 정부가 지분을 소유한 기업은 전체의 59%, 정부가 절반 이상의 지분을 소유한 기업은 8%였다(Lee Kang Woo, 2003, 107~108). 주식회사로 전환한 336개 국영기업에 대한 베트남 정부의 2002년경 조사자료에 따르면, 주식회사화한 기업 전체 자본에서 정부가 차지하는 자본점유 비율은 23%, 기업고용인, 즉 경영진 및 노동자 59%, 기업외부인 18%, 외국인투자자 0.15%였다(Gainsborough, 2003, 57~59).[18] 2003년 말까지 주식회사화한 1,557개 국영기업에 대한 베트남 정부의 조사에서 평균자본점유비율은 정부 38%, 경영진 및 노동자 54%, 기업외부인 8%로 나타났다(Ho Xuan Hung, 2004, 24, 27). 이후 2005년 조사자료를 보면, 주식회사화한 국영기업 중 지분점유 비율은 정부 46.5%, 기업고용

18 이 가운데 정부가 지분을 소유한 기업은 239개로 전체의 70%를 차지하며, 이 기업 중 정부의 평균 자본점유 비율은 32%였고, 정부가 절반 이상의 자본을 소유한 기업의 비율은 9%에 불과하였다. 대부분의 기업에서 기업고용인이 비교적 자본을 많이 소유하고 있으며, 기업고용인들이 자본을 100% 소유한 기업이 19%, 51~99% 소유한 기업이 38%로, 기업고용인이 과반수의 자본을 소유한 기업의 비율은 57%였다. 기업 외부인이 자본을 소유한 기업의 비율은 전체의 60%이며, 이 가운데 외부인 자본점유 비율은 평균적으로 31%였으며, 과반수 자본을 소유한 비율은 10%였다. 외국인투자자가 자본을 소유한 3개 기업 가운데 외국인 소유 자본비율은 평균 17%였고, 과반수 자본을 보유한 사례는 없었다.

인(경영진 및 노동자) 38.1%, 기업외부인 15.4%를 나타냈다(CIEM, 2006, 66). 2006년 말까지 주식회사화한 약 3,500개 국영기업에서 정부의 지분은 46.3%, 기업고용인 지분은 29.6%, 기업 외부인 소유지분은 24.1%였다(Vu Quoc Tuan, 2008, 159).[19] 국영기업의 주식회사화 이후 자본점유 비중에 대한 이상의 설명을 종합하면 [표 5-4]와 같다.

[표 5-4] 주식회사화 이후 자본 점유 비중(%)

조사 연도	정부	기업고용인	기업외부인
2001	20	-	-
2002	23	59	18
2003	38	54	8
2005	46.5	38.1	15.4
2006	46.3	29.6	24.1

출처: Lee Kang Woo, 2003, 107~108; Gainsborough, 2003, 57~59; Ho Xuan Hung, 2004, 24, 27; CIEM, 2006, 66; Vu Quoc Tuan, 2008, 159.

상기 조사들을 보면, 2000년대 초반에는 자본점유 비중이 정부 20~30%, 기업고용인 50~60%, 기업외부인 10~20%였다가, 주식회사화한 기업 수가 증가한 2000년대 중반 이후에는 각각 약 50%, 30~40%, 15~25%로 변화하는 현상을 볼 수 있다. 초기에는 기업고용인의 자본점유 비중이 절반 이상이었지만, 이후 정부의 자본점유 비중이 증가하였는데 이는 그간 국영기업의 전환이 소형 기업으로부터 점차 중대형 기업으로 전개되면서 정부가 지분을 좀 더 보유한 결과라고 판단할 수 있다. 이

19 고용인들이 자기 지분을 판매했을 수 있기 때문에 고용인 소유 지분은 실제로는 더 적다고 판단된다(Vu Quoc Tuan, 2008, 159).

상의 조사자료에서 보는 바와 같이, 주식회사화 과정에서 80% 이상의 주식이 주로 정부 및 기업고용인, 즉 경영진과 노동자들에게 점유되는 '내부 주식회사화'(internal equitization) 현상을 나타내고 있어서 주식회사화의 주요 목표 가운데 하나인 외부자본의 유치에는 한계를 보이고 있다. 이렇게 자본이 주로 정부 및 기업내부자에게 배분되는 것은 기업외부 소수의 민간인에게 다량의 자본이 점유되어 기업이 '사유화'되는 것에 대해 우려하기 때문이기도 하며, 근본적으로는 국영기업의 전환 과정에서 기업의 경영진과 노동자들이 이익의 많은 부분을 차지하였기 때문이라고 판단된다. 경영진과 노동자들 간 자본소유 비중의 차이에 대하여는 정확히 알 수 없으나, 주로 경영진과 이전 주관기관 관계자들인 정부관료들이 다수의 지분을 차지했을 것으로 추측할 수 있다.[20] 베트남 남부 사회과학연구소의 한 조사에 따르면, 주식회사화한 기업에서 낮은 직급의 고용인이 가진 지분 비율은 기록상 평균 55%이지만, 실제 17%에 불과하였다고 한다(Experts Push for~). 이는 베트남의 탈사회주의화 과정의 초기에는 자본가가 기존의 사회주의체제 하의 정부관료 또는 기업 경영진으로부터 형성되고 있음을 시사한다. 한편으로는 2006년의 경우 이전에 비해 기업외부인의 자본점유 비중이 늘고 기업내부인의 점유 비중이 줄어, 2000년대 후반 주식회사화의 특징은 정부가 자본의 절반 정도를 소유하고 나머지 절반을 기업고용인과 기업외부인이 절반씩 소유하는 현상을 보인다는 점이다. 이러한 추세가 향후 어떻게 전개될지 주목해보아야 한다.

20 정부 게스트하우스에 근무하는 한 청소부도 이런 불만을 토로하였다.

② 경영상황의 변화

국영기업으로부터 주식회사로 전환한 이후 기업들의 경영상황에 대한 종합적인 정보는 축적되어 있지 않아, 여러 조사자료를 종합하여 그 상황을 파악하고자 한다. 중앙경제관리연구원(CIEM)의 2002년 조사에 따르면, 2001년 이전 주식회사화한 기업 422개 가운데 31% 기업들로부터 응답을 받은 결과, 매년 평균 자본 21%, 매출액 20%, 임금 12%, 고용 4%의 증가를 나타내었다고 한다. 주식회사로 전환한 이후 경영상태를 묻는 질문에는 매우 좋아졌다는 응답이 16%, 나아졌다는 응답이 73%로 나타나, 주식회사로 전환한 이후 경영상태가 전반적으로 향상된 것으로 나타났다(CIEM, 2002, 28~31; World Bank, 2002, 27~28). 주식회사화한 지 1년 이상 된 500개 기업에 대한 2004년 조사에서는, 투하 자본 1.5배 내지 2배, 매출액 43%, 이윤 243%, 국가재정부담액 16%, 임금 54%, 고용 12%, 평균배당금(Co tuc: distributed dividend) 15.5% 증가를 나타내었다(Ho Xuan Hung, 2004, 24). 기업쇄신-발전지도위원회가 수행한 주식회사화한 기업 850개에 대한 2005년경 조사에서도, 연평균 자본 44%, 기업 매출액 24%, 평균 세전(稅前) 이윤 140%, 국가재정부담액 25%, 임금 12%, 고용 23%, 배당금 17% 증가 실적을 나타내었다(Xuan Son, 2005, 23). 한편, 2005년 초 1,000개 기업에 대한 조사에서는, 28.6%의 기업이 매출액 감소를 보였고, 10%의 기업이 손실을 보고 있다는 보고도 있었다(Target Set for~).

이상의 정보를 종합하면, 주식회사로 전환한 이후 기업의 경영상황은 전반적으로 향상된 것으로 보인다. 그러나 경영상황에 대한 정보들이 기업들로부터 제공된 것이고 정부에 의해 공표된 것이기 때문에 주식회사화의 효과를 과장할 수 있고, 주식회사화 이후 단기간의 경영상황에 대한 평가에 기초해 있으며, 주식회사화 이전에 흑자를 내던 기업을 우선적으

로 전환하였기 때문에 주식회사화 이후 경영상황의 평가에 편향이 있을 수 있다는 점에 주의해야 한다.[21]

③ 주식회사화 이후 문제

주식회사화 이후 기업들은 비우호적 경영환경에 대처해야 하고, 극복하여야 하는 기업 내부 문제를 여전히 안고 있다. 주식회사로 전환한 기업들은 은행 대출, 토지사용권 확보, 정부 인가 등에서 예전과 같은 특혜를 더 이상 기대할 수 없게 되었다. 아직 공정경쟁의 장(level playing field)이 마련되지 않은 베트남 경제 상황에서 이러한 차별은 자유로운 기업경영에 저해요인으로 작용하므로, 전환한 기업들은 이 같은 환경에서 어려움을 겪고 있다. 이에 따라 국제금융기구 및 외국 원조국들은 공정경쟁의 장을 신속히 구축하도록 베트남에 압력을 가하고 있다.

기업 내부적 문제는 주식회사화 이후에도 국영기업의 멘탈리티가 유지되고 있는 점이다. 정부가 절반 이상 주식을 가지고 있는 기업은 예전처럼 국영기업으로 간주되고 이전의 경영진들이 그대로 유지되고 있어, 국영기업을 유지하려는 멘탈리티는 지속되고 있다(Vu Quoc Tuan, 2008, 155). 2006년 말까지 주식회사화한 국영기업에서 감독(최고경영자)의 82%, 부감독 및 회계부장의 78%가 이전과 변동 없이 그 직위를 유지하고 있었다(Vu Quoc Tuan, 2008, 160). 국영기업으로부터 전환한 321개 기업에 대한 2010년의 조사에서도 46%의 기업에서 전환 이후에도 이전의 기업구조를

21 주식회사화 이후 경영실적을 평가하기는 쉽지 않다. 우선 기업들이 부정확한 정보를 제공하거나, 정보 제공 자체를 회피하고 있기 때문이다. 기업들이 수익을 많이 거둔 것으로 보고하면 그만큼 세금을 많이 내야 하는 부담을 안게 되고, 적자를 내는 것으로 보고하면 경영진들의 무능력을 보여주는 것이기 때문이다. 정부는 주식회사화에 박차를 가하기 위하여 주식회사화한 기업들이 좋은 경영실적을 내고 있다고 과장하려고 한다.

조정하지 않고 그대로 유지하고 있었다(Ngoc Lan, 2010, 6). 이런 현상의 주요 원인은 정부가 주식회사화한 기업에서 여전히 지배주주이기 때문이다. 이에 따라 전환기업의 경영자들은 시장경제에 적합한 기업경영지식과 능력을 갖추지 못하고, 새로운 경영기법의 도입에 제한적이며, 기존의 행정기관-기업관계가 유지되고 있다. 더불어 경영진은 벤처 정신이 결여되어, 주로 안전에 주의를 기울이게 되어, 생산-경영효율을 높일 수 있는 능동성과 창의력을 갖는 데 제약을 받고 있다(Ho Xuan Hung, 2004, 27).

2000년대 초반까지 주식회사화한 기업에 정부가 새롭게 출원한 자본은 6%에 불과하였으며, 그것도 주로 여타 국영기업 자본의 판매나 소규모 기업의 주식회사화를 통하여 획득한 자본이었다(Ho Xuan Hung, 2004, 27). 따라서 주식회사화의 주요 목표 가운데 하나인 외부자본 유치와 기업효율성 증대는 충분히 실현되고 있지 못하다.

5. 국영기업 개혁의 정치경제

국영기업의 전환작업이 많이 진전되었음에도 불구하고 정부의 목표에 미달하는 것은 국영기업의 전환을 저해하는 요인이 여전히 작용하고 있기 때문이다. 국영기업 개혁정책의 형성 및 집행 과정에서, 정부관료, 국영기업 경영진, 노동자 등의 이해가 상호 일치하거나 충돌하는 것에 따라 국영기업의 전환이 가속화되거나 저해되곤 한다. 이하에서는 정책 집행 과정에서 각 행위자들의 이해관계에 따른 국영기업 전환의 지체와 진전 요인들을 분석해보고자 한다.

1) 보수의 정치경제

주식회사로의 전환을 저해하는 요인은 일반적으로 주식회사화했을 경우 경영 기회를 박탈당할 위험이 있다고 판단하는 국영기업 경영진의 소극적 인식, 국영기업 시절 정부로부터 받던 혜택의 박탈에 대한 우려와 시장경쟁에 대처할 것에 대한 불안감, 주식회사화 이후 노동자들의 고용불안, 기업 자산평가의 어려움, 부채를 정부 또는 기업 중 어느 주체가 부담하는가의 문제 등을 들 수 있다(Nguyen Dinh Tai, 1996, 46~47; Gainsborough, 2003, 51; Freeman, 1996, 223~224; Tran Tien Cuong을 비롯한 베트남 경제학자들과의 면담). 이런 요인들은 기업에 따라 선별적으로 나타나며, 이를 좀 더 자세히 살펴보면 다음과 같다.

첫째, 고위 지도자 및 정부관료들 가운데 여전히 사회주의 경제의 사유화에 부정적 견해를 갖는 인사들이 있다. 1996년 제8차 당대회를 준비하면서 일부 보수적 인사들이 국유경제부문을 전체 경제에서 60% 이상으로 유지하여야 한다는 규정을 당 정치보고에 삽입하려는 시도를 하기도 하였다(Womack, 1997, 84). 2001년 9월에 전임 공산당 총비서 도므어이(Do Muoi)가 국영기업 재편을 비판하는 논설을 공산당 기관지 『년전』(*Nhan Dan*: 人民)에 게재하기도 하였고, 다른 인사도 2003년 8월에 생산력 지상주의를 비판하는 논설을 『년전』에 게재하였다(石田曉恵, 2004, 47~48).

또한, 정부부처 및 지방정부 관료들 가운데 일부는 여전히 국영기업 개혁에 대해 낮은 인식을 가지고 있다. 기업쇄신-발전지도위원회 부위원장 팜비엣무온(Pham Viet Muon)도 국영기업 전환이 지체되는 가장 중요한 이유 가운데 하나가 국영기업 관련 정부관료들의 인식과 태도라고 지적하였다(Pham Viet Muon, 2005, 20). 이처럼 아직도 국영기업 개혁에 관하여 정책결정집단 내에서 완전한 의견의 일치를 보고 있지 못하고 있는 것이 현실이다. 특히, 국영기업의 주관기관에 있는 정부관료들은 주식회사화 이후 그들의 기업에 대한 권한 상실을 우려하여 급격한 전환에 대해 부정적이다(Ho Xuan Hung, 2004, 26). 주식회사화에 저항하는 정부관료나 국영기업 경영진들은 주식회사화가 '사유화'라는 견해를 피력하며 주식회사화에 주저하는 자신들의 입장을 변호하려 한다(Nghiem Quy Hao, 2004, 13). 이들은 사회주의 지향의 다부문 경제체제에서 국유경제부문이 지배적이어야 한다는 공산당과 정부의 논리에 자신들의 이해를 결부시켜 자신들의 행위를 정당화하려 한다. 개혁 지향의 정부 정책결정자들은 주식회사화가 사유화가 아니라는 담론을 언론을 통하여 만들어가고자 한다. 그들은 국영기업의 주식회사화가 사유화라는 보수적 견해에 대응하여, 일부 지분을 정부가 여전히 가지고 있고 많은 부분이 기업고용인인 경영진과 노동자의 소유로 되므로 국영기업의 주식회사화가 사유화가 아니라는 점을 분명히 하고 있다(Co phan hoa~). 그러나 주식회사화가 부분적 사유화라는 사실에 비추어 정부의 의도는 국영기업 개혁에 저항하는 보수적 인사 및 경영진들을 설득하기에 부족함이 있는 것도 사실이다.

둘째, 국영기업 경영진이 주식회사화 이후 대면할 경영환경에 대한 우려로 주식회사화에 저항하는 경우가 많다. 주식회사화 이후 기업은 정부로부터 받았던 각종 지원을 받을 수 없을 뿐만 아니라 시장에서의 경쟁을 극복하여야 하는 어려움을 겪게 된다. 국영기업은 토지를 거의 무상으로 사용하였고, 정부로부터 매우 낮은 금리로 금융지원을 받을 수 있었던 혜택들을 빼앗기게 될 것이기 때문이다. 최근 총공사 등 대형 국영기업을 전환하려는 정부의 정책이 순조롭게 집행되지 않는 것도 이런 이유에서다. 총공사는 주식회사화 이후에도 영향력을 잃지 않기 위해 산하 기업의 주식을 되도록 보유하려는 유인을 갖는다. 또한 주식회사화하는 국영기업 경영진은 국유 지분을 유지함으로써 여전히 국영기업으로서의 혜택을 유지하려고 한다.

또한, 경영진들은 국영기업 하에서 국영기업법의 적용을 받아 경영을 수행하였는데, 주식회사로 전환한 이후에는 기업법의 적용을 받게 되어 경영진 역할이나 세금 등 방면에서 어떻게 행동해야 하는가에 대하여 혼란스러워 하는 경우도 있다.[22] 국영기업 경영자들은 주식회사화 이후 그 직위를 그대로 유지할 수 있을지 우려하고 있고, 주주들로부터 보다 더 엄격한 감독을 받을 것이기 때문에 그들의 권한이 줄어들 것에 대하여도 우려한다. 호찌민시 기업쇄신발전위원회에 따르면, 호찌민시의 44개 국영기업 감독(최고경영자) 가운데 주식회사화 이후에도 계속 직위를 유지하려는 의사를 나타낸 사람은 30명이었다고 한다(Phong Oanh, 2005, 20). 따라서 국영기업 경영진은 주식회사화에 앞장서려고도 하지 않으며 정부의 정책 집행에서 뒤처지려고도 하지 않는 어정쩡한 태도를 나타내게 된다. 한편, 퇴직 예정인 경영진은 주식회사화 과정에서 다수 지분을 확보하여 경영관리위원회나 새로운 경영위원회에 계속 참여하여 기존의 경영상 권리를 유지하려고 한다(Ho Xuan Hung, 2004, 26).

셋째, 노동자들은 국영기업 하에서 적게 일하고 안정된 수입과 직장을 확보할 수 있었으나, 주식회사화 이후 장래에 대한 불안으로 인하여 주식회사화에 반대하는 경우가 많다. 국영기업의 잉여 노동력은 전체적으로 20% 이상이며 기업에 따라서는 30~40%에 이른다고 추정되기도 한다. 이에 반해 노동자들의 조기퇴직률은 7% 미만이다(Ho Xuan Hung, 2004, 26). 국영기업 하에서 노동조합이 반대하면 경영진이 특정 정책을 무리하게 집행하지 못하는 사회주의 기업문화에 젖어 있던 이들에게 노동조합의 반대는 효과적으로 작용한다. 경영진은 주식회사화를 진행하기 위하

22 2009년 현재, 국영기업은 2003년 국영기업법, 기타 기업은 2005년 기업법을 적용받고 있으며, 2010년까지 국영기업 개혁을 완료하고 국영기업 및 기타 기업을 포함하는 통합 기업법을 입안할 예정이다(坂田正三, 2009, 17).

여 노동자들에게 주식회사로 전환한 이후 주식을 저가에 판매하거나 여타 보조금을 지불할 것을 약속하게 되는데, 이런 부분이 과도할 경우 이 기업에게 경영상 어려움을 주게 된다.

넷째, 정부는 적자를 내고 비효율적으로 운영되는 국영기업을 처분하고, 수익을 내는 기업을 국영기업으로 계속 유지하려는 유인을 갖고 있으나, 불량 기업을 인수하려는 당사자를 찾기 어렵다는 점에서 주식회사화 정책 집행에 어려움을 겪게 된다. 어느 경우에는 기업의 전망이 밝지 않은 경우 주식회사화 과정에서 일반인들이 주식을 매입하지 않아 정부가 떠안는 경우도 있다(CIEM, 2006, 67). 더욱이 국영기업은 채무와 동시에 채권, 즉 삼각채(triangle debts)를 가지고 있어서 부채 문제 해결에 어려움을 겪는다(Vu Quoc Ngu, 2003, 331). 국영기업의 부채는 2004년 초에 약 208조 베트남 동(US$ 134억)으로 추산되었고, 그 가운데 2/3 정도는 상업은행으로부터의 여신에 의한 것이었다(Vu Tin Quan, 2004, 34). 국영기업의 불량채무 비율은 2004년 초에 8.5%로, 전체 평균 6.1%보다 높았다(Nghiem Quy Hao, 2004, 11). 불량기업은 상환불능부채(No kho doi)를 많이 갖고 있거나, 경영효율이 매우 낮은 기업들이다. 이러한 기업에 속한 경영진과 노동자들 또한 장래에 대한 불안 때문에 주식회사화에 저항하게 된다.

다섯째, 국영기업 자산을 평가하는 데 따르는 어려움이 주식회사화를 저해하는 요인으로 작용한다. 국영기업에 대한 자산평가는 '주식화기업가치확정회의'(Hoi dong Xac dinh Gia tri Doanh nghiep Co phan hoa)에서 행하거나 외부 평가기관에 의뢰하여 하게 되는데, 이제까지는 주로 이 '확정회의'에서 주식의 배분 등 주식회사화 방식을 결정하였다. 이 회의는 정부 주관기관 관료, 재정부 관료 및 기업경영진이 참여하므로, 기업경영진과 정부관료간 합의에 많은 시간이 걸리고, 주관기관의 이해에 부합하는 결정을 내리기 쉽다. 이 과정에서 주관기관, 즉 중앙정부 부처나 지방

정부는 높은 가격으로 자산을 평가하여 주식회사화를 통하여 많은 자본을 확보하려는 유인을 가지는 반면, 실제 주주가 되는 국영기업 경영진이나 노동자들은 낮은 구매대금을 지불하고 주식을 분배받고자 하는 유인을 갖게 되어 상호 이익의 갈등을 빚게 된다. 주식을 외부로 판매하는 경우에는 자산가치를 높게 평가하면 주식을 구입하고자 하는 구매자가 없을 수 있다는 문제도 발생한다. 또한 자산가치를 평가하는 데 따르는 어려움은 그간의 비시장적 관념하에 있던 토지, 상표 및 브랜드 가치 등 무형자산들을 시장가격으로 평가하여야 하는 것이다(Assigning Value~; Vu Quoc Tuan, 2008, 160~161). 이런 이유들로 인하여 기업자산 가치는 시장가격보다 현저히 낮게 평가되는 경향이 있다. 이에 반해, 기업의 자산을 평가할 때는 보통 장부가격으로 평가하는데, 수년간 사용한 기계설비들이어서 시장가격보다 높게 평가되는 경향도 있다.

기업의 자산 중 토지에 대하여는 그간 자산평가에 포함되지 않아, 이에 대한 문제가 제기되었으나 평가의 어려움이 있다. 토지가격은 정부공정가격과 시장가격에서 10배 가까이 차이를 보인다. 예를 들어, 2004년 호찌민시 제7군의 토지 가격은 1m²당 정부공정가격이 130만 베트남 동(US$ 83)인데 반하여 시장가격은 1,100만 동(US$ 700)이었다(SOE to Pay~). 이후 부동산 투자와 건설 붐으로 토지가격이 상승하여 이 격차는 더 벌어졌으리라고 추측할 수 있다. 따라서 토지를 시장가격으로 자산에 포함시켜 평가할 경우 자산규모가 과다해지는 반면, 이를 포함시키지 않을 경우 기업자산이 실제보다 낮게 평가되는 폐단이 있게 된다(Nguyen Quang Thai, 2004, 4).

따라서 주식회사화 과정에서 국영기업의 경영진, 노동자, 주관기관 정부관료 등은 그간의 이익을 잃을 가능성이 높은 행위자들이어서 국영기업의 주식회사화에 저항할 유인을 갖게 되는 것이다. 이에 대하여 정부는 국영기업에서 동의하지 않는 경우 강제적으로 정책을 집행하는 데 제약이 있다. 그간 베트남이 사회주의 체제 하에서 많은 경우 설득과 합의를 통하여 정책을 결정하고 집행하던 문화가 지속적으로 작용한 때문이기도 하다. 이 과정에서 기업의 경영진, 노동자들은 나름대로의 영향력을 행사한다.

2) 전환의 정치경제

이상의 국영기업의 전환을 저해하는 요인들은, 특히 1998년 이전에 광범위하게 나타났으며, 1998년 이래 국영기업의 전환이 확대되는 과정에서는 전환을 저해하는 요인들과 다음과 같은 가속화 요인들이 중첩되어 나타나고 있다.

국영기업으로부터 전환을 가속화하는 요인으로는 첫째, 정부의 지속적인 개혁 드라이브가 있다. 정부는 국영기업의 다수가 경영상 비효율적이어서 실질적으로 적자를 내는 기업이 많아 재정상 부담을 주므로, 재정적자 해소와 기업경영 효율화 등의 목표로 국영기업의 전환을 가속화하고자 한다. 정부는 세계경제로의 편입 심화와 자유무역지대 가입에 따른 개방화와 경제자유화 압력에 베트남 국영기업이 견디지 못할 것이라고 인식하고 있다. 베트남은 ASEAN 자유무역지대(AFTA)에 가입하여 관세를 계속 낮추어야 하고 2018년에 0% 관세를 실현하여야 하는 부담을 안고 있으며, 2007년 1월 세계무역기구(WTO)에 가입한 이후 세계시장에 더 깊이 통합되었다.

정부는 1996년 5월 정부의정(議定) 제28호로 이전까지 자발성에 기반하여 추진하던 국영기업의 전환에 강제성을 부과하기 시작한 이래, 계속하여 국영기업 전환을 가속화하는 정책들을 추진해왔다. 특히, 1998년 6월 정부의정 제44호를 채택한 이후에는 주식회사로 전환한 기업이 많아

짐에 따라 여타 국영기업들이 그 경험을 활용할 수 있어서 주식회사화에 대한 우려를 줄일 수 있었다. 더불어, 정부가 국영기업에 대한 혜택, 즉 정부보조금, 우대 금리, 시장에서의 보호 등을 억제하고 비국영기업에 대한 차별을 줄여감에 따라 국영기업이 주식회사화한 이후에도 시장경쟁에서 차별을 받지 않을 것이라는 안도감을 갖게 하였다.

둘째, 세계은행, 국제통화기금 등 국제금융기구와 지원국들의 요구가 국영기업 개혁을 가속화하는 데 압력으로 작용한다. 세계 각국 및 국제금융기구는 1993년 말부터 베트남에 대한 장기 · 단기 차관을 제공하여 인프라스트럭처 확대에 크게 기여해왔다. 베트남은 그 이전 국제적 금수조치로 인하여 외부 지원 없이 주로 국내자원을 동원하여 경제개혁을 수행해왔으나, 이때부터 산업화를 추구하는 데 긴요한 자금을 국제금융기구들로부터 제공받을 수 있었다. 베트남 지원국들은 매년 말에 지원국회의를 개최하여 베트남의 경제상황과 개혁 과정을 평가하고, 차년도에 제공할 정부개발원조자금(ODA)을 결정해왔다. 국제금융기구들과 지원국들은 베트남에 자금 지원을 약속하면서도, 베트남이 요구받은 조건을 충족시키지 않으면 자금을 공여하지 않음으로써 경제개혁과 개방에 박차를 가하도록 압력을 행사해왔다.[23] 이러한 국제기구들의 경제개혁 및 개방에 대한 압력은 경제개혁을 가속화시키는 방향으로 작용하게 된다.

셋째, 국영기업 하의 경영진이나 노동자가 주식회사화로 많은 지분을 갖게 되는 등 사적 이익을 취할 가능성이 높을 때 전환은 신속히 일어난다. 예를 들어 하노이시 중심 호안끼엠 호수를 끼고 있는 푸쟈(Phu Gia) 호텔은 이익을 많이 내던 곳으로 알려져 있었다. 한 정보제공자에 따르면,

23 예로써, 1993년의 파산법과 1995년의 국영기업법 입법도 세계은행의 구조조정자금 공여의 조건이었다(Van Arkadie & Mallon, 2003, 131).

푸자 호텔은 국영기업의 주식회사화가 전개되면서 은밀히 이를 진행하였고, 보통 1년 반 정도 걸리는 주식회사화 과정을 6개월 이내에 신속히 완결하였다. 푸자의 신속한 주식회사화 비결은 중앙정부 부처 및 하노이시 인민위원회 고위 관료와 푸자 경영진들이 자산가치를 실제보다 1/10 내지 1/20로 현저히 낮게 평가하고 이들 간에 주식 배분에 관한 논의를 은밀히 진행하였기 때문이었다고 한다. 푸자의 주식을 누가 얼마나 소유하였는지에 대한 정확한 정보는 여전히 알려져 있지 않으며, 이러한 정보를 어느 정도 신뢰할 수 있는지 분명치 않은 한계는 있다(Nam과의 면담). 그러나 이처럼 권력을 지닌 관련 행위자들이 유리한 위치에서 쉽게 공유자산을 사유화할 수 있는 경우라면 주식회사화는 신속히 진행될 수 있을 것이다. 주식회사화 과정에서 주식의 30%를 감독(최고경영자) 몫으로 남겨놓기도 한다(Vu Quoc Tuan, 2008, 161). 국영기업에 속한 노동자도 수익성이 높은 국영기업의 주식회사화 과정에서 타인을 명목상 주주로 등재하고 실질적으로 본인이 주식을 확보하는 사례도 있다(Tran Tien Cuong과의 면담).

주식회사화 과정에서는 국영기업이 명목상 국영기업, 실질적 사영기업의 형태로 전환되는 사례도 있다. 국영기업 경영진이 유사한 업종의 사영기업을 설립하여, 국영기업의 자산을 그 사영기업으로 빼돌리는 사례를 들 수 있다. 이를 '뒷문 주식회사화'(back door equitisation) 또는 '자발적 사유화'(spontaneous privatisation)라고 명명한다(Freeman, 1996, 230). 이처럼 공유자산을 사유화하는 사례가 발생하고, 공유자산과 사유자산의 경계가 분명치 않은 현상이 나타날 수 있으며, 국영기업 관련 당사자, 특히 경영진 및 정부관료의 사적 이익 추구 가능성이 높을 경우 주식회사화는 비교적 쉽게 진행될 수 있다.

6. 국영기업 개혁의 전개 방향

1) 보완책

정부는 국영기업의 주식회사화 과정에서 발생한 문제점을 보완하기 위한 정책을 제시하고 있다. 그 가운데 하나로, 재정부 산하에 부채를 관리하는 초기 자본 5천억 베트남 동(US$ 3천 2백만), 총 자본 2조 동(US$ 1억 3천만) 규모의 '부채매매공사'(Cong ty Mua ban No: The Debts and Assets Trading Company)의 설립을 들 수 있다. 이는 2002년 7월 상환불능 부채를 가진 국영기업들을 파산하도록 한 정부의정(No.69/2002/ND-CP)에 따른 조치였으나, 이 공사의 운영은 2004년 2월에야 시작되었다. 베트남 국영기업은 2004년 초에 약 208조 베트남 동(US$ 134억)의 부채를 갖고 있어, 부채청산 방법을 찾지 못해 신속히 전환할 수 없었다(Vu Tin Quan, 2004, 34~35). 부채매매공사 설치 이후 처음으로 20개 국영기업을 선정하여 부채 청산 조치를 하도록 했지만, 그 집행이 지체되었다(World Bank et. al., 2004, 73). 부채매매공사의 설립으로 향후 국영기업의 전환이 빨라지리라 예상할 수 있다.

둘째, 국영기업으로부터 전환한 기업이 많아짐에 따라, 베트남 정부는 2005년 6월 전환한 기업에 있는 국유자본을 총괄적으로 관리하기 위하여 지주회사격인 '국가자본투자경영총공사'(Cong ty Dau tu va Kinh doanh Von Nha nuoc: State Capital Investment and Business Corporation)를 설립하였다(CIEM, 2006, 65). 이 총공사는 국영기업으로부터 주식회사 또는 유한책임회사로 전환한 기업의 자본을 관리하기 위한 것으로, 기업에서 국가자본 소유대표권과 경영관리 기능을 구분하고, 기업에 대한 국가기관의 간섭을 줄이며, 정부 및 국가기관에 기업 관련 부담을 줄이기 위하여 설립된 것이다(石田曉惠, 2009, 31). 이제까지 국영기업 자산은 재정부 산하 '기업

소재 국가자본 및 자산 관리총국'(Tong cuc Quan ly Von va Tai san Nha nuoc tai Doanh nghiep)이 담당하였는데, 이 자산관리총국 산하에 행정기관과 별도의 법인을 설립하여 국유자산 관리를 담당하게 하여, 국영기업에 대한 자금 공여가 정부로부터 기업으로 행정적으로 이루어지던 것을 국가자본투자경영총공사를 통하여 비즈니스 개념에 기반하여 수행되도록 하였다(Nam과의 이메일 교신). 국가자본투자경영총공사의 초기 자본은 5조 베트남 동(US$ 3억 2천만)이며, 국영기업의 주식회사화 이후 이 공사가 관리할 전환 기업에서의 국가자본은 25~27조 베트남 동(US$ 16~17억)이 될 것이라고 예상하였다(Vu Cuong, 2004, 43).

셋째, 주식회사화 이후 실직할 국영기업 노동자에 대한 지원을 목적으로, 정부는 2002년 10월 재정부 산하에 6조 270억 베트남 동(US$ 3억 8천만) 규모로 '잉여노동자지원기금'(Quy ho tro Lao dong Doi du)을 설치하였다. 이 기금은 전환한 국영기업 퇴직자들의 보상과 재교육을 지원하기 위하여 마련되었다. 이에 따르면 실직 노동자에게는 근무년당 1개월치 급여 상당액을 지불하고 새로운 직업을 찾는 6개월 기간 동안 추가로 기본 급여를 제공하며, 재교육 비용도 6개월까지 지급하도록 하였다. 시행 이후 처음으로 20개 기업이 기금 지원을 요청하였는데, 이 기업들의 잉여노동력 비율은 평균 25%이며, 기업에 따라 13~67%를 나타냈다(World Bank, 2002, 71). 2003년 말까지 387개 기업에서 약 15,000명의 퇴직 노동자들이 이 기금의 지원을 받았다(Le Hong Hanh, 2004, 208).

일반적으로 국영기업의 잉여노동력은 6%부터 40%까지 다양하게 추산된다(Pham Quang Huan & Pham Tuan Anh, 2002, 28; Lee Kang Woo, 2003, 131; Ho Xuan Hung, 2004, 26; Vu Quoc Ngu, 2003, 331). 2003년까지 국영기업의 개혁 과정에서 전체 국영기업 노동자 170만 명 가운데 약 10%인 15만 명이 실직하리라고 예상되었다(Lee Kang Woo, 2003, 131). 실제로 국영

기업 개혁 과정에서 몇 명이 실직하였는지, 실직한 노동자들의 생활상황에 대한 충분한 조사가 이루어지지는 않았다.

2) 신(新)국영기업법

정부는 국영기업 개혁 과정에서 발생하는 다양한 형태의 기업과 순수 국영기업을 구분하고 이를 관리하기 위하여 2003년 11월 국영기업법을 개정하여 2004년 7월부터 시행하고 있다. 이 신국영기업법의 특징은, 그간 국영기업(Doanh nghiep Nha nuoc)으로 통칭되던 기업들이 주식회사로 전환하거나 국영기업 단독 혹은 복수로 출자하여 새로운 회사를 설립하는 형태로 소유권이 다양해지면서 정부가 지분을 보유하는 여러 형태의 기업들을 구분하고 명료하게 했다는 점이다(Tran Tien Cuong, 2004; Dinh Van An, 2004; Vu Cong tac Lap phap, 2003).

개정된 법에 따르면, 국영기업(Doanh nghiep Nha nuoc: State-owned Enterprise)은 국영기업법을 적용받는 국영회사(Cong ty Nha nuoc: State Company)와 기업법을 적용받는 네 가지 형태의 기업을 포함하는 것으로 바뀌었다. 그 네 가지 기업 형태는 국영회사 또는 정부공인기관이 지분을 소유하는 국영주식회사(Cong ty Co phan Nha nuoc: State Shareholding Company), 국영회사가 단독으로 전 지분을 소유하는 단수구성원 국영유한책임회사(Cong ty Trach nhiem Huu han Nha nuoc Mot thanh vien: Single Limited Liability State Company), 2개 이상의 국영회사 또는 정부공인기관이 지분을 소유하는 복수구성원 국영유한책임회사(Cong ty Trach nhiem Huu han Nha nuoc co Hai thanh vien tro len: Multiple Limited Liability State Company), 정부가 과반수 지분을 소유하는 국가지배주주 주식회사를 뜻한다. 이렇게 기업(doanh nghiep)을 회사(cong ty)로 전환하는 것을 '회사화'(cong ty hoa)라고 일컫기도 한다(Luat Doanh ngheip Nha nuoc, 2003; Vu

Quoc Tuan & Nguyen Dinh Cung, 2003, 10; Tran Tien Cuong과의 면담). 2003년 국영기업법은 1995년 국영기업법에 비해 국영기업의 범위를 확대하였다. 1995년 법은 국영기업을 정부가 100% 자본을 투자한 기업으로 정의하였으나, 2003년 법은 정부가 100%는 물론 절반 이상 자본을 투자한 기업으로 범위를 확대하였다.

신국영기업법은 경영관리위원회(Hoi dong Quan tri: Board of Management)에 보다 더 많은 권한과 책임을 부여하였다. 경영진, 즉 총감독(최고경영자), 부총감독, 회계장 등은 계약에 의해 고용되며 해당 국영회사 설립권자(수상, 장관, 성/중앙직속시 인민위원회 주석)가 이들에 대한 임면권을 가진다. 새 법에서는 연속 2년간 손실을 내거나 수익률 목표를 달성하지 못하는 등의 경우 총감독을 해임한다는 규정을 넣어, 경영자의 책임을 강화하였다.

신국영기업법은 또한 국영기업에 대한 투자자와 경영자의 관계를 명확히 하였다. 국영기업에 대한 투자의 성격이 과거에는 정부가 자본을 기업에 배분하는 것이었으나, 이제는 수익을 고려한 투자로 바뀌었다. 또한, 국영기업에 매년 결산을 공표하도록 하는 등 기업 운영의 투명성을 높이도록 하였다. 이러한 신국영기업법은 그간 국영기업의 다양한 형태들이 존재하고, 투자를 통하여 새로운 국영기업을 설립하거나 국영기업을 전환하는 경우 적용할 법이 제대로 정비되지 못한 것에 대한 대응책이다.

3) 정부의 개혁 방향

① 전환 가속화

이제까지 전환한 국영기업은 중소형 기업이 다수였으나, 베트남 정부는 향후 대형 기업에 대한 전환을 가속화하려고 시도하고 있다. 정부는 2004년 8월에 수상결정(제155호)으로 국영기업과 총공사 소속 독립회계기업을 대상으로 순수 국영기업, 정부가 절반 이상 지분을 가지는 기업, 정부가 절반 미만의 지분을 소유하거나 전혀 소유하지 않을 기업으로 분류하도록 하여(Nguyen Van Thuong & Nguyen Ke Tuan, 2005, 105~106), 대형 국영기업에 대한 전환을 가속화하였다. 국영기업 개혁에 대한 정부의 의지를 관철시키기 위하여, 정부는 중앙정부 부처 및 총공사들에게 매년 산하기업의 전환계획을 제출하도록 하고, 향후 이에 따른 전환작업을 요구하고 있다. 정부는 2004년 초에 당시 총공사91 산하 489개 기업 가운데 169개를 주식회사화하고, 80개를 합병하는 등의 조치를 취하여 구조조정 이후에는 산하 소속기업 수를 372개로 조정하려고 하였다(CIEM, 2004, 111). 총공사90 및 총공사91 전체로는 산하의 1,476개 국영기업 가운데, 554개 기업만 순수 국영기업으로 남기고, 922개 기업을 주식회사 등의 형태로 전환할 계획이었다(Vu Long, 2004a, 4). 그러나 이 전환 계획은 정부의 의도대로 추진되지 못하였다.

② 전환절차 개선

베트남 정부는 2004년 11월에 채택한 정부의정 제187호로 주식회사화 관련 당사자의 책임을 강화하고 전환절차를 개선하였다. 앞서 언급한 바와 같이 이 정부의정에서는 주식회사화가 잘 수행되지 않는 경우, 각 중앙부처, 성/중앙직속시 인민위원회 및 총공사 경영관리위원회의 해당 기관장이 이를 책임지도록 하였고, 자산평가 방법을 정비하고 자산평가기관을 확대하였다. 이에 따라 국내외 약 40개의 자산평가기관이 국영기업의 자산평가에 참여할 수 있게 되었다(Decree Eases SOE~). 주식판매 방식에 있어서는, 기업고용인이 40% 할인된 우대가격으로 주식을 구입할 수 있도록 하여, 이전의 30% 할인가격보다 더 유리한 규정을 마련하였고, 전략투자자에게는 20% 할인된 가격으로 전체 주식의 20% 한도까지 구입할 수 있도록 조정하여, 고용인 및 기업 관련자들의 주식 매입을 더 유리하게 하였다. 또한, 국내 투자자가 매입할 수 있는 주식 비율 제한을 철폐하였고, 기업외부 투자자에게 20% 이상의 주식을 판매하도록 규정하였다.

주식매각 과정에서는 '주식경매위원회'(Ban Dau gia Co phan) 설치에 대한 규정을 두어, 그간의 기업고용인 또는 전략투자자 중심으로 판매되던 방식을 공모방식으로 전환하였다. 비나밀크(Vinamilk)와 바오민(Bao Minh) 보험회사의 주식회사화 과정에서 주식 공모가 성공적이었다고 평가되어, 향후 이런 방식은 확대될 것이다. 비나밀크는 전체 US$ 1억 달러 자산 중 10%를 약간 초과하는 1,827억 베트남 동(US$ 1160만)에 해당하는 주식 182만 7천 주를 공모하였는데, 투자자들이 630만 주를 응모하였다. 공모 이전에 비나밀크 주식은 235,000 동(US$ 15)이었으나, 공모 이후 313,000 동(US$ 20)으로 거래되었다(Xuan Son, 2005, 22). 이러한 성공사례로 향후 주식회사화 과정에서 공모 형식을 취하는 기업들이 늘어날 것으로 예상된다. 현재 외국인투자자가 매입할 수 있는 주식의 비율은 기업 전체 주식의 49%까지 확대되었다. 기업쇄신-발전지도위원회 부위원장 팜비엣 무온(Pham Viet Muon)도 국내 자본과 외국 자본의 차별은 없다고 역설한 점에서 볼 때(Pham Viet Muon, 2005, 20), 향후 외국인투자자를 베트남 국영기업의 전환 과정에 끌어들이기 위한 노력이 계속될 전망이다.

7. 평가와 전망

베트남은 세계경제로의 통합과 자유시장경제의 확산에 대응하고자 기존의 사회주의경제체제 하에서 비효율적으로 운영되던 국영기업을 개혁하는 데 진력해왔다. 정부의 기본방침은 국영기업 개혁을 신속히 추진하여 시장경제로의 편입이 심화되고 있는 환경에서 베트남 기업들이 경쟁력을 갖게 하자는 것이다. 정부는 1990년대 초부터 국영기업의 경영효율 개선을 위한 경영자주권 부여와 '총공사' 또는 '경제집단'이라는 대형 기업화를 추진하면서 한편으로 주식회사화를 비롯한 여러 형태의 소유권 다양화 조치를 취하였다.

이러한 국영기업 개혁은, 고위 정책결정자, 정부관료, 국영기업 경영진, 노동자 등의 이해에 따라 진전되거나 지체되어왔다. 1990년대 후반까지 국영기업의 전환이 지체된 것은 전환절차 규정의 미비뿐만 아니라 관련 행위자들의 저항 때문이었다. 이제까지의 주식회사화 과정에서 정부와 관련 행위자들의 이해는 다음과 같이 정리할 수 있다. 고위 정책결정자들 및 정부관료들 다수는 정부의 개혁정책에 동의하지만, 일부 관료 특히 국영기업을 관할하는 해당 주관기관의 관료들 가운데 일부는 여전히 국영기업의 전환에 반대하는 입장을 취한다. 이들은 국영기업의 전환이 사유화를 진전시켜 사회주의체제 자체를 위협한다고 주장하고 있으나, 실제로는 기존의 기업에 대한 권력을 상실할 것을 우려하고 있는 것이다. 국영기업 경영진들은 기존의 기업 내 권력을 상실할 우려, 전환 이후 대처해야 할 시장환경에 대한 불안감 등으로 국영기업의 전환에 부정적이지만, 한편으로는 주식회사화 과정에서 유리한 지위에서 다수의 지분을 확보하여 새로운 자본가로 등장할 기회를 노리는 이중적 행위유형을 나타낸다. 국영기업의 노동자들은 전환 이후 고용보장이 되지 않는 것에 대한 우려로 전환에 저항하나, 드물게는 국영기업의 전환 과정에서 다수의 주식을 확보하는 실리를 취하기도 한다. 정부는 주식회사화가 국영기업의 전면적 사유화가 아니라는 논지로 정부 관료와 기업경영진을 설득하고, 기업고용인, 즉 경영진 및 노동자 개인에 대한 혜택을 확대하여 이들이 국영기업의 전환작업에 능동적으로 참여하도록 유도하고 있다.

이러한 복합적 상황 속에서 국영기업 개혁이 정부의 목표대로 수행되지는 않았지만, 이제까지 전체 국영기업 중 약 4,500개 기업이 전환하였고, 그 가운데 약 3,000개 기업이 주식회사로 되었으며, 전환한 기업의 경영실적은 대체로 향상된 것으로 나타났다. 그러나 이 기업들이 대부분 중소 규모여서 기업 수의 감소가 곧 국유경제부문의 감축으로 이어지지는 않았다. 소유구조 면에서 보면, 국영기업으로부터 주식회사화한 기업에서는 정부가 40~50%, 경영진 및 노동자가 30~40%의 지분을 소유하여, 70~80% 이상의 주식을 정부 또는 기업고용인이 소유함으로써, 국영기업의 사유화가 주로 기업내부자 중심으로 진행되어왔다. 이는 베트남의 시장경제화 과정에서 자본가가 주로 기존 국영기업의 경영진으로부터 형성됨을 시사해주는 것이다.

베트남 정부는 앞으로도 국영기업을 계속하여 전환해가려고 한다. 그 방향은, 정부가 다수 국영기업의 자본을 소유하는 방식으로부터 벗어나, 소수 중요한 국영기업의 전 자본을 소유하고 국영지주회사를 중심으로 타 회사의 지분을 부분적으로 소유함으로써 모기업-자기업 관계로 연계되는 경제집단을 만들려는 것이다. 이렇게 함으로써, 정부는 전 국영기업을 소유하지 않으면서도 많은 기업들을 정부의 통제 아래 두려고 한다. 즉, 전 경제에서 국유경제부문이 감소하지만, 정부는 지배주주로서 기업에 대한 영향력을 계속하여 행사하려고 한다. 자본의 일부를 보유하더라도 명목상 국영기업을 유지하고 국유경제부문이 전체 경제의 중심 역할을 해야 한다는 베트남 정책결정자들의 의지는 지속되고 있다. 그러나 이제까지 국영기업의 전환 과정에서, 정부관료, 기업경영진, 노동자 등 관련 행위자들의 이해에 부합하지 않는 경우 정부의 정책이 계획대로 집행되지 않았다. 향후에도 관련 행위자들의 사적 이익의 확보가 정책 집행의 중요한 요건이 될 것이며, 이에 따라 사유화는 점차 확대되어갈 것이라고 예측할 수 있다.

제6장

경제구조의 변화

1. 사회주의 이행의 공적 논리

1) 사회주의 이행전략과 과도기

베트남은 1970년대 말에 개혁을 요구하는 목소리가 분출되자 경제부문에서 부분적으로 개혁을 추진하다가, 1986년 12월에 제6차 당대회에서 '도이머이'(Doi Moi, 刷新) 정책을 채택하면서 전면적 개혁을 수행하고 있다. 개혁 과정은 실제로 탈사회주의화 과정이지만, 공식적 견해로는, "베트남이 현재 사회주의로 이행하기 위한 사회주의혁명을 수행 중이며, '도이머이'는 사회주의 혁명 과정에서 혁명의 원칙과 전략을 견지하면서 이에 전술적 활력과 전술적 창조를 결합하는 것"이라고 한다(CPV, 1996, 26). 2001년에 열린 제9차 당대회에서도 "인류는 역사적 진화법칙에 따라 사회주의로 전진할 것이며, 베트남의 현재의 발전단계는 사회주의로의 과도기이다"라고 하였다(CPV, 2001, 15). 베트남은 자본주의제도를 채택하지 않으면서, 자본주의 사회 하에서 인류가 성취한 성과를 취함으로써 자본주의를 뛰어넘어 사회주의를 달성할 것이지만, 자본주의를 뛰어넘어 사회주의를 건설하는 것은 매우 어렵고 복잡한 일이므로 여러 단계와 사회경제조직의 형식을 가진 장기간의 과도기를 경과해야만 한다고 보고 있다(CPV, 2001, 31). 여기에서 과도기의 주요 임무는 대규모 사회주의 공업화에 필요한 사회적 · 경제적 · 정치적 기초를 확립하는 것이며(CPV, 1987, 44), 주된 목표는 생산력의 발전, 즉 경제발전에 있다고 한다.

과도기에는 타 경제부문을 이용하는 정책이 필요하며 다양한 경제 형태를 인정해야 하므로, 사회주의로의 과도기의 경제 형태는 다양한 경제부문을 포괄하는 '다부문경제'(Multi-sector Economy)라는 특성을 나타낸다(CPV, 1987, 63). 베트남에서 다부문경제의 장기간 지속이 요구되는 것은, "생산력 발달 수준에 조응하지 않는 생산관계로 인하여," 즉 사회주의체제에 부합하지 않는 낮은 경제발전 수준으로 인하여, 국유부문에서 노동력 흡수에 한계가 있고, 개인사업(경영) 종사자를 단기간에 집체화하는 것이 불가능하며, 국유/집체경제부문의 자원이 한정되어 있으며, 자금이 소비에 쓰이거나 축장되어 생산에 쓰이지 못하는 한계를 나타내기 때문이라고 본다. 따라서 일자리를 창출하고 자금이 생산에 쓰이도록 유도해야 할 필요가 있으며, 이로써 국유경제부문의 선도 하에 다른 경제부문을 인정하고 이용해야 할 필요가 있다는 것이다(CPV, 1987, 62~63).

이러한 혼합경제체제의 명칭은 1986년의 제6차 당대회에서는 "다성분경제"(Kinh te Nhieu thanh phan: 多成分經濟)로(CPV, 1987, 64), 제7차 당대회에서는 "사회주의 지향 다성분 상품경제"(CPV, 1991, 54, 114) 또는 "국가관리하 시장기제에 따라 작동하는 다성분 상품경제"로 명명되었고(CPV, 1991, 72), 제8차 당대회에 이르러서는 "국가관리하 시장기제에 따라 작동하는 사회주의 지향 다성분 상품경제"로 정식화되었다(CPV, 1996, 28; DCSVN, 1996, 57). 2001년의 제9차 당대회에서도 "국가관리하 시장기제에 따라 작동하는 사회주의 지향 다성분 상품경제", 약칭 "사회주의 지향 시장경제"로 명명되었다(DCSVN, 2001, 86).

다부문경제의 구성 내용은 제8차 당대회에서 국유경제(Kinh te nha nuoc), 합작(집체)경제(Kinh te hop tac), 국가자본경제(Kinh te tu ban nha nuoc), 개인/소(小)소유자경제(Kinh te ca the, tieu chu), 사유자본경제(Kinh te tu ban tu nhan)를 포괄한다고 하였으며(CPV, 1996, 51~54; DCSVN, 1996, 93~96), 제9차 당대회에서는 여기에 외국투자경제(Kinh te co von dau tu nuoc ngoai)를 추가하였다(DCSVN, 2001, 96~99). 이는 사유경제의 확산과 외국인투자가 증대한 경제상황을 반영한 것이다. 2004년경부터는 비국유경제를 통칭하여 '민영경제'(Kinh te dan doanh, 民營經濟)라는 용어가 쓰이기 시작하였다(Vu Quoc Tuan, 2004, 324).

과도기의 다부문경제체제 하에서 각 소유부문의 역할은 다음과 같이 제시된다. 국유경제는 전체 경제에서 선도적 역할을 수행하고, 집체경제는 공고화되고 계속적으로 확대되며, 개인경제는 적정한 규모를 유지하여 자발성 · 민주 · 상호이익의 원리 하에 점진적으로 집체화의 길로 들어서도록 유도된다. 사유자본경제는 국가이익과 인민의 생활수준에 유익한 부문에서 사업을 수행하며, 다양한 형태의 국가자본주의부문을 발전시키며, 가계경제는 적극적으로 장려된다(CPV, 1991, 54).

2) 사회주의체제로의 전환

과도기의 경제체제로부터 사회주의경제체제로의 전환은 다음과 같이 이루어진다고 본다. 국가에 핵심적인 부문은 국영기업이 계속 담당하고, 사유경제부문은 자발성에 기초하여 집체화함으로써 집체경제를 확대하며, 사유자본경제부문은 국유경제와의 합작을 통해 국가자본경제로 유도됨으로써 실현된다고 한다(CPV, 1991, 54, 116). 과도기를 거쳐 건설되는 사회주의의 본질은 제7차 당대회에서 채택된 "사회주의로의 과도기에 있어 국가건설을 위한 강령"에서 이렇게 제시되었다. 사회주의 사회는 "(1) 노동인민이 주인이 되고, (2) 현대적인 생산력과 주요 생산수단에 대한 공유(公有)에 기반한 고도로 발달된 경제를 갖추고, (3) 독특한 민족적 정체성을 지닌 진보된 문화를 갖추고, (4) 억압과 착취, 불의로부터 해방된 인간이 능력에 따라 일하고 노동에 따라 분배받으며, 풍요와 자유와 행복한 생활을 향유하며, 개인의 전면적 발전을 위한 바른 조건을 향유하고, (5) 서로 다른 민족들이 공동의 진보 아래 평등, 단결, 상호원조의 유대로 결합되며, (6) 세계 모든 국가의 인민들과 우호적이고 협력적 관계를 유지하는 사회"다(CPV, 1991, 51). 이러한 사회주의의 특성은 이후에도 그대로 유지되고 있다(Do Muoi, 1996, 15).

2. 소유구조의 변화

1) 경제 전부문

베트남에서 사회주의체제를 견지하고 있음에도 불구하고, '도이머이' 정책을 채택한 이후 소유구조는 점진적으로 변화해왔다. [표 6-1]을 보면, 국유경제부문이 국내총생산에서 차지하는 비중은 1986년에 40%에서 1991년에 31%까지 감소하였다가, 1992년을 기점으로 다시 증가하여 1994~1998년간에는 40% 수준을 회복하였다. 시장경제화 과정에 있는 베트남에서 국유부문의 증가현상이 다소 역설적이라고 생각되지만, 이는 개혁 초기에 그간 비효율적이던 국영기업을 활성화한 것에 기인하는 측면도 있고, 외국인투자기업들이 베트남에 투자할 경우 주로 국영기업과 협력관계를 가져 활성화된 측면도 있다. 그러나 이후, 그 비중은 2004년까지 39%로 약간 감소하였고, 2005년부터 감소 폭이 커져 2009년에는

35%로 되었다.

비국유부문은 1986년 GDP의 60%로부터 1991년 69%까지 증가하였다가, 1992년부터 감소하여 1994~2004년간 60% 전후의 비중을 차지하였고, 2005년부터 다시 증가하였다. 베트남 통계총국은 1993년까지 국내 비국유부문과 외국인투자부문을 한데 묶었으나, 1994년부터 분리하여 통계를 내고 있다. 이에 따르면 1994~2004년간 양자의 합계가 GDP에서 차지하는 비중이 60% 전후였으나, 국내 비국유부문의 비중은 1994년에 54%에서 2003~2009년간 약 46%로 감소한 반면, 외국인투자부문은 1994년 6%에서 2009년 18%로 지속적으로 증가하였다. 2005년 이후에는 국유부문의 비중이 감소하는 반면, 국내 비국유부문의 현상유지와 외국인투자부문의 비중이 증가하고 있다. 국유부문의 비중 감소는 국영기업의 비효율성, 국영기업의 비국유기업으로의 전환으로 인한 것이며, 사영기업 수의 증가에도 불구하고 GDP에서 차지하는 비국유부문의 비중이 급속히 증가하지 않는 것은 소규모 기업들이 많기 때문이라고 판단된다.

[표 6-1] 소유형태별 GDP 비중(%)

연도	1986	1987	1988	1989	1990	1991	1992	1993	1994	1995	1996	1997
국유	39.7	37.7	33.7	33.4	31.8	31.1	34.3	38.2	40.1	40.1	39.9	40.5
비국유	60.3	62.3	66.4	66.6	68.2	68.9	65.7	61.8	53.5	53.5	52.7	50.5
외국인투자부문									6.4	6.3	7.4	9.1

연도	1998	1999	2000	2001	2002	2003	2004	2005	2006	2007	2008	2009
국유	40.0	38.7	38.5	38.4	38.4	39.1	39.1	38.4	37.4	36.0	35.5	35.1
비국유	50.0	49.0	48.2	47.8	47.9	46.5	45.8	45.6	45.6	46.1	46.0	46.5
외국인투자부문	10.0	12.2	13.3	13.8	13.8	14.5	15.1	16.0	17.0	18.0	18.4	18.3

주: 2009년 통계는 추계치임.

출처: GSO, 2004, 1112~1115; CIEM, 2005, 14; CIEM, 2009, 16; GSO, 2010, 88.

2) 농림수산업부문

베트남의 농업부문은 1988년 농가계약제의 채택으로 실질적으로 대부분 사영화되었으며, 극히 소수의 국영농장을 유지하고 있을 뿐이다. 농림수산업 생산량의 소유형태별 비중을 보면, 국유부문은 1990~1995년에 이미 2.8~2.9%로 매우 낮은 상태였고 비국유부문의 비중이 계속 97%대를 유지하였다(GSO, 1996b, 61). 베트남 통계총국이 매년 발간하는 『통계연감』은 1996년 발간분까지 소유형태별 농림수산업 생산량 통계를 제시하였고 이후에는 제시하지 않는다. 이것은 농림수산업이 대부분 사영화되었기에 소유형태별 구분이 무의미하게 되었기 때문이라고 판단된다.

3) 공업부문

소유형태별 공업생산량 비중을 나타내는 [표 6-2]에서는, 공업에서 국유부문이 1989~1990년에 약간 감소하였으나 1995년까지 55% 이상을 점유하여 여전히 국가경제의 중추적 역할을 한 것으로 보인다. 이는 일견 베트남 경제에서 국유부문이 안정되게 유지되고 있고, 이는 또한 베트남의 사회주의체제가 건재한 것처럼 보일 수도 있다.

그러나 사회주의체제의 근간인 공유(公有)부문을 국유부문에만 한정하지 않고 국유부문과 집체소유부문을 동시에 포함시킨다면, 어떠한 변화 추이가 나타날까? 사회주의체제에서 공유부문에 국유 및 집체소유부문을 포함시키는 것은 베트남의 공식 입장에 부합되는 방법이기도 하다(CPV, 1987, 64). 1986년의 '도이머이' 정책 채택 이래 1990년대 중반까지 국유경제부문의 비중은 큰 변화를 나타내지 않은 반면, 집체소유부문은 급격히 감소하고, 대신에 외국인투자부문이 급격히 증가하였다. [표 6-2]에서 보듯이 공업생산량에서 집체소유부문은 1986년에 28%, 1988년에 24%를 점유하고 있었으나, 1990년에 12%, 1995년에는 1% 이하로 감소

[표 6-2] 소유형태별 공업생산량 비중(%)

연도	1986	1987	1988	1989	1990	1991	1992	1993	1994	1995/1995*	1996	1997
국유	56.3	55.9	56.5	54.3	54.1	55.8	55.3	56.4	57.1	57.3/50.3	49.3	48.0
비국유 합계	43.7	44.0	43.5	43.1	41.4	31.5	29.4	28.2	27.6	28.2/24.6	24.0	23.1
집체	28.1	27.0	23.9	15.8	12.2	4.8	2.8	2.1	1.1	0.8/0.6	0.6	0.6
사유	0.0	0.0	0.0	0.1	0.1	1.4	2.8	4.0	2.4	2.4/2.2	2.4	2.4
가계	15.1	16.4	19.0	26.4	28.4	25.2	23.8	22.1	21.4	20.7/17.6	16.1	14.7
혼합	-	-	-	-	-	-	-	-	2.7	4.3/4.2	5.0	5.5
외국인 투자부문	-	-	-	0.3	0.5	12.7	15.2	15.4	15.2	14.8/25.1	26.7	28.9

연도	1998	1999	2000/2000*	2001	2002	2003	2004	2005	2006	2007	2008
국유	45.9	43.4	41.8/34.2	31.5	31.5	29.4	27.4	25.1	22.4	20.0	18.5
비국유 합계	22.1	21.9	22.3/24.5	27.0	27.0	27.5	29.0	31.2	33.4	35.4	37.1
집체	0.6	0.6	0.7/0.6	0.5	0.6	0.4	0.4	0.4	0.4	0.3	0.3
사유	2.2	2.2	2.2/14.2	16.3	16.7	18.4	20.4	22.7	25.5	27.7	30.0
가계	13.8	13.0	11.8/9.7	10.2	9.7	8.7	8.2	8.1	7.5	7.4	6.8
혼합	5.5	6.1	7.5/-	-	-	-	-	-	-	-	-
외국인 투자부문	32.0	34.7	35.9/41.3	41.5	41.5	43.1	43.6	43.7	44.2	44.6	44.4

주: 1986~1990년간은 1982년 가격 기준, 1991~1995년간은 1989년 가격 기준, 1995*~2000년간은 1994년 가격 기준, 2000*~2008년간은 경상가격 기준.

출처: 1986~2000년간은 GSO, 2004, 1390~1392에서 산출; 2000*~2004년간은 GSO, 2006, 325; 2005~2008년간은 GSO, 2010, 351.

하여 전체 경제에서 매우 미미한 부문이 되고 말았다. 국유부문과 집체소유부문을 포함하는 공유부문의 비중은 1986년에 84%에서 1990년에 66%, 1995년에 58%(1989년 가격 기준)로 감소하였다. 1994년 가격 기준으로 계산하면 공유부문의 비중은 1995년에 51%로 되었고, 이후 계속 감소하여 2000년에는 43%로 하락하였다. 2000년대에는 경상가격 기준으로 2001~2003년간 30% 정도였다가 최근 2007년에 20%, 2008년에 19%로 감소하였다.

이처럼 개혁 과정에서 일시적으로 국유부문의 증가가 나타났다고 하더라도, 국유부문과 집체소유부문을 포함한 공유부문은 지속적으로 감소하는 추세를 나타냈고, 이제 그 비중은 20% 이하로 되어 1986년 84%의 1/4 수준으로 감소하였다. 베트남의 소유형태별 통계에서 국유부문과 비국유부문으로 구분한 것은 사회주의적 공유부문에 포함되는 집체소유부문의 급격한 감소가 사회주의경제의 급격한 쇠퇴로 보이는 것을 가리고 있다. 따라서 1990년대 중반까지 공업부문에서 국유부문이 안정적으로 유지되고 있었다 할지라도 이를 사회주의체제의 유지로 이해하는 것은 피상적 관찰에 근거한 것이라고 할 수 있으며, 더욱이 사유부문이 제대로 평가되지 않는 상황에서는 더욱 그러하다.

반면, 공업생산량에서 사유부문이 차지하는 몫은 1992년에야 2%를 넘어서 2000년까지 이어진다. 그러나 사유부문은 경상가격 기준으로 계산할 경우 2000년 전체 공업생산량에서 14%를 차지하였고, 이후 증가 속도가 빨라져 2008년에는 30%에 이르렀다. 여기에 외국인투자부문을 합산하면, 공업부문에서 비국유부문의 비중은 1995년 50%로부터 2000년 64%, 2008년 82%로 증가하였다. 이제 공업부문에서 사유경제는 절대적 비중을 점하게 되었다.

3. 경제구조의 변화

1) 경제성장 실적

1990년대에 들어서 1997년 동아시아 경제위기가 발생하기 이전까지 베트남 경제는 지속적으로 성장하였다. [표 6-3]에서 보듯이 1991~1995년간 베트남의 GDP 증가율은 평균 8%였고, 이는 1986~1990년간 평균 증가율의 두 배에 해당하는 실적이었다. 이후 GDP 증가율은 1996년에 9.3%, 1997년에 8.2%로 증가하였으나, 동아시아 경제위기의 영향으로 1998년에 5.8%, 1999년에 4.8%로 하락하였다가, 2000년부터 다시 회복하여 2007년까지 7~8%를 유지하였다. 2008~2009년간은 세계적 경기침체의 영향으로 5~6%의 증가율을 나타내었다.

[표 6-3] GDP 증가율(%)

연도	1986	1987	1988	1989	1990	1991	1992	1993	1994	1995	1996	1997
GDP	2.8	3.6	6.0	4.7	5.1	5.8	8.7	8.1	8.8	9.5	9.3	8.2
농림수산업	3.0	-1.1	3.7	7.0	1.0	2.2	6.9	3.8	3.4	4.8	4.4	4.3
공업/건설	10.9	8.5	5.0	-2.6	2.3	7.7	12.8	12.6	13.4	13.6	14.5	12.6
서비스	-2.3	4.6	8.8	7.9	10.2	7.4	7.6	8.6	9.6	9.8	8.8	7.1
연도	1998	1999	2000	2001	2002	2003	2004	2005	2006	2007	2008	2009
GDP	5.8	4.8	6.8	6.9	7.1	7.3	7.8	8.4	8.2	8.5	6.3	5.3
농림수산업	3.5	5.2	4.6	3.0	4.2	3.6	4.4	4.0	3.7	3.8	4.7	1.8
공업/건설	8.3	7.7	10.1	10.4	9.5	10.5	10.2	10.7	10.4	10.2	6.0	5.5
서비스	5.1	2.3	5.3	6.1	6.5	6.5	7.3	8.5	8.3	8.9	7.4	6.6

주: 2009년 통계는 추계치임.

출처: GSO, 2004, 1106; GSO, 2009, 73; CIEM, 2009, 7; GSO, 2010, 85.

이러한 경제성장의 원인은 안정적 농업생산을 기반으로 한 여타 부문의 성장에 있었다. 베트남의 농업은 경제개혁의 효과를 가장 잘 나타내주는 부문이다. 1인당 연간 식량생산량을 보면, 벼로 환산한 생산량은 1987년에 281kg이었으나, 1988~1989년에 349kg, 1990~1991년에 325kg, 1992년에 349kg이었으며, 이후 계속 증가하였다(Vu Tuan Anh, 1995, 4).[1] 베트남은 1989년부터 쌀 수출국으로 전환하였으며, 1990년대에는 매년 200만 톤 정도를 수출하였고 최근에는 600만 톤 정도를 수출하여 세계 제2위 지위를 누리고 있다.

공업부문은 1980년대에 매년 평균 약 7% 성장을 이루었으나, 1990년대에 들어서 10% 이상의 성장률을 나타내었다. 동아시아 경제위기의 영향을 받은 1998~1999년에만 7~8% 성장세를 나타내었고, 이후 회복되어 약 10%의 성장세를 보이다가, 최근 2008~2009년간 세계적 경기 침체로 5~6%의 성장률을 보였다. 서비스부문은 1990년 이래 7% 전후의 성장률을 나타내었고, 1998~2000년간 2~5%의 낮은 성장률을 보이다가, 근래에는 6~8%대 성장률을 회복하고 2007년까지 더 증가하는 경향을 보였다.

2) 산업구조의 변화

1990년대에 들어서 베트남의 부문별 산업구조는 산업화가 진행되고 있는 여타 국가들의 추세와 유사하게 농업부문의 비중이 줄고 공업과 서비스부문이 확대되고 있다. '도이머이' 정책을 채택한 1986년 농림수산업이 GDP에서 차지하는 비중은 38%였다가, 1991년까지 40% 전후로 증가하였고 1992년부터 일부 예외 연도를 제외하고는 지속적으로 감소하

1 베트남에서는 벼로 환산한 연간 1인당 식량의 양 300kg을 생계수준으로 잡고 있다.

여 2009년에는 21%까지 하락하였다. 공업/건설부문은 1986년 당시 GDP의 29%였다가 1987~1991년간 하락세를 보였고, 1992년부터 증가세로 돌아서 2009년 현재 40%의 비중을 차지하고 있다. 서비스부문의 비중은 1986년에 33%였다가 등락을 거듭하여 2009년에는 39%를 기록하였다 ([표 6-4]).

[표 6-4] 산업부문별 GDP 비중(%)

연도	1986	1987	1988	1989	1990	1991	1992	1993	1994	1995	1996	1997
농림수산업	38.1	40.6	46.3	42.1	38.7	40.5	33.9	29.9	27.4	27.2	27.8	25.8
공업/건설	28.9	28.4	24.0	22.9	22.7	23.8	27.3	28.9	28.9	28.8	29.7	32.1
서비스	33.1	31.1	29.7	35.0	38.6	35.7	38.8	41.2	43.7	44.1	42.5	42.2

연도	1998	1999	2000	2001	2002	2003	2004	2005	2006	2007	2008	2009
농림수산업	25.8	25.4	24.5	23.2	23.0	22.5	21.8	21.0	20.4	20.3	22.2	20.9
공업/건설	32.5	34.5	36.7	38.1	38.5	39.5	40.2	41.0	41.5	41.5	39.8	40.2
서비스	41.7	40.1	38.7	38.6	38.5	38.0	38.0	38.1	38.2	38.2	38.0	38.9

주: 2009년 통계는 추계치임.

출처: GSO, 2004, 1105; CIEM, 2005, 13; CIEM, 2009, 14; GSO, 2010, 84.

3) 교역

베트남의 교역량은 1986년에 30억 달러에서 2000년에 300억 달러, 2009년에는 1,270억 달러로 증가하였다. 교역량은 2000년까지 완만한 상승세를 보이다가, 이후 급속히 증가하여 2008년까지 지속적으로 증가하였다. 2003년부터 수출입 모두 급속히 증가하였고, 경상수지 적자가 50억 달러를 넘어섰다. 2007년부터는 수출입간 격차가 더 벌어져, 경상수지 적자가 140억 달러를 넘어섰다. 2009년의 교역액은 수출액 570억 달러, 수입액 700억 달러, 합계 1,270억 달러가 되었다. 2009년의 수출은 전년도에 비해 약 9% 감소하였고, 수입은 약 13% 감소하였다([표 6-5]).

[표 6-5] 교역량

(단위: 백만 US$, 루블)

연도	1986	1987	1988	1989	1990	1991	1992	1993	1994	1995	1996	1997
합계	2,944	3,309	3,795	4,512	5,156	4,425	5,121	6,909	9,880	13,604	18,400	20,777
수출	789	854	1,038	1,946	2,404	2,087	2,581	2,985	4,054	5,449	7,256	9,185
수입	2,155	2,455	2,757	2,566	2,752	2,338	2,541	3,924	5,826	8,155	11,144	11,592
경상수지	-1,366	-1,601	-1,718	-620	-348	-251	40	-939	-1,772	-2,706	-3,888	-2,407

연도	1998	1999	2000	2001	2002	2003	2004	2005	2006	2007	2008	2009
합계	20,860	23,283	30,119	31,247	36,452	45,405	58,454	69,208	84,717	111,326	143,399	127,045
수출	9,360	11,541	14,483	15,029	16,706	20,149	26,485	32,447	39,826	48,561	62,685	57,096
수입	11,500	11,742	15,637	16,218	19,746	25,256	31,969	36,761	44,891	62,765	80,714	69,949
경상수지	-2,139	-201	-1,154	-1,189	-3,040	-5,107	-5,484	-4,314	-5,065	-14,203	-18,029	-12,853

주: 2009년 통계는 추계치임.
1986~1993년간 사회주의 국가들과의 교역은 루블(Ruble)화로 결제되었으며, 루블화와 미화를 1:1로 계산하였음.

출처: GSO, 2004, 1519; GSO, 2009, 447; GSO, 2010, 453.

4) 외국인직접투자

외국인직접투자는 1988년에 새 외국인투자법을 시행한 이래 1988~2009년간 누계로 약 12,600건, 약 2천억 달러에 달하였다. 시기적으로는 1988년 이후 초기에 완만하게 증가하다가, 2005년부터 급속히 증가하여 2008년까지 이어졌다. 그러나 2009년에는 외국인직접투자가 2008년에 비해 대폭 감소하여 2007년과 유사한 수준이었다. 투자집행률은 2009년 말까지 약 30%에 불과하였다([표 6-6]).

[표 6-6] 연도별 외국인직접투자

연도	건수	투자금액(US$백만)	투자집행액(US$백만)
1988	37	341.7	-
1989	67	525.5	-
1990	107	735.0	-
1991	152	1,291.5	328.8
1992	196	2,208.5	574.9
1993	274	3,037.4	1,017.5
1994	372	4,188.4	2,040.6
1995	415	6,937.2	2,556.0
1996	372	10,164.1	2,714.0
1997	349	5,590.7	3,115.0
1998	285	5,099.9	2,367.4
1999	327	2,565.4	2,334.9
2000	391	2,838.9	2,413.5
2001	555	3,142.8	2,450.5
2002	808	2,998.8	2,591.0
2003	791	3,191.2	2,650.0
2004	811	4,547.6	2,852.5
2005	970	6,839.8	3,308.8
2006	987	12,004.0	4,100.1
2007	1,544	21,347.8	8,030.0
2008	1,557	71,726.0	11,500.0
2009(추계)	1,208	23,107.3	10,000.0
합계	12,575	194,429.5	66,945.5

출처: GSO, 2010, 115.

산업부문별로 보면, 제조업에 46%의 자본이 몰려 있고, 이를 포함한 공업 · 건설 · 광산업에 56%, 부동산 등 자산 경영에 23%, 호텔 · 요식업에 10%의 자본이 투자되어 있다([표 6-7]). 이런 추세는 외국인직접투자가 저임금의 노동자를 채용하는 제조업과 경제성장으로 인한 건설 붐에 편승한 부동산 투자, 자본의 회전이 상대적으로 빠른 호텔 · 요식업 등에 편중되어 있음을 보여준다.

[표 6-7] 산업부문별 외국인직접투자 (1988~2009년간 누계)

산업		건수	투자금액(US$백만)	비율(%)
농림 수산업	농업 · 임업	575	3,837.7	2.0
	수산업	163	541.4	0.3
		738	4,379.1	2.3
공업/ 건설/ 광산업	광산업	130	10,980.4	5.6
	제조업	7,475	88,579.5	45.6
	전기 · 가스 · 수도	72	2,231.4	1.1
	건설업	521	7,964.4	4.1
		8,198	109,755.7	56.5
서비스업	도소매업, 자동차/오토바이 등 수리, 개인 및 가정용품 외	322	1,041.6	0.5
	호텔 · 요식업	379	19,402.8	10.0
	교통 · 창고 · 통신업	554	8,435.3	4.3
	금융업	69	1,103.7	0.6
	자산(부동산 등) 경영 및 자문 서비스	1,867	45,505.7	23.4
	교육 훈련	128	275.8	0.1
	의료 · 사회원조	73	1,033.3	0.5
	레저 · 문화 · 스포츠	129	2,838.0	1.5
	개인 및 공동 서비스	118	658.3	0.3
		3,639	802,945	41.3
합계		12,575	194,429.5	100.0

출처: GSO, 2010, 116.

베트남에 대한 외국인투자국 순위는 [표 6-8]에서 보는 바와 같이 1988년부터 2008년까지 누계로 대만, 말레이시아, 일본, 싱가포르, 한국 등이 상위를 차지하였다.

[표 6-8] 10대 외국인직접투자국

순위	국가	1988~2008년 간 누계		순위	국가	1988~2009년 간 누계	
		건수	자본(US$백만)			건수	자본(US$백만)
1	대만	2,135	20,951.9	1	한국	2,560	26,880.4
2	말레이시아	340	18,005.6	2	대만	2,260	22,618.8
3	일본	1,102	17,362.2	3	말레이시아	395	17,202.3
4	싱가포르	733	17,071.0	4	일본	1,247	17,149.6
5	한국	2,153	16,666.3	5	싱가포르	870	16,345.7
6	브리티쉬 버진 아일랜드	438	13,824.1	6	미국	589	15,403.1
7	홍콩	671	7,416.7	7	브리티쉬 버진 아일랜드	495	15,261.4
8	태국	256	6,121.6	8	홍콩	740	8,540.0
9	미국	493	5,029.0	9	케이먼 아일랜드	44	6,758.4
10	캐나다	100	4,892.4	10	태국	284	6,198.4

주: 현재 시행되고 있는 외국인투자법은 1987년 12월 29일에 제정되어 1988년부터 시행되었으므로, 외국인직접투자 누계는 1988년부터의 실적을 합산한 것임.

출처: GSO, 2009, 105~106; GSO, 2010, 117.

2009년에는 외국인직접투자가 2008년에 비해 대폭 감소하여 2007년과 유사한 수준이었으나, 미국, 케이먼 아일랜드, 한국 등이 많은 양의 투자를 허가받았다(GSO, 2010, 122). 한국은 투자국 순위에서 3~5위를 차지하다가 2008년에 등록자본금 누계로 제5위 투자국이 되었으나, 2009년 한 해에 약 19억 달러 투자허가를 받아 2009년까지 누계로 제1위 투자국으로 올라섰다. 미국은 2009년 한 해에 등록자본금 약 99억 5천만 달러로 가장 많은 투자국이었고, 이로써 누계로는 제6위 투자국이 되었다.

4. 평가와 전망

국유경제부문의 존속과 기능은 사회주의체제의 지속 여부를 판단할 근거가 된다. 공산당은 사유경제부문의 집체경제화, 사유자본경제부문의 국가자본주의로의 유도 등을 통해 점차 사회주의로 이행한다는 전략을 제시하였지만(CPV, 1991, 116), 국가자본주의 경제에서 생산력을 증대시킨 후 이를 공유(公有)를 기반으로 하는 사회주의경제화 방안에 대하여는 구체적으로 언급하고 있지 않다. 따라서 사회주의경제체제 건설의 내재적 논리는 급격한 자본주의화에 대한 억제효과를 가져올 수는 있겠지만 사회주의체제 건설의 '로드맵'(road map)으로는 불충분하다. 또한 현실에 대한 평가를 강화하고 사회주의 건설노선에 대한 이론을 발전시키는 것이 요구된다는 당의 논의는(CPV, 1991, 104~105) 현실의 변화에 따른 사회주의 건설 방안에 대한 재해석과 수정의 여지를 남겨놓고 있다.

현재 베트남의 경제정책 방향은 "공업화 · 현대화"라는 구호로 집약되어 있다. 구체적으로는, 국내 산업을 진흥시켜 수입대체산업을 육성하는 동시에 수출상품의 경쟁력을 높이고, 외국인투자를 적극적으로 유인하여 가용자본을 확보하겠다는 것이다. 동시에, 공공서비스를 제공하는 국가전략적 부문의 국영기업은 정부의 보호 하에 육성하고, 여타 기업은 사영화하여 시장에서 자유롭게 경쟁토록 하겠다는 것이다. 이제까지의 국유경제를 포함한 사회주의경제부문의 비중 감소 추세와 국영기업 개혁의 방향으로 볼 때, 향후 국유경제부문의 비중은 줄고, 사유경제의 비중이 증대할 것으로 보인다. 결국, 자본주의적 경제체제로의 전환을 계속하면서 사회주의 국가로서 존속할 수 있는 길은 유토피아로서의 (도달할 수 없는) 사회주의를 계속 견지하여 현실과의 긴장관계를 유지하면서, 사회주의 개념에 대한 유연한 해석을 통해 달성될 수 있을 것이다.

참고문헌

1. 국문

구성열 · 손정식 · 안희완 · 이두원. 2002. 『베트남의 법제도와 시장개혁: 체제이행국가의 하부구조 구축에 관한 연구』. 서울: 연세대학교 동서문제연구원.

권율. 1998. 「베트남 경제개혁의 특성에 관한 연구: 개도국형 체제전환의 성격을 중심으로」. 서강대학교 박사학위논문.

권율. 2000. 「베트남 국영기업의 개혁과정에 대한 연구」. 『베트남연구』 제1권.

송정남. 2001. 「프랑스 식민지하의 남베트남 토지제도: 토지제도의 법제화를 중심으로」. 『국제지역연구』 제5권 3호.

에스터라인(Esterline, John H. & Mae H. Esterline). 동남아정치연구회 역. 1991. 『동남아정치입문』. 서울: 박영사.

윤현탁. 1995. 「베트남의 사회주의 이행전략과 '도이머이'(Doi Moi)」. 서강대학교 석사학위논문.

이강우. 2003. 「도이머이시대의 베트남국영기업 개혁과정」. 『베트남연구』 제4권.

이강우. 2004. 「베트남국영기업의 주식회사 전환 정책에 관한 연구: 공산당과 정부 문건을 중심으로」. 『베트남연구』 제5권.

이은호. 1994. 「베트남의 사회주의체제 변화와 개방정책」. 동남아지역연구회 편. 『동남아의 정치변동』. 서울: 21세기 한국연구재단.

이한우. 1999. 「베트남의 농업개혁정책, 1975~1993: 탈집체화의 전개과정」. 서강대학교 박사학위 논문.

이한우. 2002. 「베트남의 체제변화와 21세기 발전 방향: 제9차 당대회 결과 분석」. 『국제지역연구』 제5권 4호.

전경수 · 한도현. 1996. 「현대 베트남 대도시내 농촌지역의 토지이용과 생산시스템: 하노이 시 싸 다이모의 사례」. 『지역연구』(서울대 지역종합연구소) 제5권 제3호.

조명철 · 권율 · 이철원 · 김은지. 2000a. 『체제전환국의 경제개발비용 조달』. 서울: 대외경제정책연구원.

조명철 · 홍익표. 2000b. 『중국 · 베트남의 초기 개혁 · 개방정책과 북한의 개혁방향』. 서울: 대외경제정책연구원.

최봉현. 1994. 「베트남 경제의 통일과 개혁」. 이근 편. 『발전 · 개혁 · 통일의 제모델』. 서울: 21세기북스.

2. 일문

トラン・ヴァン・トゥ. 1989. 「ベトナムの經濟改革と對外經濟關係:アジア太平洋視點からの豫備的考察」. トラン・ヴァン・トゥ 編. 『ベトナムの經濟改革と對外經濟關係』. 東京: 日本經濟研究センタ.

トラン・ヴァン・トゥ. 1996. 『ベトナム經濟の新展開: 工業化時代の胎動』. 東京: 日本經濟新聞社.

古田元夫. 1988. 「ベトナム共産黨第6回大會の歷史的位置」. 三尾忠志 編. 『インドシナをめぐる國際關係:對決と對話』. 東京: 日本國際問題研究所.

古田元夫. 2009. 『ドイモイの誕生: ベトナムにおける改革路線の形成過程』. 東京: 青木書店.

木村哲三郎. 1996. 『ベトナム黨官僚國家の新たな挑戰』. 東京: アジア經濟研究所.

白石昌也. 1993. 『ベトナム 革命と建設のはざま』. 東京: 東京大學出版會.

山崎勝. 1991. 「ベトナムにおける社會主義國家建設と'ドイモイ'政策の歷史的意義」. 『創大アジア研究』(創價大學アジア研究所), 第12輯.

山崎勝. 1994. 「ベトナムの'株式會社化'の諸問題」. 『創大アジア研究』 第15輯.

三尾忠志. 1988. 「ベトナムの經濟改革: モデルなき實驗と試行錯誤」. 三尾忠志 編. 『インドシナをめぐる國際關係-對決と對話』. 東京: 日本國際問題研究所.

石田曉惠. 2004. 「ベトナム工業化の課題: 擔い手の發展」. 石田曉惠 · 五島文雄 編. 『國際經濟參入期のベトナム』. 千葉: アジア經濟研究所.

石田曉惠. 2009. 「WTO加盟後のベトナムの國有企業グループ」. 坂田正三 編. 『變容

するベトナムの經濟主體』. 千葉: アジア經濟研究所.

岩井美佐紀. 1996.「ドイモイ後の北部ベトナム農村社會の変容-チャンリエット村合作社の事例を中心に」.『東南アジア -歴史と文化-』No. 25.

竹内郁雄. 1992.「ドイモイ下のベトナムの國營企業」.『アジア經濟』第33巻 3號.

竹内郁雄. 1994.「'規制された市場メカニズム'への移行-ドイモイ下の國營セクタ: 改革の過程・現狀・課題」. 五島文雄・竹内郁雄 編.『社會主義ベトナムとドイモイ』. 東京: アジア經濟研究所.

竹内郁雄. 1996.「社會主義ベトナムのシステム轉換: '上級機關と企業との間の支配從屬關係'問題を中心に」. 竹内郁雄・村野勉 編.『ベトナムの市場經濟化と經濟開發』. 東京: アジア經濟研究所.

村野勉. 1984.「ベトナムの社會主義農業制度」. 木村哲三郎 編.『インドシナ三國の國家建設の構圖』. 東京: アジア經濟研究所.

村野勉. 1987.「ベトナム農業における生産請負制: その仕組と實態」.『アジアトレンド』(アジア經濟研究所) 第40號.

村野勉. 1989.「動き出す農業'刷新': 劃期的な政治局決議」.『アジアトレンド』第45號.

秋葉まり子. 2000.「國營企業の改革と内部構造の變化」. 白石昌也 編.『ベトナムの國家機構』. 東京: 明石書店.

出井富美. 1989.「ベトナム南部における農業の集團化と農業生産」. トラン・ヴァン・トゥ編.『ベトナムの經濟改革と對外經濟關係』. 東京: 日本經濟研究センタ.

坂田正三. 2009.「變容するベトナムの經濟主體: 研究の課題」. 坂田正三 編.『變容するベトナムの經濟主體』. 千葉: アジア經濟研究所.

坪井善明. 1994.『ヴェトナム: '豊かさ'への夜明け』. 東京: 岩波書店.

3. 베트남어문

Bo Nong nghiep va Cong nghiep thuc pham. 1991. *Thuc trang Kinh te Ho nong dan Viet Nam sau Doi moi Co che Quan ly Kinh te trong Nong nghiep* [농업에서 경제관리 기제 쇄신 이후 베트남 농가경제의 특징]. Ha Noi: Nxb Nong nghiep.

Bo Nong nghiep va Cong nghiep thuc pham. 1993. *Chu truong Chinh sach cua Dang, Nha nuoc ve Tiep tuc Doi moi va Phat trien Nong nghiep Nong thon* [농업 및 농촌의 쇄신과 발전을 계속하는 것에 관한 당 및 국가의 정책 지침]. Ha Noi: Nxb Nong nghiep.

Cao Van Luong. 1981. "Vai net ve Co cau Kinh te va Co cau Xa hoi o Nong thon Mien Nam truoc Ngay Giai phong." [해방 이전 남부 농촌에서 경제구조와 사회구조에 관한 몇 가지 특징]. *Nghien cuu Lich su*. [역사연구]. so 2-1981.

Chi thi so 100-CT/TW. "Chi thi Cai tien Cong tac Khoan, Mo rong 'Khoan san pham den Nhom lao dong va Nguoi lao dong' trong Hop tac xa Nong nghiep." [농업합작사 내 노동조직과 노동자에 대한 생산물계약제의 확대와 계약업무 개선에 관한 지시]. Bo Nong nghiep va Cong nghiep thuc pham(1993).

Chu Van Lam, Nguyen Thai Nguyen, Phung Huu Phu, Tran Quoc Toan & Dang Tho Xuong. 1992. *Hop tac hoa Nong nghiep Viet Nam, Lich su-Van de-Trien vong* [베트남 농업합작화: 역사, 문제, 전망]. Ha Noi: Nxb Su that.

CIEM(Vien Nghien cuu Quan ly Kinh te Trung uong). 2009. *Kinh te Viet Nam 2008* [베트남 경제 2008]. Ha Noi: Nxb Tai chinh.

"Co phan hoa Khong duoc Bien thanh Tu nhan hoa." [주식화는 사유화로 변화될 수 없다]. *Nhan Dan*, 04-10-2004.

Dang Phong. 2009a. *"Pha rao" trong Kinh te vao Dem truoc Doi moi* [도이머이 前夜 경제 중의 "담장 허물기"]. Ha Noi: Nxb Tri thuc.

Dang Phong. 2009b. *Tu duy Kinh te Viet Nam 1975~1989* [베트남 경제 思惟 1975~1989]. Ha Noi: Nxb Tri thuc.

Danh muc cac Don vi Hanh chinh Viet Nam [베트남 행정단위 목록]. Ha Noi: Nxb Thong ke, 2000.

DCSVN(Dang cong san Viet Nam). 1996. *Van kien Dai hoi Dai bieu Toan quoc Lan thu VIII* [제8차 전국대표대회 문건]. Ha Noi: Nxb Chinh tri Quoc gia.

DCSVN. 2001a. *Van kien Dai hoi Dai bieu Toan quoc Lan thu IX* [제9차 전국대표대회 문건]. Ha Noi: Nxb Chinh tri Quoc gia.

DCSVN. 2001b. *Nghi quyet Hoi nghi Lan thu ba Ban chap hanh Trung uong Dang Khoa IX ve Tiep tuc Sap xep, Doi moi, Phat trien va Nang cao Hieu qua Doanh nghiep Nha nuoc* [국영기업의 배치, 쇄신, 발전 및 효과증진을 계속하는 것에 관한 제9기 당 중앙집행위원회 제3차 회의 의결]. Ha Noi: Nxb Chinh tri Quoc gia.

DCSVN. 2004. *Van kien Hoi nghi Lan thu chin Ban chap hanh Trung uong Khoa IX* [제9기 중앙집행위원회 제9차 회의 문건]. Ha Noi: Nxb Chinh tri Quoc gia.

Do Hoai Nam & Dang Phong (chu bien). 2009. *Nhung mui Dot pha trong Kinh te thoi truoc Doi moi* [도이머이 이전 시기 경제 중 돌파점]. Ha Noi: Nxb Khoa hoc Xa hoi.

Do Thai Dong. 1989. "Nhung van de Co cau Xa hoi va Phat trien o mot Xa Nong thon Nam bo." [남부 농촌의 한 싸에서의 사회구조와 발전 문제]. *Xa hoi hoc*. so 27(so 3-1989).

Do Thai Dong. 1990. "Quan he San xuat va Chinh sach Giai cap o Nong thon Dong bang song Cuu Long." [끄우롱 델타 농촌에서의 생산관계와 계급정책]. Vien Khoa hoc Xa hoi tai Thanh pho Ho Chi Minh. *Mien Nam trong Su nghiep Doi moi cua Ca nuoc* [전국의 쇄신사업 중의 남부]. Ha Noi: Nxb Khoa hoc Xa hoi.

Duong Quang Tung. 1997. "Ve Che do Bo chu quan va Cap hanh chinh chu quan doi voi Doanh nghiep Nha nuoc." [국영기업의 주관부 및 주관행정급 제도에 대하여]. *Tap chi Cong san*. so 21-1997.

Ha Dang. 2006. "Doi moi la gi? Bat dau tu dau?" [도이머이란 무엇인가? 어디로부터 시작되었나?]. *Viet Nam 20 nam Doi moi* [베트남 도이머이 20년]. Ha Noi: Nxb Chinh tri Quoc gia.

Ho Xuan Hung. 2004. "Co phan hoa Doanh nghiep Nha nuoc: Ket qua, Vuong mac va Giai phap." [국영기업 주식화: 결과, 곤경 및 해법]. *Tap chi Cong san*. so 18-2004.

Hoang Cong Thi & Phung Thi Doan. 1994. *Co phan hoa cac Doanh nghiep Nha nuoc o Viet Nam* [베트남 국영기업의 주식화]. Ha Noi: Nxb Thong ke.

Hoc vien Chinh tri Quoc gia Ho Chi Minh. 2007. *Dong chi Truong-Chinh: Nha lanh dao Kiet xuat cua Cach mang Viet Nam* [쯔엉찐 동지: 베트남 혁명의 걸출한 영도자]. Ha Noi: Nxb Ly luan Chinh tri.

Le Du Phong. 1995. "Kinh te-Xa hoi Dong bang Bac bo: Thuan Loi, Kho Khan va Trien vong cua Su Phat trien." [북부 델타의 경제-사회: 유리함, 곤란과 발전 전망]. Trien vong Phat trien Dong bang Song Hong [홍강 델타의 발전 전망] 세미나 발표논문, Dai hoc Kinh te Quoc dan, Hanns Seidel Foundation & UBND Tinh Nam Ha. Nam Dinh, Viet Nam, 10-12/7/1995.

Le Hong Hanh. 2004. *Co phan hoa Doanh nghiep Nha nuoc: Nhung Van de Ly luan va Thuc Tien* [국영기업 주식화: 이론과 실천 문제]. Ha Noi: Nxb Chinh tri Quoc gia.

Le Huu Tang & Luu Ham Nhac (dong chu bien). 2002. *Nghien cuu So sanh Doi moi Kinh te o Viet Nam va Cai cach Kinh te o Trung Quoc* [베트남의 경제 도이머이와 중국의 경제개혁 비교연구]. Ha Noi: Nxb Chinh tri Quoc gia

Le Mau Han. 1998. *Dang cong san Viet Nam cac Dai hoi va Hoi nghi Trung uong* [베트남 공산당 대회 및 중앙회의]. Ha Noi: Nxb Chinh tri Quoc gia.

Le Minh Ngoc. 1992. "Thu nhin lai Qua trinh Hop tac hoa Nong nghiep o Nam Bo." [남부에서의 농업합작화 과정을 돌아본다]. Vien Khoa hoc Xa hoi tai Thanh pho Ho Chi Minh. *Nhung Van de Xa hoi hoc o Mien Nam* [남부에서의 사회학 문제]. TP. Ho Chi Minh: Nxb Khoa hoc Xa hoi.

Le Quoc Su. 1990. "Huong Giai quyet Quyen su dung Ruong dat cho Nong dan Dong bang song Cuu Long trong Boi canh Kinh te-Xa hoi." [경제사회 배경 중 끄우롱 델타 농민에게 주어지는 토지사용권 해결 방향]. Vien Khoa hoc Xa hoi tai Thanh pho Ho Chi Minh. *Mien Nam trong Su nghiep Doi moi cua Ca nuoc* [전국의 쇄신사업 중의 남부]. Ha Noi: Nxb Khoa hoc Xa hoi.

Le Quoc Su. 1991. "Dac diem ve Ruong dat o Nam bo." [남부에서 토지에 관한 특징점]. Vien Khoa hoc Xa hoi tai Thanh pho Ho Chi Minh. *Mot so Dac diem Kinh te cua Mien Nam Viet Nam* [베트남 남부의 몇 가지 경제적 특징점]. TP. Ho Chi

Minh: Nxb Khoa hoc Xa hoi.

Le Van Tam (chu bien). 2004. *Co phan hoa va Quan ly Doanh nghiep Nha nuoc sau Co phan hoa* [주식화와 주식화 이후 국영기업 관리]. Ha Noi: Nxb Chinh tri Quoc gia.

Lee Kang Woo. 2003. *Qua trinh Doi moi Doanh nghiep Nha nuoc o Viet Nam* [베트남에서 국영기업 쇄신 과정]. Ha Noi: Nxb Dai hoc Quoc gia Ha Noi.

Lich su Xa Viet Hung [비엣훙 싸 역사]. Xa Viet Hung: Dang uy & Uy ban Nhan dan Xa Viet Hung, 2000.

"Luat Doanh nghiep Nha nuoc 2003." [2003년 국영기업법].

"Nam 2005: Day manh Thi truong hoa Co phan hoa." [2005년: 시장화, 주식화 추동]. ⟨http://www.cpv.org.vn/details.asp?topic=70&subtopic=169&id=BT2620569719⟩

Nghi dinh so 64. "Nghi dinh so 64/2002/ND-CP ngay 19 thang 6 nam 2002 cua Chinh phu ve Viec Chuyen Doanh nghiep Nha nuoc Thanh Cong ty Co phan." [국영기업의 주식회사로의 전환에 관한 정부의 2002년 6월 19일자 의정 제64호]. Vien Nghien cuu Quan ly Kinh te Trung uong. *Luat Doanh nghiep Nha nuoc va Cac Quy dinh ve Co phan hoa, Giao, Ban, Khoan Kinh doanh* [국영기업법과 주식화 · 양도 · 매각 · 경영청부에 관한 규정]. Ha Noi: Nxb Giao thong Van tai, 2004.

Nghi dinh so 109. "Nghi dinh so 109/2007/ND-CP ngay 26 thang 6 nam 2007 cua Chinh phu ve Chuyen Doanh nghiep 100% von Nha nuoc thanh Cong ty co phan." [100% 국가자본 소유기업의 주식회사로의 전환에 관한 정부의 2007년 6월 26일자 의정 제109호]. Phan Duc Hieu (bien tap). *Co phan hoa va Chuyen doi Doanh nghiep Nha nuoc: Cac Quy dinh moi nhat* [국영기업의 주식화와 전환: 최신 규정]. Ha Noi: Nxb Tai chinh, 2007.

Nghi dinh so 187. "Nghi dinh cua Chinh phu so 187/2004/ND-CP ngay 16 thang 11 nam 2004 ve Viec Chuyen Cong ty Nha nuoc Thanh Cong ty Co phan." [국영회사의 주식회사로의 전환에 관한 2004년 11월 16일자 정부의정 제187호]. ⟨http://www.nscerd.org.vn/detail.asp?Id=546&head=0⟩

Nghi quyet so 10-NQ/TW. "Nghi quyet Bo chinh tri ve Doi moi Quan ly Kinh te Nong nghiep." [농업경제관리 쇄신에 관한 정치국 결의]. Bo Nong nghiep va Cong nghiep thuc pham(1993).

Ngo Thang Loi. 2004. *Doanh nghiep Nha nuoc trong Phat trien Kinh te-Xa hoi o Viet Nam den nam 2010* [2010년까지 베트남 경제사회 발전 중 국영기업]. Ha Noi: Nxb Chinh tri Quoc gia.

Ngoc Lan. 2010. "Chuyen doi DNNN: Cuoi nam Moi xong." [국영기업 전환: 연말에 겨우 완료]. *Thoi bao Kinh te Sai Gon*, 1-7-2010.

Nguyen Huu Dat. 2008. "Co phan hoa Doanh nghiep Nha nuoc o Viet Nam: Thuc trang va Giai phap." [베트남에서 국유기업 주식화: 특징과 해법]. *Nghien cuu Kinh te*. so 366(Thang 11-2008).

Nguyen Huy Anh. 1998. *Qua trinh Hinh thanh va Phat trien Phap luat ve So huu o Viet Nam* [베트남에서 소유관련 법률의 형성과 발전 과정]. Ha Noi: Nxb Chinh tri Quoc gia.

Nguyen Luc (chu bien). 1990. *Thuc trang Kinh te-Xa hoi Viet Nam Giai doan 1986~1990* [1986~1990년간 베트남 경제사회 실상]. Ha Noi: Tap chi Thong ke.

Nguyen Manh Hung (bien soan). 1996. *Cac Co quan Chinh phu Doanh nghiep Lon cua Nha nuoc & Du bao Nhu cau Co ban cua Thi truong* [정부기관과 국가의 대형기업 및 시장의 기본요구 예보]. Ha Noi: Nxb Thong ke.

Nguyen Sinh Cuc. 1991. *Thuc trang Nong nghiep, Nong thon va Nong dan Viet Nam 1976~1990* [베트남의 농업, 농촌 및 농민의 실상, 1976~1990]. Ha Noi: Nxb Thong ke.

Nguyen Sinh Cuc & Nguyen Van Tiem. 1996. *Nua The ky Phat trien Nong nghiep Nong thon Viet Nam 1945~1995* [베트남 농업 및 농촌 발전의 세기, 1945~1995]. Ha Noi: Nxb Nong nghiep.

Nguyen Thu Sa. 1990. "Van de Ruong dat o Dong bang song Cuu Long." [끄우롱 델타에서의 토지문제]. Vien Khoa hoc Xa hoi tai Thanh pho Ho Chi Minh. *Mien Nam trong Su nghiep Doi moi cua Ca nuoc* [전국의 쇄신사업 중의 남부]. Ha Noi: Nxb Khoa hoc Xa hoi.

Nguyen Thu Sa. 1992. "Suy nghi tu nhung khao sat moi ve Van de Ruong dat o Dong bang song Cuu Long." [끄우롱 델타에서의 토지문제에 관한 새로운 조사로부터의 생각]. Vien Khoa hoc Xa hoi tai Thanh pho Ho Chi Minh. *Nhung Van de Xa hoi hoc o Mien Nam* [남부에서의 사회학 문제]. TP. Ho Chi Minh: Nxb Khoa hoc Xa hoi.

Nguyen Van Bich & Chu Tien Quang. 1994. *Doi moi Quan ly Kinh te Nong nghiep Thanh tuu Van de va Trien vong* [농업경제관리의 쇄신: 성취, 문제, 전망]. Ha Noi: Nxb Chinh tri Quoc gia.

Nguyen Van Bich & Chu Tien Quang. 1996. *Chinh sach Kinh te va Vai tro cua no doi voi Phat trien Kinh te Nong nghiep, Nong thon Viet Nam* [베트남 농촌, 농업경제 발전에 대한 경제정책과 그 역할]. Ha Noi: Nxb Chinh tri Quoc gia.

Nguyen Van Bich & Chu Tien Quang. 1999. *Phat trien Nong nghiep Nong thon trong Giai doan Cong nghiep hoa va Hien dai hoa o Viet Nam* [베트남에서 공업화 · 현대화 단계 중 농업 및 농촌 발전]. Ha Noi: Nxb Nong nghiep.

Nguyen Van Nhat. 1983. "Tang lop Trung nong o Dong bang Nam bo truoc Ngay Giai phong." [해방 전 남부 평야에서의 중농 계층]. *Nghien cuu Lich su*. so 1-1983.

Nguyen Van Phuc, Vu Thanh Hung, Nguyen Van Dinh. 2003. *Mot so Van de ve Ban, Khoan Kinh doanh va Cho thue Cac Doanh nghiep Nha nuoc o Viet Nam* [베트남 국영기업의 매각, 경영청부 및 임대에 관한 몇 가지 문제]. Ha Noi: Nxb Chinh tri Quoc gia.

Nguyen Van Thuong & Nguyen Ke Tuan (chu bien). 2005. *Kinh te Viet Nam 2004: Nhung Van de Noi bat* [2004년 베트남 경제: 현저한 문제들]. Ha Noi: Nxb Ly luan Chinh tri.

Pham Xuan Nam 1991. "Qua trinh Doi moi Nong nghiep o Nuoc ta: Thanh tuu, Van de va Giai phap." [우리나라에서의 농업 쇄신 과정-성취, 문제 및 해법]. Pham Xuan Nam (chu bien). *Doi moi Kinh te - Xa hoi: Thanh tuu, Van de va Giai phap* [경제사회 쇄신: 성취, 문제 및 해법]. Ha Noi: Nxb Khoa hoc Xa hoi.

Quyet dinh so 202. "Quyet dinh cua Chu tich Hoi dong bo truong ve Viec Tiep tuc

Lam Thi diem Chuyen Mot so Doanh nghiep Nha nuoc Thanh Cong ty Co phan." [국영기업의 주식회사로의 시험적 전환을 계속하는 것에 관한 부장회의 주석의 결정].

TCTK(Tong cuc Thong ke). 1981. *Nien giam Thong ke 1980* [통계연감 1980]. Ha Noi: Tong cuc Thong ke.

TCTK. 1983. *Nien giam Thong ke 1982* [통계연감 1982]. Ha Noi: Tong cuc Thong ke.

Tong cuc Thong ke—Vu Nong nghiep & Bo Nong nghiep va Cong nghiep Thuc pham—Vien Quy hoach va Thiet ke. 1991. *So lieu Nong nghiep Viet Nam 35 nam(1956~1990)* [35년(1956~1990) 베트남 농업 자료]. Ha Noi.

Tran Duc. 1994. *Hop tac trong Nong thon, Xua va Nay* [농촌에서의 합작, 과거와 현재]. Ha Noi: Nxb Nong nghiep.

Tran Huu Dinh. 1994. *Qua trinh Bien doi ve Che do So huu Ruong dat va Co cau Giai cap o Nong thon Dong bang song Cuu Long(1969~1975)* [끄우롱 델타 농촌에서의 토지소유제도와 계급구조의 변화과정(1969~1975)] Ha Noi: Nxb Khoa hoc Xa hoi.

Tran Tien Cuong. 2002. "Co phan hoa va Cac Van de Hau Co phan hoa can Nghien cuu Giai quyet." [주식화와 주식화 이후 연구 · 해결해야 할 문제]. Luan van Hoi thao. *Co phan hoa va Hau Co phan hoa – Thuc trang va Giai phap*. Bo Ke hoach va Dau tu & Ngan hang The gioi. Ha Noi, 29–30 thang 8 nam 2002.

Tran Van Chu. 2003. "Co phan hoa: Doi moi Doanh nghiep Nha nuoc." [주식화: 국영기업 쇄신]. *Nghien cuu Kinh te*. so 4–2003.

Vo Van Sen. 2005. *Su Phat trien cua Chu nghia tu ban o Mien Nam Viet Nam (1954~1975)* [베트남 남부에서 자본주의의 발전 (1954~1975)]. TP. Ho Chi Minh: Nxb Dai hoc Quoc gia, TP. Ho Chi Minh.

Vu Cong tac Lap phap. 2003. *Nhung Van de Co ban cua Luat Doanh nghiep Nha nuoc* [국영기업법의 기본 문제]. Ha Noi: Nxb Tu phap.

Vu Quoc Tuan. 2004. "Kinh te Dan doanh: Nhin tu Goc do Dan chu hoa trong nen Kinh te moi." [민영경제: 신경제 중 민주화 각도에서 봄]. Le huu Nghia & Dinh

Van An (dong chu bien). *Phat trien Kinh te Nhieu thanh phan o Viet Nam: Ly luan va Thuc tien* [베트남에서 다성분경제 발전: 이론과 실천]. Ha Noi: Nxb Chinh tri Quoc gia.

Vu Quoc Tuan & Nguyen Dinh Cung. 2003. "Phat trien cac Loai hinh Doanh nghiep." [기업유형들의 발전]. Dinh Van An (chu bien). *Phat trien nen Kinh te Thi truong Dinh huong Xa hoi chu nghia o Viet Nam* [베트남에서 사회주의 지향 시장경제의 발전]. Ha Noi: Nxb Thong ke.

4. 영문

Anh Thu. 2010. "Problems Being Private." 〈http://news.vneconomy.vn/2010050402474508P0C1/problems-being-private.htm〉.

"Assigning Value." *Vietnam Economic Times*, Oct. 2004.

Beresford, Melanie. 1986. "Revolution in the Countryside: Report on a Visit to Vietnam: October-November 1985." *Journal of Contemporary Asia*. Vol.16, No.3.

Beresford, Melanie. 1991. "The Impact of Economic Reforms on the South." Dean K. Forbes, Terence H. Hull, David G. Marr & Brian Brogan, eds.(1991)

Beresford, Melanie. 1995. "Foreword." Irene Norlund, Carolyn L. Gates & Vu Cao Dam, eds.(1995).

Beresford, Melanie. 2003. "Economic Transition, Uneven Development, and the Impact of Reform on Regional Inequality." Hy Van Luong, ed.(2003).

Bui Tin. 1995. *Following Ho Chi Minh: The Memoirs of a North Vietnamese Colonel*. Honolulu: University of Hawaii Press.

"Business Groups the Way to Improve SOEs?" *Vietnam News*, 26 Feb. 2005.

Chaliand, Gerard. 1969. *The Peasants of North Vietnam*. Harmondsworth: Penguin Books.

Chanda, Nayan. 1976. "Towards Socialism–On the Double." *Far Eastern Economic*

Review(FEER), 9 July.

Chanda, Nayan. 1978. "Vietnam Puts Food Before Industry." *FEER*, 5 May.

Chanda, Nayan. 1979. "Vietnam's Battle of the Home Front." *FEER*, 2 Nov.

Chanda, Nayan. 1981a. "A Last-Minute Rescue." *FEER*, 27 Feb.

Chanda, Nayan. 1981b. "Bickering Begins as Old Friends Fall out." *FEER*, 27 Feb.

Chanda, Nayan. 1981c. "Cracks in the Edifice." *FEER*, 4 Dec.

Chanda, Nayan. 1981d. "Vietnam's Economic Post-Mortem." *FEER*, 9 Jan.

Chanda, Nayan. 1982a. "The North Takes the Lead." *FEER*, 8 Jan.

Chanda, Nayan. 1982b. "Vietnam's New Party Line-up." *FEER*, 2 Apr.

Chanda, Nayan. 1983a. "Aftermath of Revolution." *FEER*, 13 Oct.

Chanda, Nayan. 1983b. "A Liberal Malady." *FEER*, 6 Oct.

Chanda, Nayan. 1984. "Toeing a Liberal Line." *FEER*, 12 Jan.

Chanda, Nayan. 1986a. "A Star in the Wings." *FEER*, 7 Aug.

Chanda, Nayan. 1986b. "Back to Basics." *FEER*, 13 Nov.

Chanda, Nayan. 1986c. "Changing the Guard." *FEER*, 10 July.

Chanda, Nayan. 1986d. "The New Revolution." *FEER*, 10 Apr.

Chu Van Lam. 1993. "Doi Moi in Vietnamese Agriculture." William S. Turley & Mark Selden, eds. *Reinventing Vietnamese Socialism: Doi Moi in Comparative Perspective*. Boulder: Westview.

CIEM(Central Institute for Economic Management). 2002. "Viet Nam's Equitized Enterprises: An Ex-Post Study of Performance, Problems and Implications for Policy." Unpublished Discussion Draft.

CIEM. 2004. *Vietnam's Economy in 2003*. Hanoi: National Political Publisher.

CIEM. 2005. *Vietnam's Economy in 2004*. Hanoi: Science and Technics Publishing House.

CIEM. 2006. *Vietnam's Economy in 2005*. Hanoi: The Publishing House of Political Theory.

CIEM. 2007. *Vietnam's Economy in 2006*. Hanoi: Finance Publishing House.

CIEM. 2008. *Vietnam's Economy in 2007*. Hanoi: Finance Publishing House.

Cohen, Margot. 2004. "Corporate Overhaul." *Far Eastern Economic Review*, 7 Oct.

Correze, Francoise. 1986. "In Hai Hau, the Kingdom of Mud." *Vietnamese Studies*. No.12(82).

CPV(Communist Party of Vietnam). 1977. *4th National Congress Documents*. Hanoi: Foreign Languages Publishing House.

CPV. 1987. *6th National Congress of the Communist Party of Vietnam Documents*. Hanoi: Foreign Languages Publishing House.

CPV. 1991. *7th National Congress Documents*. Hanoi: Foreign Languages Publishing House.

CPV. 1996. *VIIIth National Congress Documents*. Hanoi: The Gioi Publishers.

CPV. 2001. *9th National Congress Documents*. Hanoi: The Gioi Publishers.

CPV Directive 100. "VCP Central Committee Secretariat's 13 January 1981 Directive No.100-CTTU on Contractual Work." *JPRS(Joint Publications Research Service), Vietnam Report* 2245(2 Feb. 1981).

CPV Resolution 10. "The Renovation of Agricultural Economic Management." Hanoi: Foreign Languages Publishing House, 1990.

Cruz, Gladys A., Nghiem Phuong Tuyen, Charmaine Rambo, Nguyen Quoc Hai, Nguyen Thi Tuyet Mai & Truong Quang Bich. 1993. "Equitability." Le Trong Cuc & A. Terry Rambo, eds.(1993)

Dang Phong & Melanie Beresford. 1998. *Authority Relations and Economic Decision-Making in Vietnam*. Copenhagen: NIAS.

Dao Xuan Sam. 2008. "New Steps in the Change to the Market Economy (1979~2007)." Dao Xuan Sam & Vu Quoc Tuan, eds.(2008).

Dao Xuan Sam & Vu Quoc Tuan, eds. 2008. *Renovation in Vietnam: Recollection and Contemplation*. Hanoi: Knowledge Publishing House.

de Vylder, Stefan & Adam Fforde. 1988. *Vietnam: An Economy in Transition*. Stockholm: Swedish International Development Authority.

"Decree Eases SOE Equitisation Process." *Vietnam News*, 30 Dec. 2004.

Decree No.44. "Decree on Conversion of State Owned Enterprises into

Shareholding Companies." National Committee for Enterprise Management Reform et.al. *Guideline Instruments on Equitization in Vietnam*. Hanoi, 1998.

Diep Dinh Hoa, Kathleen Gillogly, Le Thi Van Hue, Nguyen Quang Minh & Nguyen Hung Long. 1993. "Autonomy and Solidarity." Le Trong Cuc & A. Terry Rambo, eds.(1993).

Dinh Van An. 2004. "The 2003 Law on State Enterprises: A Motive Force for Accelerating the Process of SOE Reorganization." *Vietnam Economic Review*. No.6-2004.

"Directive to Speed Up SOE Overhaul." *Vietnam News*, 22 March 2005.

Do Muoi. 1996. "A Rich People, A Powerful Nation & An Equitable, Civilised Society." Interview. *Vietnam Economic Times*, May.

Do Thai Dong. 1995. "Household Economy and New Tendencies in Production Cooperation in the Mekong Delta." *Vietnam's Socio-Economic Development*. No.1.

Duong Phu Hiep. 2008. "Some Characteristic Features of the Renovation in Vietnam." Dao Xuan Sam & Vu Quoc Tuan, eds.(2008).

"Experts Push for Quick Equitisation." *Vietnam News*, 13 Oct. 2004.

Fforde, Adam. 1989. *The Agrarian Question in North Vietnam, 1974~1979*. Armonk, New York: M.E. Sharpe.

Fforde, Adam. 2004. "State Owned Enterprises, Law and a Decade of Market-Oriented Socialist Development in Vietnam." SEARC Working Papers Series No.70. Hong Kong: City University of Hong Kong Southeast Asia Research Centre.

Fforde, Adam & Stefan de Vylder. 1996. *From Plan to Market: The Economic Transition in Vietnam*. Boulder: Westview.

Forbes, Dean K., Terence H. Hull, David G. Marr & Brian Brogan, eds. 1991. *Doi Moi: Vietnam's Renovation, Policy and Performance*, Political and Social Change Monograph No.14. Canberra: Research School of Pacific Studies, Australian National University.

Freeman, Nick J. 1996. "The Role of 'Equitisation' in Vietnam's Reform of State-owned Enterprises." *Communist Economies & Economic Transformation*. Vol.8, No.2.

Gainsborough, Martin. 2002a. "Beneath the Veneer of Reform: The Politics of Economic Liberalisation in Vietnam." *Communist and Post-Communist Studies*. Vol.35.

Gainsborough, Martin. 2002b. "Understanding Communist Transition: Property Rights in Ho Chi Minh City in the Late 1990s." *Post-Communist Economies*. Vol.14, No.2.

Gainsborough, Martin. 2003. "Slow, Quick, Quick: Assessing Equitization and Enterprise Performance Prospects in Vietnam." Peter Ferdinand & Martin Gainsborough, eds. *Enterprise and Welfare Reform in Communist Asia*. London: Frank Cass.

Gates, Carolyn L. & David H.D. Truong. 1993. "Transition of a Developing Socialist Economy to a Developing Mixed Economy." *International Journal of Political Economy*. Vol.23, No.1.

Gordon, Alec. 1981. "North Vietnam's Collectivisation Campaigns: Class Struggle, Production, and the 'Middle-Peasant' Problem." *Journal of Contemporary Asia*. Vol.11, No.1.

"Government Plans Economic Groups." *Vietnam Investment Review*, 1-7 Dec. 2003.

GSO(General Statistical Office). 1992. *Statistical Data of the Socialist Republic of Vietnam 1986~1991*. Hanoi: Statistical Publishing House.

GSO. 1995. *Statistical Yearbook 1994*. Hanoi: Statistical Publishing House.

GSO. 1996a. *Impetus and Present Situation of Vietnam Society and Economy after Ten Years of Doi Moi*. Hanoi: Statistical Publishing House.

GSO. 1996b. *Statistical Yearbook 1995*. Hanoi: Statistical Publishing House.

GSO. 1997. *Statistical Yearbook 1996*. Hanoi: Statistical Publishing House.

GSO. 1999. *Statistical Yearbook 1998*. Hanoi: Statistical Publishing House.

GSO. 2000. *Statistical Data of Vietnam Socio-Economy 1975-2000*. Hanoi: Statistical Publishing House.

GSO. 2002. *Statistical Yearbook 2001*. Hanoi: Statistical Publishing House.

GSO. 2003. *Statistical Yearbook 2002*. Hanoi: Statistical Publishing House.

GSO. 2004. *Vietnam Statistical Data in the 20th Century*. Vol.2. Hanoi: Statistical Publishing House.

GSO. 2005. *Statistical Yearbook 2004*. Hanoi: Statistical Publishing House.

GSO. 2006. *Statistical Yearbook of Vietnam 2005*. Hanoi: Statistical Publishing House.

GSO. 2009. *Statistical Yearbook of Vietnam 2008*. Hanoi: Statistical Publishing House.

GSO. 2010. *Statistical Yearbook of Vietnam 2009*. Hanoi: Statistical Publishing House.

Ha Nguyen. 2009. "Change of Face." *Vietnam Economic Times*, May 2009.

Ha Nguyen. 2010. "Change of Face." 〈http://news.vneconomy.vn/20091007040956896P0C6/change-0f-face.htm〉.

Hai Anh. 1986. "Socialist Transformation of Agriculture in Nam Bo." *Vietnamese Studies*. No.12(82).

Hang Chau. 2004. "Restructuring Targets Put Most SOEs in Line of Fire." *Vietnam Investment Review*, 2-8 Feb.

Hiebert, Murray. 1988. "Seeds of Revolt." *Far Eastern Economic Review(FEER)*, 17 Nov.

Hiebert, Murray. 1989. "Collective Anger." *FEER*, 19 Jan.

Hiebert, Murray. 1992. "Savers vs Spenders: Different life styles are linked to the climate." *FEER*, 15 Oct.

Hiebert, Murray. 1993. "Land of Hope: Vietnam gives farmers greater security of tenure." *FEER*, 29 July.

Hoang Kim Giao & Hoang Vu Cuong. 1995. "Vietnam's Private Economy in the Process of Renovation." Irene Norlund, Carolyn L. Gates & Vu Cao Dam, eds.(1995).

Houtart, Francois & Genevieve Lemercinier. 1984. *Hai Van: Life in a Vietnamese Commune*. London: Zed.

Huu Te. 2009. "A Socioeconomic Overview of 2009." *Vietnam Economic News*. Vol.9, No.52(29 Dec.).

Kerkvliet, Benedict J. Tria. 1995. "Village-State Relations in Vietnam: The Effect of Everyday Politics on Decollectivization." *The Journal of Asian Studies*. Vol.54, No.2.

Kerkvliet, Benedict J. Tria. 1997. "Partial Impressions of Society in Vietnam." Adam Fforde, ed. *Doi Moi: Ten Years after the 1986 Party Congress*. Canberra: Department of Political and Social Change, RSPAS, ANU.

Kerkvliet, Benedict J. Tria, Anita Chan & Jonathan Unger. 1998. "Comparing the Chinese and Vietnamese Reforms: An Introduction." *The China Journal*. No.40.

Kim Thai. 2010. "Treading Carefully."
⟨http://news.vneconomy.vn/201012616559339P0C1/treading-carefully.htm⟩.

Kleinen, John. 1999. *Facing the Future, Reviving the Past: A Study of Social Change in a Northern Vietnamese Village*. Singapore: ISEAS.

Kolko, Gabriel. 1997. *Vietnam: Anatomy of a Peace*. London: Routledge.

"Land Law." *Fundamental Laws and Regulations of Vietnam*. Hanoi: The Gioi Publishers, 1993.

Le Cao Doan. 1995. "Agricultural Reforms in Vietnam in the 1980s." Irene Norlund, Vu Cao Dam & Carolyn Gates, eds.(1995).

Le Dang Doanh. 1995. "Vietnam's Economy after Ten Years of Economic Reform." *Vietnam's Socio-Economic Development*. No.3.

Le Duan. 1977. *Selected Writings*. Hanoi: Foreign Languages Publishing House.

Le Huu Tang & Liu Han Yue, eds. 2007. *Economic Reform in Viet Nam and in China: A Comparative Study*. Hanoi: The Gioi Publishers.

Le Phuoc Tho. 1989. "How to Solve a Number of Urgent Land Problems?" *World*

Economic Problems, June.

Le Quoc Hoi. circa 2008. "The Roadmap for Using ODA." Unpublished Manuscript.

Le Thi. 1994. "Evaluation Report on the Research of Two Communes in the Mekong River Delta in June, 1992, Part 2: Report on the Situation in Tuan Tuc Commune, Thach Tri District, Soc Trang Province and Gender Responsive Policies." Le Thi. *A Participatory Approach to Gender Responsive Policy Research: Reports on the Results of Research in 6 Communes and Summing-up Report on Implementation of the Project*. Hanoi: Center for Family and Women Studies.

Le Trong Cuc & A. Terry Rambo, eds. 1993. *Too Many People, Too Little Land: The Human Ecology of a Wet Rice-Growing Village in the Red River Delta of Vietnam*. Honolulu: East-West Center.

Le Trong Cuc, A. Terry Rambo, Keith Fahrney, Tran Duc Vien, Jeff Romm, & Dang Thi Sy, eds. 1996. *Red Books, Green Hills: The Impact of Economic Reform on Restoration Ecology in the Midlands of Northern Vietnam*. Honolulu: East-West Center.

Le Trong Cuc & Thomas Sikor. 1996. "National Agricultural Development Policy and Rural Organization." Le Trong Cuc et.al., eds.(1996).

Le Trong Cuc, Thomas Sikor & Michael Rucker. 1996. "Village-Level Implementation of Economic Reform Policies in Doan Hung and Thanh Hoa Districts." Le Trong Cuc et.al., eds.(1996).

Liljeström, Rita, Eva Lindskog, Nguyen Van Ang & Vuong Xuan Tinh. 1998. *Profit and Poverty in Rural Vietnam*. London: Curzon.

Ljunggren, Börje, ed. 1993. *The Challenge of Reform in Indochina*. HIID, Harvard University.

Long, Ton. 1981a. "Cleaning Up a Commune Crisis." *Far Eastern Economic Review(FEER)*, 19 June.

Long, Ton. 1981b. "Raw Deal for Processors." *FEER*, 28 Aug.

Long, Ton. 1982. "The Purge Goes On." *FEER*, 9 July.

Luong, Hy Van. 1992. *Revolution in the Village: Tradition and Transformation in North Vietnam, 1925~1988*. Honolulu: University of Hawaii Press.

Luong, Hy Van. 1994. "The Marxist State and the Dialogic Re-Structuration of Culture in Rural Vietnam." David W. P. Elliott, Hy Van Luong, Ben Kiernan & Therese M. Mahoney. *Indochina: Social and Cultural Change*. Claremont: The Keck Center for International and Strategic Studies, Claremont McKenna College.

Luong, Hy Van, ed. 2003. *Postwar Vietnam: Dynamics of a Transforming Society*. Singapore: ISEAS.

Marr, David G. & Christine Pelzer White. 1988. "Introduction." David G. Marr & Christine P. White, eds. *Postwar Vietnam: Dilemmas in Socialist Development*. Ithaca: Southeast Asia Program, Cornell University.

"Media Coverage Needed for SOE Equitisation Process." *Vietnam News*, 7 Jan. 2005.

Mekong Economics. 2002. "SOE Reform in Vietnam." Background Paper. Hanoi.

MISTE(Ministry of Science, Technology and Environment, Government of Vietnam). "Red River Delta Master Plan, Volume 2 The Present Situation," June 1995.

Nghiem Quy Hao. 2004. "Creating Breakthrough in SOE Reform: Accelerate SOE Equitization, Expand the Scope of Equitization, and Eliminate SOE Capital Subsidies." *Vietnam Economic Review*. No.10-2004.

Ngo Vinh Hai. 1991. "Postwar Vietnam: Political Economy." Douglas Allen & Ngo Vinh Long, eds. *Coming to Terms: Indochina, the United States, and the War*. Boulder: Westview.

Ngo Vinh Long. 1984. "Agrarian Differentiation in the Southern Region of Vietnam." *Journal of Contemporary Asia*. Vol.14, No.3.

Ngo Vinh Long. 1993. "Reform and Rural Development: Impact on Class, Sectoral, and Regional Inequalities." William S. Turley & Mark Selden, eds. *Reinventing Vietnamese Socialism: Doi Moi in Comparative Perspective*. Boulder: Westview.

Nguyen Dinh Tai. 1996. "The Equitisation of the State Enterprises." *Vietnam's*

Socio-Economic Development. No.8.

Nguyen Huu Anh. 2008. "A Study of Equitization and Firm Performances in Vietnam." Ph.D. Dissertation, Graduate School of International Studies, Sogang University.

Nguyen Huu Dat. 2000. "Development of the Private Sector." *Vietnam's Socio-Economic Development*. No.22.

Nguyen Quang Thai. 2004. "Issues Remain for Equitisation." *Vietnam Economic Times*, Aug.

Nguyen Thi Hien. 2008. "The Reform of 'Prices, Salaries and Currency'." Dao Xuan Sam & Vu Quoc Tuan, eds.(2008).

Nivolon, Francois. 1980. "Correcting Past Mistakes." *Far Eastern Economic Review(FEER)*, 16 May.

Nivolon, Francois. 1981. "The Search for a Chairman." *FEER*, 2 Jan.

Norlund, Irene, Vu Cao Dam & Carolyn Gates, eds. 1995. *Vietnam in a Changing World*. London: Curzon.

Painter, Martin. 2003. "The Politics of Economic Restructuring in Vietnam: The Case of State-owned Enterprise 'Reform'." *Contemporary Southeast Asia*. Vol.25, No.1.

"Party Calls for Faster SOE Equitisation and Restructuring." 〈http://www.vov.org.vn/2004_10_26/english/kinhte1.htm〉

Pham, David Lan. 2000. *Two Hamlets in Nam Bo: Memoirs of Life in Vietnam*. Jefferson, North Carolina: McFarland.

Pham Quang Huan & Pham Tuan Anh. 2002. "State-Owned Enterprise Reform." *Vietnam's Socio-Economic Development*. No.30.

Pham Viet Muon. 2005. "Pressing Ahead." Interview. *Vietnam Economic Times*, March.

Phan Huy Le. 1991. "The Vietnamese Traditional Village: Historical Evolution and Socio-Economic Structure." *Vietnam Social Sciences*. No.1 & No.2/ 1991.

Phan Van Tiem. 1995. "Cutting the Fat." Interview. *Vietnam Economic Times*,

August.

Phan Van Tiem & Nguyen Van Thanh. 1996. "Problems and Prospects of State Enterprise Reform, 1996~2000." Ng Chee Yuen et. al., eds. *State-Owned Enterprise Reform in Vietnam: Lessons from Asia*. Singapore: ISEAS.

Phillips Fox. 2004. *Vietnam Legal Update: November 2004*.

Phong Oanh. 2005. "Ill-gotten Gains?" *Vietnam Economic Times*, August.

Pike, Douglas. 1981. "Vietnam in 1980: The Gathering Storm?" *Asian Survey*. Vol.21, No.1.

Pike, Douglas. 1982. "Vietnam in 1981: Biting the Bullet." *Asian Survey*. Vol.22, No.1.

Pingali, Prabhu L. & Vo-Tong Xuan. 1992. "Vietnam: Decollectivization and Rice Productivity Growth." *Economic Development and Cultural Change*. Vol.40, No.4.

Porter, Gareth. 1993. *Vietnam: The Politics of Bureaucratic Socialism*. Ithaca: Cornell University Press.

Pryor, Frederic L. 1992. *The Red and the Green: The Rise and Fall of Collectivized Agriculture in Marxist Regimes*. Princeton: Princeton University Press.

Quinn-Judge, Paul. 1983. "Ideological Backtracking." *Far Eastern Economic Review(FEER)*, 21 July.

Quinn-Judge, Paul. 1984a. "No Capitalists Here." *FEER*, 24 May.

Quinn-Judge, Paul. 1984b. "Pragmatists Win the Day." *FEER*, 9 Aug.

Rambo, A. Terry, Le Trong Cuc & Kathleen Gillogy. 1993. "Nguyen Xa Village and Its Agroecosystem." Le Trong Cuc & A. Terry Rambo, eds.(1993).

Rohland, Klaus. 2004. "Getting the SOEs on the Road." *Vietnam Economic Times*, May.

Romm, Jeff & Dang Thi Sy. 1996. "The Impact of Economic Liberalization on the People and Environment of Lap Thach District." Le Trong Cuc et.al., eds.(1996).

Ronnås, Per & Örjan Sjöberg, eds. 1990. *Doi Moi; Economic Reforms and*

Development Policies in Vietnam. Stockholm: SIDA.

Ronnås, Per & Örjan Sjöberg, eds. 1991. *Socio-Economic Development in Vietnam*. Stockholm: SIDA.

Schwartz, Adam. 1995. "Nation Builders: Assembly lays foundation for rule of law." *Far Eastern Economic Review*, 16 Nov.

"Seminar on the Implementation of Resolution 10 to Step Up Agriculture and the Socialist Production of Agricultural Commodities." *World Economic Problems*, June 1989.

Sjöholm, Fredrik. 2008. "State Owned Enterprises and Equitisation in Vietnam." Ari Kokko, ed. *Viet Nam: 20 Years of Doi Moi*. Hanoi: The Gioi Publishers.

"Slow Progress in SOE Reform—Vietnam." *Business Monitor International*, 18 May 2004.

"SOE Equitisation Fell Short of 2004 Target." *Vietnam News*, 5 Jan. 2005.

"SOE to Pay Market Price for Land Use." *Vietnam News*, 17 May 2004.

SPC & GSO(State Planning Committee & General Statistical Office). 1994. *Vietnam Living Standards Survey 1992-1993*. Hanoi: SPC-GSO.

SRV(Socialist Republic of Vietnam). 1994a. "Country Strategy Note." Draft. Hanoi.

SRV. 1994b. "Report of the Government of the Socialist Republic of Vietnam to the Consultative Group Meeting." Hanoi, October.

Sturm, Peter H. & Benjamin Sutton. 2001. "The Transition Process in Vietnam: A Comparative View." *Vietnam's Socio-Economic Development*. No.25.

Tan Duc. 2009. "Entrepreneurs or Civil Servants?" *Saigon Times*. No.53-2009.

"Target Set for Restructuring SOEs." *Vietnam News*, 25 Feb. 2005.

Thai Duy. 2008. "From 'Contracting' to 'Autonomous Farming Households'." Dao Xuan Sam & Vu Quoc Tuan, eds.(2008).

Thai Quang Trung. 1985. *Collective Leadership and Factionalism*. Singapore: Institute of Southeast Asian Studies.

Thayer, Carlyle A. 1980. "Vietnam: Beleaguered Outpost of Socialism." *Current History*, Dec.

Thayer, Carlyle A. 1991. "Renovation and Vietnamese Society: The Changing Role of Government and Administration." Dean K. Forbes, Terence H. Hull, David G Marr & Brian Brogan, eds.(1991)

Tran Duc. 1993. "Land Problem in Vietnam Today." *World Economic Problems*, No.19.

Tran Duc Nguyen. 2008. "The 1991~2000 Strategy A Breakthrough in Development Perspectives." Dao Xuan Sam & Vu Quoc Tuan, eds.(2008).

Tran Quoc Toan. circa 1993. "An Overview of Agricultural Land in Vietnam." Unpublished paper. Hanoi.

Tran Thi Que. 1998. *Vietnam's Agriculture: The Challenges and Achievements*. Singapore: Institute of Southeast Asian Studies.

Tran Tien Cuong. 2004. "Vietnam's 2003 Law on State Enterprises: Main and Important Changes." *Vietnam Economic Review*. No.4–2004.

Tran Van Tho. 2001. "Vietnamese Gradualism in Reforms of the State–Owned Enterprises." *Vietnam's Socio–Economic Development*. No.26.

Turley, William S. 1980. "Hanoi's Domestic Dilemmas." *Problems of Communism*. Vol.29, No.4.

Utting, Peter. 1992. *Economic Reform and Third–World Socialism: A Political Economy of Food Policy in Post–Revolutionary Societies*. New York: St. Martin's.

Van Arkadie, Brian & Raymond Mallon. 2003. *Viet Nam: A Transition Tiger?* Canberra: Asia Pacific Press at the Australian National University.

Vickerman, Andrew. 1982. "Collectivisation in the Democratic Republic of Vietnam, 1960–66: A Comment." *Journal of Contemporary Asia*. Vol.12, No.4.

Vickerman, Andrew. 1986. *The Fate of the Peasantry: Premature 'Transition to Socialism' in the Democratic Republic of Vietnam*. New Haven: Yale University Southeast Asia Studies.

Viet Phuong(Tran Viet Phuong). 2008. "The Glorious but Burdened Road." Dao Xuan Sam & Vu Quoc Tuan, eds.(2008).

"Vietnam's SOE Equitisation Falls Short of 2004 Target." ⟨http://asia.news.yahoo.com/050107/4/1ub90.html⟩.

"Vietnam to Speed Up Equitization." *Vietnam Stock Market News*, 11 July 2008.

Vo Nhan Tri. 1990. *Vietnam's Economic Policy Since 1975*. Singapore: Institute of Southeast Asian Studies.

Vu Cuong. 2004. "Controlling State Capital." *Vietnam Economic Times*, Oct.

Vu Long. 2004a. "Large SOEs Turn for Restructure." *Vietnam Investment Review*, 15-21 Mar.

Vu Long. 2004b. "Performance Probe." *Vietnam Economic Times*, Dec.

Vu Quang Viet. 1998. "State and Private Sectors in Vietnamese Economy." *Vietnam's Socio-Economic Development*. No.13.

Vu Quoc Ngu. 2003. "SOE Equitization in Vietnam: Experiences, Achievements, and Challenges." *Southeast Asian Affairs 2003*. Singapore: ISEAS.

Vu Quoc Tuan. 2008. "Enterprises Development—Reflection on a Process." Dao Xuan Sam & Vu Quoc Tuan, eds.(2008).

Vu Tin Quan. 2004. "Clearing the Decks." *Vietnam Economic Times*, March.

Vu Tuan Anh, ed. 1994. *Vietnam's Economic Reform: Results and Problems*. Hanoi: Social Science Publishing House.

Vu Tuan Anh. 1995. "Economic Development in 1990s." *Vietnam's Socio-Economic Development*. No.1.

Watts, Michael. 1995. "Agrarian Thermidor: Rural Dynamics and the Agrarian Question in Vinh Phu Province, Vietnam." Berkeley: Institute of International Studies, University of California.

Werner, Jayne. 1984. "Socialist Development: The Political Economy of Agrarian Reform in Vietnam." *Bulletin of Concerned Asian Scholars*. Vol.16 No.2.

White, Christine Pelzer. 1982. "Debates in Vietnamese Development Policy." Brighton, England: Institute of Development Studies, University of Sussex.

White, Christine Pelzer. 1986. "Everyday Resistance, Socialist Revolution and Development: The Vietnamese Case." *The Journal of Peasant Studies*. Vol.13,

No.2.

Womack, Brantly. 1987. "The Party and the People: Revolutionary and Postrevolutionary Politics in China and Vietnam." *World Politics*. Vol.39, No.4.

Womack, Brantly. 1997. "Vietnam 1996: Reform Immobilism." *Asian Survey*. Vol.37, No.1.

Woodside, Alexander. 1989. "Peasants and the State in the Aftermath of the Vietnamese Revolution." *Peasant Studies*. Vol.16, No.4.

Woodside, Alexander. 1997. "The Struggle to Rethink the Vietnamese State in the Era of Market Economics." Timothy Brook & Hy V. Luong, eds. *Culture and Economy: The Shaping of Capitalism in Eastern Asia*. Ann Arbor: The University of Michigan Press.

World Bank. 1977. *The Socialist Republic of Viet Nam: An Introductory Economic Report*. Washington D.C.

World Bank. 1993. *Viet Nam: Transition to the Market*. Washington D.C.

World Bank. 1994. *Viet Nam Public Sector Management and Private Sector Incentives: An Economic Report*. Washington D.C.: World Bank.

World Bank. 2002. *Vietnam Delivering on its Promise: Development Report 2003*. Hanoi.

World Bank. 2004. *Governance: Vietnam Development Report 2005*. Hanoi.

World Bank. 2008. *Capital Matters: Vietnam Development Report 2009*. Hanoi.

Wright, Philip C. & V.T. Nguyen. 2000. "State-owned Enterprises(SOEs) in Vietnam: Perceptions of Strategic Direction for a Society in Transition." *The International Journal of Public Sector Management*. Vol.13, No.2.

Xuan Son. 2005. "Now for the Remainder." *Vietnam Economic Times*, March.

5. 면담 및 이메일 교신

권율. 대외경제정책연구원 세계지역연구센터 동서남아팀장. 서울, 2005년 7월 18일.

Bui Quang Tuan. 베트남 세계경제연구소 연구원. 하노이, 2004년 1월 4일.

Do Thai Dong. 호찌민시 인문사회과학원 사회학연구실장. 호찌민시, 1998년 1월 17일.

Nam. 익명. 베트남공산당 중앙집행위원회 사무국 연구원. 하노이, 2004년 1월 11일; 이메일 교신, 2005년 6월 27일 ~ 7월 27일.

Nguyen. 익명. 주한 베트남대사관 외교관. 서울, 2005년 7월 2일; 하노이, 2007년 9월 27일.

Nguyen Van Bich. 중앙경제관리연구원 부원장. 하노이, 1997년 1월 20일.

Tran Tien Cuong. 중앙경제관리연구원 기업개혁 및 발전연구실장. 하노이, 2004년 1월 9일; 2009년 7월 20일.

Vu Tuan Anh. 베트남경제연구소 *Vietnam's Socio–Economic Development* 편집장. 하노이, 2004년 1월 5일.

찾아보기

ㅎ